本书为广东省哲学社会科学“十二五”规划后期资助项目“中国高校去行政化改革研究”（项目编号：GD13HGL01）的结题成果。

中国高校去行政化：

多元综合主义研究

刘家明　著

中国社会科学出版社

图书在版编目(CIP)数据

中国高校去行政化：多元综合主义研究／刘家明著．—北京：中国社会科学出版社，2014.11

ISBN 978－7－5161－5090－0

Ⅰ.①中…　Ⅱ.①刘…　Ⅲ.①高等学校－学校管理－研究－中国
Ⅳ.①G647

中国版本图书馆CIP数据核字(2014)第262016号

出版人　赵剑英
责任编辑　宫京蕾
特约编辑　大　乔
责任校对　李冰洁
责任印制　何　艳

出　　版　中国社会科学出版社
社　　址　北京鼓楼西大街甲158号（邮编100720）
网　　址　http：//www.csspw.cn
　　　　　中文域名：中国社科网　　010－64070619
发 行 部　010－84083685
门 市 部　010－84029450
经　　销　新华书店及其他书店

印刷装订　北京市兴怀印刷厂
版　　次　2014年11月第1版
印　　次　2014年11月第1次印刷

开　　本　710×1000　1/16
印　　张　15.75
插　　页　2
字　　数　241千字
定　　价　48.00元

序　言

大学作为计划经济体制的最后一座堡垒，仍然极大地保留着计划指令、集权控制的管理模式和等级色彩，基本上沿袭和对接政府的行政体制、组织结构和运作模式。高校的行政化与高等教育管理的泛政治化密切相关，又与党政化纠结在一起，而且发生在具有一定人格色彩的官僚制和单位制之中，有着宏观的、深层的制度约束和复杂的组织根基，形成了稳固的权力和利益配置格局，并受此影响高校行政化愈演愈烈。

在高校内外，行政化呈现出多层次、多类型、多维度等特征，因此行政化的现象随处可见。其诸多弊端和严重后果，广遭社会诟病，批评声此起彼伏。高校行政化使大学围着政府转、学术围着行政转，结果异化了高校的组织结构，扭曲了高校的责任实现机制，歪曲了高校的核心功能，背离了高校的学术使命，破坏了大学精神为核心的文化伦理，损害了高校核心利益相关者的权益实现和高校的和谐发展，严重影响了高校的学术绩效和科学发展。以致有学者（冉亚辉，2010）尖锐地指出，大学行政化使大学演变为官场，学者蜕变为官僚，是对学术精神的一种玷污，不仅是高校自身的堕落，更是一个民族的慢性毒药；不仅残废了大学，往往是一个民族堕落的开端。

尽管当前对高校去行政化改革的研究出现“百家争鸣”，但毕竟当前行政体制改革涉及政治体制、行政体制、教育体制的改革，涉及多个部门和多重关系：政府职能和政校关系，改革、发展与稳定的关系，高校学术权力与党政权力的关系；牵涉诸多利益、价值观与权力的冲突。然而在当前，多个学者从某一理论、某一视角出发研究高校行政体制改革的某个层面、某个维度或某个局部，尽管有助于探索争鸣，但对高等教育体制改革缺乏系统的战略规划、整体设计和多元路径的整合，由此提出的改革进路的可行性和系统性较差，因此有必要对我国高校去行政化改革方案进行系统深入、切实可行的探索。

首先，本研究从逻辑假设、时代背景、理论基础与实践借鉴出发，对高校行政化的内涵、特征、起因、过程及多维后果进行解析。然后设计了高校去行政化改革的内容体系，深刻揭示了高校去行政化改革的制度变迁本质，包括治理机制的变革和组织文化的变革；并敏锐地意识到改革的政治属性，分析了改革的重大意义。然后，规划提出了改革的终极性战略目标——“建立现代大学制度，实现高校的科学发展与和谐发展；基于核心竞争力的高校崛起；秉承大学理念，崇尚大学精神”和近期的阶段性目标——“重塑高校治理体制，扭转高校行政责任实现机制”。

笔者将高校去行政化改革分为外部去行政化、内部去行政化两大领域和四个层次的内容，坚持内外有别，由外及内，层次递进。外部去行政化需要以法治的基本手段摆正政府与高校、社会与高校的关系，规范政府的高等教育调控职能、管理体制和预算体制，谋求高校的自治和法治地位，同时有助于法治化、社会化、市场化的基本运作模式。高校内部的去行政化以去官僚化、民主化为主，以外部去行政化为前提和基础，同时需要政府出台去行政化改革的元政策，以指导高校内部的去行政化改革和大学章程建设，尤其是高校内部的决策体制、监督体制、权责体系和学术组织的重构。高校去行政化改革无论进行到哪个领域或哪个层次，必须紧紧围绕大学的使命和改革的战略目标，牢牢抓住现代大学制度和大学网络治理机制的特质。因为大学的使命决定了大学的发展战略和目标，战略决定着结构，而制度决定着战略、结构和行为，也就从根本上决定着大学的绩效和使命的实现。为此，笔者按照新制度主义和机制设计的思想，认为制度建构、制度供给与制度变迁对于高校去行政化改革目标的实现是最重要的，不仅在改革方案的设计中贯穿了这一思想，而且最后还设计了后改革时代高校的公共治理结构和责任实现机制，将其作为去行政化改革的制度归宿，从而确保外部以法治、内部以组织文化的形式巩固改革的成果。

2010 年中国“两会”期间，政界、学界、新闻界对高校去行政化改革进行了热烈的讨论，不仅在教育界引发广泛共鸣，在社会上亦引起深刻反响。此后，《国家中长期教育改革和发展规划纲要（2010—2020年）》（以下简称为《纲要》）指出，大学“克服行政化倾向，取消实际存在的行政级别和行政化管理模式”。《纲要》尽管将高校去行政化列入议事日程，但三年的时间过去了，改革的具体政策、法律法规和实施方案仍没有出台。最近，十八届三中全会通过的《中共中央关于全面深化改革若干重大问题的决定》也提出公立大学去行政化，但仍没有时间表和具体政策。改革的战略规划和实施进路都没有明确，社会期待已久的高等教育体制改革仍然悬之高阁。

原因何在？我国高校去行政化改革不仅面临着一般的制度变迁困境，而且受到政治意识形态、政治体制及其改革范式等深层的、宏观的外部环境约束。长期以来，在政治秩序稳定优先、稳定压倒一切的意识形态中，以经济建设为中心来实现发展和稳定，把经济建设和经济体制改革作为政府的职能重心和优先改革方向，忽视了社会和教育领域的重大体制改革；体制改革基本遵循危机驱动的改革导向和渐进决策、政治领导挂帅的改革范式。在现实中，高校去行政化改革必然遭到既得权力和利益群体的干扰、阻挠，在显著、强大的改革阻力面前，在改革支持力量不明朗、难以形成合力的情况下，改革的不确定性大大增强，巨大的改革成本和可能引发社会动荡的政治风险难以承受。而且，当前缺乏改革的共识和紧张感，把去行政化改革上升到国家政策的程序不健全以及缺乏法制保障等不利因素。总之，高校去行政化改革表现出宏观性、系统性、政治性、复杂性、革命性等特征，改革成本巨大、困难重重、动力不足、空间狭窄，结果使去行政化改革存在很大的挑战性和风险。

为了克服上述挑战和风险，首先，高校去行政化改革需要系统规划、整体设计、顶层发动。一方面，要深刻理解和明确改革的政治属性、政治空间和制度变迁的本质，将高校去行政化改革地位提升到事关政治体制改革与公共治理变革、民主法治建设等社会进步与和谐以及国家综合国力、高校竞争力的高度，即上升为“政治任务”的高度；另一方面，在此基础上实行高校去行政化改革由政治领导挂帅、顶层设计和推动的政治进路，将其作为改革的基本路径之一和其他路径的前提，科学合理地选择改革的多元主体，完善改革的政治程序和政策方案，不失时机地供给改革的法治保障。其次，必须进行高校去行政化改革的力场分析，重构改革的动力系统，寻求改革的多元有力的驱动因素和动力模式。再次，在改革的战略模式选择上，遵循思想解放先行与达成改革共识优先、强制渐进的基本制度变迁方式和改革的政治领导模式。最后，在以上战略模式的指导下，完善改革的实施方法和途径，有效融合各种制度变迁方式。

对于难以治愈的高校行政化“重症”，必须从多个突破口和切入点“动手术”。为此，本书的重点是从多元视角、多个领域、多个操作层面寻求改革的多元路径、方法和操作变量，试图探索政治、预算、人事、组织、伦理与问责等多元路径的整合。研究方法主要遵循批判性复合主义范式和多元综合方法论，以理论思辨、文献调查、实证考察、比较借鉴等研究方法为主，注重理论模型的科学建构。以公共治理、公共选择、制度经济学、行政伦理学、变革管理学等多学科理论为基础，从战略、制度、利益、文化、系统论、伦理等多种视角透视；从个体、部门、组织等微观层次和高教系统、行政系统与政治系统等宏观层次入手；采用多元操作方法和变量，包括动力因子、预算、人事、组织结构与组织文化、问责机制，等等。

本研究从2008年开始，至今六年有余。正是在有关部门和个人的奖励、资助和支持下，才促使笔者多年来持续深入地阅读、思考与写作。本书是在笔者执笔完成的广东省教育科学“十一五”规划重点项目的结题报告、前期发表的系列论文（曾被《新华文摘》等杂志转载，累计被引用40余次）和教育部2011年度高校哲学社会科学研究优秀咨询报告的基础上完成的。2010年前后完成上述成果后，笔者意犹未尽，同时深感高校去行政化改革的艰巨性和复杂性。因此，期望从不同的视角、层面，系统、深入地分析规划高校去行政化改革的方案及实施方法。于是在随后的三年中，不断完善、更新改革思路，甚至自发否定。终究由于个人学识和能力有限，本书一定还存在着不尽如人意的地方，欢迎同行和读者朋友提出宝贵意见。

目　录

第一章

高校去行政化改革
研究思路与基础

第一节 高校去行政化研究：逻辑起点、路线规划与研究价值

无论是做研究还是做事情，都要有个认识论的起点和规划设想。所以研究高校去行政化改革，也要研究高校到底是做什么的，其运营和管理活动有什么样的规律特征（即对高校逻辑的认识）；进行高校去行政化改革的出路在哪里，到底从哪里入手。在此基础上，提出高校去行政化改革的设想。无论在理论上还是实践方面，对我国高校去行政化改革进行研究具有重要的价值。

一、对高校逻辑及高校体制改革的几点认识

对高校的改革研究到底从哪里开始，这就是研究的逻辑起点问题。逻辑起点一般涉及对研究对象的概念及其基本现状的认识，并在此基础上做出基本的判断，即对高校的运行逻辑、存在的问题及其解决的出路有个基本的认识和判断。

（一）对高校逻辑的几点认识

著名教育家伯顿·克拉克把高校看成是生产知识的群体构成的学术组织，深刻认识到了高校的本质属性。因此，学术是大学的逻辑起点，培养人才是大学的主要功能。由于不同学术问题只能通过学术自由、批判式创新的方式才能解决，由此推之，高校及其管理应具有民主性。由于规模的扩大和管理的需要，学术性的大学终究演变为具有科层制性质的社会组织，但并不能掩盖她的学术使命和学术本性，只

是表明在现代大学的权力结构体系中，学术权力和行政权力处于二元并存的状态，学术权力和行政权力不仅是协调和制衡的关系，更重要的是，行政从属于学术，辅助、保障学术体系的运作是大学行政系统存在的理由和价值。

1. 高校的使命

高校的使命，即大学的基本价值定位，现代大学有着共同的使命：

（1）传授知识，培养人才。这是大学最基本的价值定位，也是自产生以来就有的功能。在当代社会，大学传播知识、培养人才的作用越来越明显。

（2）创造知识，研究科学。这也是现代大学的基本价值定位与功能。大学在进行科研方面具有它的优势，它拥有大批生机勃勃、思维和精力旺盛的专家、学者在不断地探索科学，所以科学在此能够得到更迅速、更蓬勃的发展。

（3）转化知识，服务社会。随着时代的变迁，高等教育对于经济建设和社会发展的重要性日益增强，大学对社会的贡献越来越重要。大学服务社会的形式具有多样性：一是为区域经济建设服务，二是为现代企业服务，三是为国家的需求服务。

2. 高校的运行

从高校的上述使命来看，高校的运行始终围绕着知识展开，包括知识的传播、创造与转化，所以大学组织就是实质性的学术组织。只有将大学组织理解为“大学学术组织”，才抓住了大学的本质。以往，人们通常把“学术组织”理解为大学中与诸多组织（如教学组织、行政组织、党团组织等）并列的一种组织。这就将本来整体的大学肢解成了几个“碎片”。而实质上，高层次的大学，本身就是一个整体性的学术组织。大学的教学，是学术性的教学；大学的科研，是学术型的科研；大学的学风，是学术的风气；大学中的行政后勤，是为学术服务和提供学术保障的行政后勤。学术是大学的核心，大学就是以学术为最大之目标的学校。抓住了学术这个核心，就抓住了大学的本质；丢掉了学术这个核心，大学就不成其为大学，而成了一般的事业单位、一个企业或与其他较低层次的学校难以区别的单纯传授知识或技能训练的场所①。

首先，大学组织具有复杂性，它以传播与创新知识、发展学术为根本目的，使其活动构成不是社会化的“一般劳动”，而是具有探索性、艰巨性、长期性、创造性以及既有个体性又有群体性特征的极为复杂的科学劳动、智力劳动。其次，大学是政治组织、行政组织和学术组织的结合体，既要体现国家的意志，追求统一与协调；又要保证政策的执行，追求等级与服从；更要发展学术，崇尚自由与多样化。价值观念和组织追求的多元化带来了大学组织结构的多元化，各种不同的价值观之间必然会产生矛盾。最后，现代教育组织理论认为，大学更多地显现出松散特征。这种“松散结合系统”表现为组织目标不明确，组织结构不确定，组织运行不规则，组织管理不确定，组织决策难计划。大学中各基层部门间更多地存在着分隔与断裂，组织内部如教学和科研活动在本质上还是由活动主体自作主张②。伯顿·R.克拉克在《高等教育系统》一书中认为，它体现出了一种“无序的合理性”，并提出“为模棱两可喝彩，为杂乱无章叫好”③。

3. 对高校管理的认识

凡是要协作就需要管理，大学亦不例外。哈罗德·孔茨认为管理就是设计并保持一种良好环境，使人在群体里高效益地完成既定目标的过程。因为大学本身所具有的“学术逻辑”特点，所以大学管理从协调分工、资源有效配置到适应社会发展等，均具有大学的个性。概括地说，大学管理即运用一定的原理、方法和手段，以学术逻辑为主线，充分体现自主的精神，通过一系列活动，调动大学成员协调行动，合理利用资源，有效地实现大学培养人才、发展科学、传播文化等目标的过程。因此，大学管理的核心就是要营造一种宽松和谐的环

---

① 吴松：《大学正义》，人民出版社 2006 年版，第 179 页。

② 郑文：《大学组织结构——权力的视角》，《高教探索》2006 年第 3 期。

③ ［美］伯顿·R. 克拉克：《高等教育系统》，王承绪等译，杭州大学出版社 1994 年版，第 310 页。

境，使大学中的学者恪守真理，大学人才培养优异，科研成果倍增。这绝非易事，需要利用一系列的手段、技术和方法，通过建立行之有效的大学管理机制来实现。

大学管理机制包含了以人才培养为中心的教学、科研活动的运行原理，以及与之相配合的整体管理方式。它是个动态系统，是为适应外部环境以求得生存和发展，以学科建设、专业设置为核心，以师资队伍为关键，在管理活动中各种要素之间互相影响、互相作用的内在机理和运行方式。大学管理机制承载了学校人力、物力、财力资源的配置方式，由此力求达到整合大学教育资源，取得最大的办学效益。它是保证大学教学、科研工作的目标实现的有效运行的基本程序与手段，具有维持、推动、反馈、调控、保障以及促进工作系统发展等功能，主要包括运行机制、动力机制、约束机制等基本内容。大学管理机制反映出一所大学的管理是否遵循教学、科研自身规律，是实现大学管理有效运行的保证。因此，建立科学有效的现代大学管理机制，是大学改革创新的核心内容和本质要求①。

“以人为本”是科学发展观的基本价值取向，也应作为高校管理和改革的核心思想。现代大学管理的真谛就是要通过管理观念的创新，激发和调动广大师生的积极性、主动性和创造性。知识经济时代的到来为高等教育带来了一个崭新的竞争环境，也向大学管理机制提出了挑战，我们剖析大学管理观念的创新视角，主要有五个方面的趋势：变“控制”为提供服务，变“操纵”为指导和激励，变“不计成本”为注重经营，变“权力集中”为重心下移，变“击败对手”为战略联盟共同体。

（二）对高校管理体制改革的几点认识

1. 高校改革应从哪里入手

高等学校要改革，高等教育要改革，千头万绪，改革究竟应从哪里开始？我们认为，应该首先改革管理体制。邓小平同志说：“我们

① 程勉中：《现代大学管理机制》，人民出版社2006年版，第66页。

所有的改革最终能不能成功，还是决定于政治体制改革。”[①] 又说：“领导制度、组织制度问题更带有根本性、全局性、稳定性和长期性。”[②] 只有首先进行体制改革，打破体制的束缚或理顺体制，才能为高等教育的蓬勃发展开辟道路。南方科技大学校长也认为，高校的管理体制不改，其他改革都如隔靴搔痒。

管理体制有两种，即高等教育管理体制和高等学校管理体制，那么先改革哪一种？我们认为，应该首先改革高等教育管理体制。这是因为，高校管理体制改革不能孤立进行，它需要外部提供良好的改革环境。近年来，高等教育管理体制的系列改革，如加强省政府对高等教育的统筹权、部分引入市场竞争机制、扩大高校自主权等，便是为高校提供这种改革的外部环境。反之，高校管理体制改革又能使高等教育体制改革落到实处，或促使高等教育体制改革进一步深化。

在高校内部，需要改革的事项很多，改革应先从哪里着手？同样应该首先改革管理体制。就教学科研改革与管理体制改革的比较来看，教学科研改革属于主体性改革，是高校改革的出发点和归属，似乎应放在主要地位。体制改革属于保障性改革，只有通过教学、科研才有现实意义，似乎应放在次要地位。但对此不能绝对化，体制存在弊端，会影响乃至阻碍教学和科研改革。虽然体制改革本身不是目的，但当体制因素阻碍了教学科研改革时，体制改革便应成为主要的改革对象。体制改革具有为教学、科研等主体性改革扫清道路、创造条件的作用，故“体制改革是关键”[③]。

那么，如何推动高校管理体制改革呢？这需要首先保证高校的充分办学自主权，而这一点又需要教育部甚至更高级别的行政机关、立法机关从外部实现强制性变迁。在高校拥有相当自主权的情况下，高校内部管理体制改革是高校自己的事情，高等教育主管部门不宜直接

---

① 《邓小平文选》第3卷，人民出版社1993年版，第164页。

② 《邓小平文选》第2卷，人民出版社1994年版，第297页。

③ 王伟廉：《高校应确立“教学改革为本”的思想》，《高等教育研究》1994年第4期。

插手干预，但可以进行宏观引导和立法规范。高校要做好自己的事情，也需要从完善治理机制和管理机制入手，健全学术组织结构，这就是高校内部改革需要重点做好的。

2. 高校体制改革的难点

高校体制改革必然面临很多困难，这些困难主要有：一是观念转变和行动落实的困难。要认识高等学校必须独立发展，要把握高等学校独立发展规律，要承认高等学校的独立价值标准、价值根据，要做到崇尚学术自由，这不是容易的事情。要解决思想认识的问题都不是那么容易，要落实到实际行动上当然就更加困难了。二是官本位传统和权力核心体系解构的困难。我国几千年的封建统治使官本位传统根深蒂固，计划体制又使它登峰造极。高等教育要从这种体制中解脱出来，面临的阻力是可想而知的。三是人事体制改革和利益格局调整的困难。高等学校的改革要取得成功，必须对以权力框架编制人员的体制进行解构，形成灵活高效的用人机制和淘汰机制。然而，这又涉及就业、工资、住房、特权、灰色收入等利益格局的调整①。高校体制改革的上述每一项内容都是牵一发而动全身的事，因此高校体制改革不仅取决于高等学校本身，更取决于整个社会的改革，只有进行整个社会的配套改革，高校体制改革才会有光明的前途。

大学行政化造成如此恶劣的后果，如此危害国家前途，大学官僚制依然纹丝不动，对此，张家教授分析了几点原因：中国大学的官僚存在已久；长期的封建社会，在中国形成了根深蒂固的“官本位”传统；30 余所大学升格为副部级，大大强化了行政化趋势；新闻媒体在大学级别宣传上的推波助澜，给变革带来观念困难；从官僚制中所获的既得利益；法制不健全；大学、社会、体制的麻木②。

3. 高校体制改革的出路——去行政化改革

从上述两点粗浅认识来看，高校体制改革的本质是系统的制度变

① 巫春华：《高等学校非行政化：国际经验与对策》，《高等教育研究》2005 年第 8 期。

② 张家：《大学去行政化的困难何在》，《大学教育科学》2009 年第 2 期。

革，而变革的重点是对外部高等教育的行政体制和内部管理的行政体制的双重变革，结合前文对高校逻辑和高校行政化的认识，故提出高校去行政化改革的设想。高校去行政化改革完全具有体制改革的属性以及艰巨性、复杂性、系统性的特点，也会面临一系列的阻力，需要整体规划、逐步推进、重点突破。

二、研究规划与技术路线

（一）总体目标

本研究按照“提出问题—分析问题—解决问题”的逻辑思路展开，重点突破已有研究的局限和当前改革面临的困境，注重大学去行政化改革战略的科学性、系统性与可行性。因为大学行政体制改革涉及政治体制、行政体制、教育体制的改革，涉及多个部门和多重关系，牵涉诸多利益、价值观与权力的冲突。因此，改革面临着诸多的风险和不确定性因素。在设计大学去行政化改革的战略框架及其实施途径时应考虑更宏观、更系统的因素。

在借鉴比较、文献述评和多学科理论的基础上，采用批判复合主义范式及综合多元主义方法论和系统论，对高校去行政化改革进行多视角、多层次、多方法和多元操作变量的研究，构建高校去行政化的改革战略系统模型和多元进路（包括政治与法律、财政预算与收入分配、组织与人事管理、伦理与问责），最终完成论证科学、系统深入、切实可行的高校去行政化改革战略系统，并提出高校去行政化后的治理机制设想，为政府的高等教育体制改革和高校内部的管理体制改革提供一定的参考价值，并期望引起学界的进一步探讨。

（二）研究思路与重难点

首先，在认识改革对象——高校行政化体制的内涵及其产生的缘由、发展过程及影响的基础上，明确高校去行政化改革的内涵、实质和改革的意义，从而进一步提出去行政化改革的目标。改革目标分为终极性战略目标——“建立现代大学制度，实现高校的科学发展与和谐发展；基于核心竞争力的高校崛起；秉承大学理念，崇尚大学精神”和近期的阶段性目标——“重塑高校治理体制，扭转高校行政责任实现机制”（本书最后一章专门讨论）。

有了明确的改革目标，接下来分析改革面临的挑战及其应对策略和风险控制；然后确立高校去行政化改革主体选择的依据，据此逻辑推理确定改革的主体；改革要发生，必须要有足够的动力，为此必须进行高校去行政化改革的力场分析，重构改革的动力系统，寻求改革的多元动力模式；然后在此基础上依次明确高校去行政化改革的战略模式、实施方式；对于难以治愈的高校行政化“重症”，必须从多个突破口和切入点“动手术”，为此本书的重点是从多元视角、多个操作层面寻求改革的多元路径。

根据以上思路，研究的重难点是设计科学系统、切实可行的多元路径，需要运用多元综合主义方法论和多学科的理论基础。拟突破的重难点具体包括：

首先，重难点体现在提出研究的逻辑前提和假设，为搭建高校去行政化改革战略框架和构建战略实施模型奠定理论基础。这些研究假设包括：（1）对大学逻辑及其管理体制改革的基本认知；（2）对高校行政化缘由、概念和性质的相关假设和认知；（3）对高校去行政化的内涵和特性的基本认识；（4）假设大学官僚部门追求预算最大化，个体价值多元化并追求自身价值最大化，但在不损害自己利益前提下可以追求公共利益；（5）政府合法化基础的转型假设和公立大学去行政化改革的合宪性假设。

其次，本书研究的重点是我国高校去行政化改革的整体方案，包括：为什么要进行高校去行政化改革（why）；去行政化改革将走向何方（where），即目标何在；改革的实质和基本内容是什么（what），即对高校去行政化改革内涵的进一步展开；改革从哪些视角和层面入手（which），即如何选择改革的突破口和路径；谁来推动改革（who）；改革如何实施（how）等关键问题。所以整体方案实际上回答了推动去行政化改革的几个基本方面，这里概括为“6W”框架（为便于识记，其中“how”取其第三个字母）。

最后，不仅研究高校去行政化改革方案本身，还研究高校去行政化改革后的治理，拟提出后改革时代突破官僚制的高校网络治理模式和责任实行机制，考虑高校去行政化改革后的善治和制度保障。

（三）研究方法

本课题属于理论与实践、规范与实证、定性与定量相结合的综合研究，以实践、规范、定性研究为主，同时注重理论模型的科学建构。研究方法主要遵循批判性复合主义范式和多元综合方法论，以多学科理论和比较借鉴为基础；从利益、制度、文化、系统论、公共选择、公共治理、战略管理等多种视角透视；从个体、部门、组织等微观层次和高教系统、行政系统与政治系统等宏观层次入手；采用多元操作方法和变量，包括政治与法律、预算体制、人力资源管理、组织结构与文化、责任伦理机制等改革的多种方法、途径。具体方法及其应用情形如下：

第一，比较、借鉴与批判的视角与定性研究方法，注重对一般组织变革和制度变迁、中国市场经济体制改革和国外高等教育体制改革经验的借鉴。

第二，文献研究、走访式调查与实地考察等社会调查研究方法相结合，注重对高等教育改革历史经验的总结和既有文献的参考，听取有关专家意见，为研究思路与模型构建打好基础。

第三，作为教育体制改革的规范研究，注重理论思辨和逻辑推理，在研究假设的基础上，重视系统建模，如去行政化改革内容层次及其关系模型、改革的多元进路模型、高校行政化的过程及其动力模型、非行政主导的高校问责制框架和多元问责制结构体系，等等。

（四）研究特点

本书旗帜鲜明、系统完整地提出了高校去行政化的改革方案及其实施框架。主要体现在以下几个方面：

（1）研究概念上。首先体现在笔者最早对高校非（去）行政化改革进行定义，其次体现在从多元视角对高校去行政化改革的实质和特性进行了深刻的解读，最后对高校去行政化进行了内容层次的划分，对概念进行界定和可操作化，使改革具有更强的可行性和可操作性。

（2）研究思路上。研究从相关共识、改革的前提和假设出发，从提出问题、分析问题入手，始终围绕着高校去行政改革目标的实现，使得提出的改革方案更具有逻辑性和系统性；从制度、利益、文化、伦理、系统论、战略、问责等多视角出发，以多学科理论为基础，根据新制度主义和机制设计的思想设计改革方案。

（3）研究方法上。遵循批判性复合主义范式和多元综合方法论，以规范、定性研究为主，注重理论模型的科学建构，从多元视角、多个操作层面寻求改革的多元路径，包括政治与法律、预算、人力资源管理、组织文化、伦理与问责等改革的多种路径与方法。

（4）以研究结论上。首次深入剖析了高校行政化的性质，提出了高校行政化的过程及其动力模型；首次提出了高校行政化改革的内容层次；首次深刻指出改革的实质，即治理机制和组织文化的变革；首次提出了改革的政治属性，并分析了改革的政治空间；首次明确提出了高校去行政化改革的主体和战略模式，明确系统地提出高校去行政化改革的总体方向、基本思路和实施框架；首次进行了去行政化改革的力场分析，并重构改革的动力系统，提出了改革的多元动力驱动模式；首次提出了改革的政治进路、伦理途径和预算途径，探讨了高校问责制去行政化和组织文化变革的改革进路；最后还首次提出了后改革时代的高校治理机制和行政责任实现机制。

三、研究价值与相关说明

2010 年“两会”前后，政界、学界对高校去行政化改革进行了广泛、热烈的讨论。此后，《国家中长期教育改革和发展规划纲要（2010—2020 年）》（以下简称《纲要》）指出，大学应“克服行政化倾向，取消实际存在的行政级别和行政化管理模式”。十八届三中全会通过的《中共中央关于全面深化改革若干重大问题的决定》也提出公立大学去行政化。高校去行政化改革研究，主要针对我国大学行政化管理体制的弊端、当前高校体制改革的困境和去行政化改革研究的不足，因此具有一定的实践和理论价值。

（一）研究价值

从实践价值来看，传统上“摸着石头过河”的改革模式使得高等教育体制改革陷入了改革疲劳（如信息公开、岗位等级设置、绩效工资制改革等多项政策频出）和改革困境（如政治意识形态困境、高校领导体制困境），致使高等教育体制改革始终未能摆脱枝节修补的命运。尽管《纲要》和十八届三中全会将高校去行政化列入议事日程，但改革的战略和进路没有明确，使改革束之高阁。因此，旗帜鲜明地提出与科学系统地规划高校去行政化改革的战略，使高校去行政化由政策议程进入实施阶段，对于尽早走出高校传统体制改革的误区和困境，推动建立现代大学制度，崇尚大学精神，促进高校的科学发展与和谐发展，提高大学核心竞争力，都将会产生重大的现实意义。高校的去行政化改革是我国公共治理变革的重要突破口，也是政治体制改革的重要契机，必将触动我国的行政和政治体制改革，对于完善我国公共治理、政府职能转型与理顺政事关系等方面，其意义必将是重大而深远的。

从理论价值来看，尽管当前对大学去行政化改革的研究出现“百花齐放”的局面，但毕竟大学行政体制改革涉及政治体制、行政体制、教育体制的改革，涉及多个部门和多重关系：政府职能和政校关系，改革、发展与稳定的关系，高校学术权力与党政权力的关系；牵涉诸多利益、价值观与权力的冲突。然而在当前，多个学者从某一理论、某一视角出发研究高校行政体制改革的某个层面、某个维度或某个局部，尽管有助于探索争鸣，但对高等教育体制改革战略缺乏多元路径的整合研究，由此提出的改革进路可行性和系统性较差，因此有必要采用多元综合主义方法论对我国高校去行政化改革进路进行系统深入、切实可行的探索。

（二）相关说明

在研究范围上，著作标题是“中国高校去行政化改革研究”，其中的高校（高等学校的简称）泛指实施高等教育的一种社会机构或社会组织，但主要指全日制大学，尤其是指公立大学（鉴于公立大学的行政化程度及其在全国的影响）。所以在本书中，为了语言表达习惯的需要，有时将“大学”来代替“高校”，如大学精神，就不宜表达为“高校”精神。研究者清楚高校与大学的区别，但本书未区分高校与大学，主要以公立全日制大学的去行政化改革为研究对象，因此在研究成果的适用范围上，也主要适用于公立的全日制大学，但对其他类型的高校体制改革有较高的借鉴参考价值。

本书是在笔者2008年开始执笔的广东省教育科学“十一五”规划重点课题“我国高等学校非行政化改革研究”的研究报告和前期发表的系列论文的基础上完成的。当时还没有人提出高校“去行政化”，所以笔者早期发表的成果沿用了该课题主持人巫春华教授提出的“非行政化”一词[①]。后来为了与政界、学界的高校“去行政化”保持一致，遂转而使用该词。原因在于，本来关于高校去行政化的争议颇多，笔者也不想独树一帜，毕竟当前取得改革的共识是最重要的。二者的总体目标和基本内涵是一致的，只是笔者在“非行政化”的基础上，对高校去行政化改革的实质、属性进行了更深入的解读，详见后文。

第二节　高校去行政化：时代背景、理论基础与美国借鉴

我国高校去行政化改革牵涉面之广，改革力度之大，可以说前所未有，改革意义重大深远。因此，需要开阔的视野、过人的胆识和非凡的智慧，从国内外环境中辨识高等教育体制改革的总体趋势和时代需求，从多学科视野寻求改革的理论支撑力量，从国际经验中汲取改革的经验和能量。

一、时代背景

高校作为一种开放的组织系统，必然与外界环境发生着各种各样

① 早期的成果在英文翻译上也不准确，如先后将非行政化译为 non-administration，de-administration，容易让人误以为是反对或摒弃高校行政管理的意思。

的联系。高校去行政化改革需要考虑到外部环境，必须深入认识到改革所处的环境的变化和要求。因为这些环境因素形成的综合作用，推动着高等教育体制的改革和发展；而且这些背景是高校体制改革发生的环境和条件，构成了改革的前提和基础。高校去行政化体制改革既是为了适应环境的变化，也要利用环境中的有利条件。这些背景大致分为国际和国内两个方面，在分析国内背景时，使用战略管理中常用的宏观环境分析工具——PEST 模型，即 Political、Economic、Social、Technological，从政治、经济、社会和科技四个方面来分析高校去行政化改革的国内背景。

（一）国际背景

我国高等教育尽管起步较晚，但一开始就面临着国际环境的影响，特别是改革开放以后，我国高等教育的改革也是日新月异。在加入 WTO 后，中国高等教育对外开放的大门逐步打开，我国高校已被置于整个国际社会发展的大背景下，在更深层次、更广范围、更宽领域与他国开展国际合作。而且基于中国教育市场的潜在价值和发展空间，外国教育资源正在不断进入中国，中国教育市场不可避免地受到影响和冲击，各国之间会在办学主体、生源、人才、教育发言权、教育消费市场等方面展开争夺，对我国高等教育产生深远的影响，推动着改革的进一步深入。

我国高等教育在面对全球化的机遇和挑战中，首先要推动高校办学体制改革，提高高校办学的自主性和办学方式的灵活性，迎接外资的进步和挑战。既要进一步放开高校的自主办学权，又要探索公立高校、民办高校、中外合作高校等多种办学形式，还要借鉴国际知名大学的办学经验，最终使我国高校产权明晰、利益独立、举办权与办学权分离，真正按教育规律、市场规律办学。其次，是推动高校内部管理体制改革，培养能适应全球化挑战的高素质人才。国际竞争，无疑是人才素质的教育，归根结底还是教育的竞争。通过内部管理体制改革，确立学术的主体地位，培育学术创新的环境，才能在教学和科研中培养创新型的人才和产生创造性的成果。

（二）国内背景

1. 政治环境

高等教育在任何一种社会制度中都不能超越特定的政治范畴，而必须体现某一时代、某一社会的政治要求和智力理想。因此，高校的任一项改革，必然要体现与政治的一致性。在诸多的政治因素中，政治意识形态、政治体制等因素对高校的改革影响最为显著，政治意识形态制约着大学教育的指导思想、宗旨和内容等，而政治体制机制和相关政策的改革在一定程度上推动着高校管理体制的改革。

我国政治的民主化、法治化建设进程在不断推进，正在而且必将大力推动高等教育管理的民主化和法治化进程，这使得高校的去行政化改革有了更加丰富的内涵，高校的体制改革可以进行得更彻底、走得更远。另外，中共十七大报告确立了创新型的国家战略，为作为重大创新源之一的高校找到了一种合理的“政治战略”的依据。当前，我国政府改革的重要目标之一就是要建立服务型政府，实际上标志着我国政府职能新一轮改革的启动，必将使政府在处理与高校的关系上，转变过去那种集权管理的模式，逐渐淡化政府对大学的直接干预，定位更加准确，职责更加规范。这些都为高校的去行政化改革提供了宽松的政治环境和政治依据。尤其值得一提的是，我国的《高等教育法》明确规定高校的办学自主权和独立法人资格，使得高校管理体制改革能够在法律框架内进行，从而为高校去行政化改革提供了合法性基础。

2. 经济环境

首先是知识经济的兴起，表明综合国力的竞争进入了以科技和教育为基础的新阶段。因此，要积极进行高等教育办学体制改革，审视和选择教育发展的战略思路，解决好高等教育可持续发展的动力机制问题。创新是知识经济发展的强劲动力，知识经济的竞争实质上演变为知识创新的竞争，从根本上说，是创新型人才的竞争。因此，必须把创新教育作为教学改革的核心，从育人的机制上说，要建立鼓励创新人才脱颖而出的激励机制和评价机制。再者，要高度重视师资队伍的建设，鼓励教师在开展科学研究、社会服务中，紧密结合社会经济实际，将知识创新、技术创新的成果转化为直接生产力，在促进社会经济发展的同时，促进创新教育和创新人才的培养。高校要在知识经济的发展中起到知识的生产、传播和转移等关键作用，为此，高校还要形成知识创新、传递、转移的良性机制，以知识为资本，加快高校科技成果产业化。

其次是市场经济体制的完善的经济发展方式的转型，也要求推动高等教育体制改革的深化，进一步改变长期以来单纯追求数量扩张的发展方式，坚持规模、结构、质量、效益的内在统一，即在适度发展规模的同时，把重点放到调整结构、优化资源配置、提高质量和效益上来。经济多元化带来的大学办学体制多元化还需要加大研究和改革力度，深化和规范高等教育办学体制改革，控制办学成本补偿的合理比例，拓宽社会资金进入高等教育领域的渠道。社会主义市场经济的发展，还要求高校建立起与市场经济相适应的人才培养机制，加强市场调节控制，为人才流动创造必要的条件。

总之，知识经济方兴未艾，市场经济体制改革不断深化，随着我国综合国力显著提升和持续发展，以及科教兴国战略、创新型国家战略的逐步推进，高校的管理体制改革也要求不断升级、有所突破。

3. 社会环境

可持续发展与和谐社会建设是高等教育体制改革的战略要求。可持续发展战略是当今国际社会广泛认同的一种全新的发展观。教育，特别是高等教育，所培养的不同专业、不同层次的人才在社会生活各领域中的作用，将直接、间接地影响全社会的可持续发展。在高等教育改革与发展中坚持可持续发展的战略，自我更新，自我保存，自我完善，则是高等教育发挥自身社会功能，适应社会发展需求，促进全社会的可持续发展，使自身走向健康、持续发展历程的历史抉择。

与当前和谐社会的建设相适应，只有可持续发展的教育体制才是和谐的。所以要加大力度研究影响高等教育可持续发展的因素，寻找推动高等教育可持续发展的措施，推动我国高等教育持续发展和完善。高等教育要走上可持续发展的轨道，重要的是实现规模办学。目前，打破条块分割的局面，调整高等教育布局结构，优化资源配置，是使高等教育走上可持续发展的条件之一；还有就是要改革高校内部管理体制，包括高等学校后勤管理体制和高等学校科学研究管理体制等，提高资源利用率，从而最大限度地减小教育资源闲置与浪费的程度①。

高校的和谐是整个社会和谐的重要组成部分，但在和谐社会构建的进程中，仍然存在着许多不和谐的因素，如政府对高校的不合理控制，高校和社会间的关系不够明确等，尤其是高校内部行政系统官僚主义严重，主导和控制着高校的资源配置、教育评估等办学权，导致行政权力和学术权力矛盾重重，冲突事件屡有发生。这些因素构成了高校体制改革的必要性，也是高校去行政化改革要解决的重要问题。

4. 科技环境

潘懋元教授（1998）认为，高等教育的本质是人类科学、文化的传承与创新……科学的进步、文化的变迁，才是高等教育变革的核心和直接动力。

首先，表现在科学技术的进步改变了高等学校的一些传统观念，树立了新的育人观。科技革命和科学发展带来的一个主要变化是新学科层出不穷，且学科呈分化与综合发展趋势，科学知识的总量迅速增长。这给高等学校的人才培养带来压力和冲击，它迫使人们重新思考教育观念。各分支学科形成与发展促进体制科学化，特别是教育管理学、教育经济学、领导学等学科直接促进了高等学校管理水平的提高。

其次，科学技术引起的变革不仅体现在大学的学科和课程上，而且还体现在大学教育组织形式、教学方法的变革上，一批新型的、以传授科学技术知识为主的高等院校先后出现，学校的教学方法、教学手段也随着科技进步日益现代化。

再次，信息时代和互联网环境丰富了人们的沟通渠道，增强人民的知情权，又一次唤起了民主权的觉醒。网络舆论成为重要的议程触

---

① 帅相志：《市场经济与中国高等教育体制改革》，山东人民出版社2005年版，第69—71页。

发机制，成为政府问责和改革评估的重要影响力量，网络参政议政成为可能，从而影响着改革的议程、决策和实施。

最后，科技发展为高校管理体制改革提供技术保证。特别是网络的发展和管理信息系统在高校中的广泛应用，为高校管理提供了一个高效的信息平台，实际上是科技的发展为高等学校体制改革提供了技术保证。

总之，高校外部环境的推动和内部自身发展的需求共同构成了我国高校去行政化改革的基本动力。高校去行政化改革，既是高校适应国际国内环境和时代发展的需要，又是高校遵循科学规律、提高竞争力、实现自我发展的需要。《国家中长期教育改革和发展规划纲要(2010—2020年)》指出："探索建立符合学校特点的管理制度和配套政策，克服行政化倾向，取消实际存在的行政级别和行政化管理模式。"十八届三中全会进一步确认了公立大学去行政化改革的议程。然而，对高校去行政化改革的内涵、方案和实施方式并未取得一致的意见。

二、理论基础与文献简述

本研究是在多学科理论和文献简述的基础上开展的。除了相关的高等教育政策与管理理论，以公共管理学、制度经济学、行政伦理学、变革管理学等多学科理论为主要理论基础，还吸收了政治学、经济学与治理理论等学科的重要理论。其中，以管理学理论为主，依据战略管理的思路，进行改革的整体规划、分析与方案设计，包括战略分析理论与工具、战略实施理论、核心竞争力理论在内的战略理论；在问题分析和方案设计中，从战略、制度、利益、文化、伦理等多种视角透视，重点采纳了公共选择理论和经济机制设计的思想，参考吸收了制度经济学和过渡经济学的重要成果；此外还吸收和运用了组织动力学、系统论、绩效管理、和谐理论等学科分支。

（一）国内研究现状和趋势

从目前的研究成果来看，高校去行政化改革研究可分为三个阶段：

第一阶段是2005—2009年，研究主要集中在高校去（非）行政化的概念与理念基础、原因（巫春华，2005），改革的方向、动力与路径（刘家明，2009），国际借鉴（巫春华，2005；梁智俊、杨建生，2009）。这些研究比较零散，且并未对高校去行政化改革概念进行具体可操作化，改革战略缺乏一个整体的框架。

第二阶段是2010年两会前后，出现了"百家争鸣"的局面，官员、两会代表及专家学者进行了广泛讨论，讨论焦点是大学要不要去行政化、概念解释和如何去行政化，这一时期主要是各界观点的讨论，而不是系统的理论研究，一篇观点综述是该阶段成果的总结（吕星星、张学亮，2010）。

第三阶段，《纲要》以官方结论结束了要不要去行政化的争论，研究集中于如何进行去行政化改革，相关成果出现了"井喷"局面：3年左右的时间近400篇论文问世，主要内容有：改革的战略与突破点（司林波，郭银，刘颖，张伟）；改革的内容、特征与主体（刘家明）；概念的进一步解析（崔岐恩等，荣司平，刘新财，李博）；方法与路径（钟秉林，杨德广，巢乃鹏，董强，江赛蓉，徐波，张杰，崔冬、胡敏，郑咏梅、徐元俊，陈邓海，韩德利、李成道，等等）；改革的关键或症结（顾海良，刘道玉，阙明坤，陈学飞，江赛蓉）；契机或切入点（陈金圣，阙明坤，陈何芳，段炼炼、毕宪顺）；改革的阻力及对策（眭依凡，黄静茹、温志强，王苏琪，郝瑜、周光礼，魏昌廷、李硕豪）；不确定性与风险（康健，王占军，刘尧，王苏琪，季飞，王东）。该阶段出现了多元视角研究的趋势：哲学思考（黎利云，宣勇）；经济学思考（董燕萍）；历史视角（王长乐）；法律视角（谭正航，高飞，熊文钊、郑毅，李成，谭正航、尹珊珊，徐警武，江赛蓉、刘新民，毕于建等）；组织文化与伦理的视角（茹宁，刘家明，董玉节、周亚东）；服务行政视角（毛成，林祥柽，江赛蓉）；政治、行政与学术权力关系的视角（别敦荣，赵峰，王建华，陈阳，阎国华，薄建国、王嘉毅）；公共治理的视角（张万宽、陈佳，何卫红，龚怡祖）；制度主义的视角（陈昌贵、季飞，刘晶，王飞、王运来，徐波，刘耀，吴合文，陈金圣）；国际借鉴研究（胡瑞华，朱浩、陈娟）；以及对当前研究的反思与思辨（阎光才，王洪才，王颖、温惠琴，李国志，王中华，蒋华林，姜凤萍、尹丽娜，刘大卫）。还有学者对大学去行政化研究进展进行了综述（任增元、刘元芳、郭平）。由于著述颇多，篇幅有限，在此不能一一综述。

总的来说，研究视角越来越广泛，逐步向政治学、法学、公共治理等方向拓展，甚至出现了心理学、社会学的视角。后期研究则出现更多的冷静与反思，而不像起初那样附和"去行政化"；不仅局限于路径上的求解，而且开始有了更深层次的制度上的设计。但当前成果仍主要集中于高校行政制度枝节改良的路径，且缺乏从权力政治、公共预算、行政伦理、公共治理和公共选择等多元的综合性视角对高等教育体制进行多维度、多层次、多方法和多个变量的操作和系统整合。尤其未能深入认识到高校去行政化的政治特性、制度变迁和组织文化变革的多元属性，没有认识到高校去行政化与泛政治化、党政化纠结及高校所处的深层制度约束，改革缺乏从公共预算、伦理与问责、公共治理机制、政治与法律等进路的探索与多元进路的整合，也没能解决改革的多元动力驱动模式和后改革时代的治理机制，因此不仅难以真正发动改革，而且难以走出行政化体制的弊端。

（二）国外研究现状和趋势

高校去行政化概念由国内学者首创，从外文搜索来看，截至2012年并没有国外学者对此进行研究。相关研究主要集中在大学行政管理科学化、教育经济主义思潮及从属于公共管理（治理）范畴的教育行政改革。大学行政体制改革研究跟随着公共管理理论演变及改革趋势。新公共管理代表奥斯本等人提出公共部门摒弃官僚制的改革战略（1997）。随后，新公共服务理论重视民主公民权、服务和公共利益（Denhardt，2010），以及以公私网络化治理、协商对话、民主参与为主要特征的公共治理理论（Thomas，1995；Goldsmith，2004），都对教育行政及其改革产生了较大影响。公共部门绩效评估与问责理论（古贝等人，1989；世界银行，2004）对大学的责任机制和评估实践产生了直接影响。麻省理工学院（1994）和伯克利加州大学（1999）对美国大学行政管理科学化进行了实验研究。1994年日本的大学审议会向文部大臣提交的研究报告“大学经营的灵活圆满化”，被认为是日本21世纪大学人事制度和大学管理经营体制改革的政策性建议与方向。德国大学最大特色是始终重视学术自由，20世纪80年代以来，以竞争和自治为主导的教育管理观念进一步推动联邦德国高等教育的发展。美国大学著名教材《教育管理学》对学校结构、权力政治、决策等方面进行了系统论述（Hoy & Miskel，2005），《教育经济学》（Belfield，2000）对教育中政府作用、教育政策分析进行了阐述。不少学者对大学组织和体制变革进行了研究，如，托马斯·库恩（1992）研究了大学向人本化的新组织范式转变的过程；密歇根州立大学的R. Sam Larson（1997）研究了大学组织变革的驱动力；斯坦福大学的Imanol Ordorika（1999）从历史视角研究了大学组织变革与国家政治发展进程的关系；犹他大学博士研究了大学组织变革的模型、执行力和效果（Michael Eugene Ellis，2000）；南非的Venitha Soobrayan（2003）揭示了政策在教育组织变革中的地位和作用。查普曼和奥斯汀等人（2002）在《发展中国家的高等教育》一书中论述了中国等发展中国家迎接自治权扩大的挑战、高等教育质量保障和中国高等教育改革的背景。加拿大教育家迈克尔·富兰提出的教育改革三部曲享誉世界（1997、1999、2003）。其中《变革的力量——深度变革》（2003）探讨了教育体制的深度和可持续性变革。这些研究成果有一定的借鉴意义，但需根据我国的实际进行反思。

总的来说，国外学者更多的是从科学管理、公共治理、组织变迁等视角去研究大学行政管理及其改革，大学改革的趋势受到公共经济学、公共管理理论的较大影响。从20世纪80年代起重视学术自由民主、大学自治，到90年代重视大学行政管理科学化、柔性化和结构的优化，发展到20世纪末21世纪初，更加注重研究高等教育系统以外的因素对大学行政体制及其改革的影响，并对大学的持续、深度变革进行了更为系统的研究。由于政治、行政体制等国情和大学历史传统的不同，国外实践与理论对我国大学行政体制改革有参考借鉴意义，但不能简单地实行“拿来主义”。

三、美国借鉴

美国的高校管理体制与管理经验，对于我国高校去行政化改革的方式、高校与政府及社会关系的处理、高校治理机制与管理制度的建立、高校组织结构设置等诸多方面提供了十分有益的借鉴。本节重点论述了几方面的借鉴：教育评估制度、美国高校行政管理科学化。

（一）教育评价制度为高校建立非行政主导的评估机制提供有益参考

美国大学的教育鉴定制度是一种非官方的监督制度。政府一般不介入其中，至少不直接或明显地介入其中，其教育职权是按宪法由各个州来行使。在这种体制下，美国各个地区和高等学校之间为了确立一些共同的标准和研究一些共同关心的问题，便自发地成立了一些民间协会①。这种协会是一种民间的、高校的、行业的自我管理或自我保护的非官方团体，在发展过程中逐渐形成了对学校进行评估的做法。法国高等教育评估机构（国家评估委员会 CNE）是独立于总理和教育部以及其他执行机构之外的，只向总统汇报工作。其成员由总统任命；其经费由国家财政支持；其评估工作主要是对公共服务有关的领域进行评估（包括教育和继续教育），对大学的管理政策和管理实践等进行检讨；评估结果面向社会公开②。政府在高等教育评估中只是扮演宏观管理者的角色。

从我国的情况来看，依靠民间组织进行教育评估，可以充分体现教育评估的专业化，有利于国家对高等教育实施宏观管理。评估机构必须是独立于国家政治构架下的行政体系，才能避免政府意志强加于高等教育评估，给予高等学校更大的办学自主权，保证高等学校发展

① 杨晓江：《国外高等教育评估中介机构发展轨迹试探》，《外国教育资料》2000 年第 4 期。

② 李汉邦、张晓京：《国外高等教育评估的实践及启示》，《北京航空航天大学学报》2003 年第 3 期。

自主性和学术自由性。评估机构必须是全国统一的组织，制定统一的规则，具有高度的权威性。评估机构的权威性最好由教育立法确立，可以最大程度上避免政府宏观管理的随意性干预。从我国的国情出发，“目标适应性”评估模式特别适合高等学校类型较多、水平参差不齐、区域情况各异的我国的教育评估①。

（二）美国大学行政管理科学化为我国高校管理民主化、科学化提供有益借鉴

美国大学行政管理的科学化为我国高校内部行政管理的科学化、民主化改革提供了许多有益的借鉴，其特点主要表现在：

1. 大学各行政管理层的权力与工作职责明确

美国大学在机构设置的过程中就已对校长职责、各个委员会的职责给予了明确的规定。如董事会的职责之一是选聘校长，之后便授权校长管理大学。校长与副校长、副校长与院长、院长与系主任之间的关系也是如此，上一级不会直接介入下一级的工作，只要认为选定了合适的人选，便放手放权，然后根据职责要求对履行职责的情况进行检查。

2. 大学的师生员工都有其组织的委员会参与大学管理

在美国的各大学，教师代表参与学校董事会工作，出席学校董事会议，教师还是校务委员会的重要力量。另外，教师还可以通过各种委员会在大学行政管理事务中发挥作用。同样，学生也是学校管理的重要参与者。学校事务，无论是专业设置还是提高学费，学生都有权发表意见。

3. 大学有多个专业委员会管理学校

不同业务大学里的这些专业委员会，一方面有助于将擅长处理某类事务的专业人士集中起来协助校长管理大学，另一方面也能提高大学工作效率。因为大学只会将一些特别事务提交校务委员会研究，而学校的一般事务都是由这些专业委员会来处理。而且，行政管理人员

---

① 巫春华：《高等学校非行政化——国际经验与对策》，《高等教育研究》2005 年第 8 期。

与各级委员会之间不是直接的领导关系，这样有利于委员会提出的意见更为客观公正，行政官员的个人管理职权受到限制，从而保证大学管理事务的公开、公平、公正的执行。

4. 美国大学的行政事务管理重心在院系

美国大学的行政事务管理重心处于学校一级，学院院长拥有很大的权力。学院的很多事情包括项目管理、资金的分配和使用、教师的聘任和评价、专业和课程的设置等都由学院根据教授委员会的意见来决定。院长对校长负责，校长赋予院长极大的自主权，对院长实行年度目标管理。

5. 美国大学校长的产生过程

美国各大学都非常重视大学校长的选拔工作，而且大学校长的产生过程都有各自的选拔程序。一般大学会将招聘大学校长的信息向全世界发布；同时，学校也会向一些他们认为比较合适的人先发出邀请，也会通过一些中介组织协助大学寻找最理想的人物来担任校长一职。在大学董事会的领导下，大学会成立一个专门的校长选举委员会，其中有教授、学生、职员、政府代表、学校董事会成员、社区代表、工商界人士等。校长的选举过程非常严谨与规范，候选校长要经过各种专业委员会考核，并要作多场应聘校长的报告①。

在美国这个市场经济相当发达的国家里，高等教育领域较早地形成了大学之间的竞争机制，大学有足够的动力去引进先进的管理工具和方法以提高自身（特别是行政系统）的运作效率与竞争力。此外，在美国，大学行政是学术的服务和支撑系统，作为学术决策的执行机构，行政系统面临着如何减少资源浪费、提高运行效率的压力和挑战，这也促使美国大学会不失时机地应用先进的管理工具和方法来改造它们的行政部门。到现在为止，这种在操作层面上变革大学行政系统的做法在美国已经成为一种趋势。例如，麻省理工学院（MIT）的流程再造（BPR）。对行政流程进行再造，主要目的是为了改善学校

---

① 彭说龙：《美国大学的行政管理》，《华南理工大学学报》（社会科学版）2007 年第 4 期。

与顾客（包括教职员工、学生、家长和企业）之间的关系，充分利用现代信息技术，消除部门内部的本位主义，从而保证学校教学与科研的正常开展。再例如，伯克利加州大学实行的平衡记分卡（BSC）评估体系，以支持伯克利的学术使命和校长需要优先考虑的事情①。

从表面上看，美国大学行政管理科学化改革只是简单地引进一流的管理工具和方法 ，实际上背后隐藏着这样一个事实：美国大学的行政职能部门一般都拥有尊重学术、服务学术的文化理论；一般都具备行之有效、健全完善的规章制度。正是在此基础上，使用一流的管理工具和方法才能取得立竿见影的功效。推动我国大学行政管理的科学化改革，不仅能够从根本上改革行政职能部门人浮于事、效益低下的现状，而且能为战略性地转变大学的行政职能、使大学行政成为学术的真正意义上的服务系统奠定坚实的基础。而美国大学行政管理的科学化改革为我们提供了极具参考价值的实践经验。

此外，董事会主导的高校治理机制、学术组织结构设计也在一定程度上反映了高校的共同性规律，也值得作为我国高校去行政化改革的参考。但需要注意的是，我国高等教育改革要借鉴国外高等教育的经验，也要考虑我国的具体国情。

---

① 王华丰、杨光：《美国大学行政管理的科学化趋势及其启示》，《高等工程教育研究》2005 年第 5 期。

第二章

问题的提出：高校行政化解析

第一节　高校行政化的界定

深入认识到我国高校行政化管理体制的内涵、起因、过程及其影响，是我国高校行政体制改革及研究的重要前提和基础。按照提出问题、分析问题和解决问题的步骤和逻辑，即通过现象看问题，通过分析问题理解实质，抓住本质后有的放矢地提出解决方案。因此，需要认识高校行政化的面目及其实质，还要探讨高校存在的严重的行政化问题到底是如何产生的，其过程机理是怎样的，有何特性，造成了怎样的后果，等等。

一、高校行政化的定义

行政（administration）一词来自拉丁语“administrare”，由词缀“ad”和词根“ministrare”构成。词根“ministrare”原有“to serve”的含义，即侍奉、伺候、服侍之义①。《布莱克维尔政治学百科全书》也认为“行政”的本义就是“去伺候”，是指协助、服务或作为某人的管家的活动②。“行政权力是根据真理、根据客观规律决定办什么事、怎样办事，而不是对真理本身做出裁决，后者是学术权力范围的事。”③ 一般的行政权力，说起来其实都具有辅助性质，而高校里的

---

① 黄小勇：《“行政”概念疏义》，《北京行政学院学报》2001 年第 5 期。

② ［英］戴维·米勒：《布莱克维尔政治学百科全书》，邓正来等译，中国政法大学出版社 1992 年版，第 7 页。

③ 张楚廷：《学校管理心理学》，警官教育出版社 1998 年版，第 14 页。

行政权力更具有辅助性（辅助于学术）。对学术的尊重、维护和保障，是高校行政权力应有的理念、义务和责任，这种责任是高校行政权力区别于其他社会组织行政权力的根本标志[①]。因此，高校权力的运行机制应该是行政权力受学术权力支配，即使有冲突存在，行政权力在整体上也应服务于学术权力，行政权力的运行要符合学术权力的要求并实现学术权力的意志[②]。

从上文中对“行政”和“高校行政”本意的解读来看，高校行政化实际上指的是高校行政使命、功能和运行方式的异化，即没有按照“本意”和行政的“初衷”行事，而是官僚化、等级化。具体来说，是指高等学校按照政府行政体制的结构和运作模式来建构和运行的，强调行政集权、等级控制与命令服从，以实现整个行政管理自上而下的统一性和行政权力行使的效率性。这就要求行政机关在体制结构和运作方式方面强调行政内部的上下服从关系：上级机关与下级机关是一种命令与服从的关系，下级机关必须严格执行上级机关的行政命令，行政工作人员必须严格执行本部门内上级的命令和指示。行政机关为了保证上级对下级的行政命令能够得到有效的执行，就必然要求有相应的组织形式和管理形式，有严格的行政等级差别[③]。这个定义概括了高校行政化现状的实质，也一定程度上从外部解释了高校行政化的起源，即高校行政化是行政体系在高等教育系统的延伸。但仍未抓住高校行政化的核心。

陈丹青教授（2004）认为，大学行政化的核心是利益，而大学各方面对利益的共同追求，形成了大学中的功利化潮流。由于大学中的功利化现象几乎涉及大学中的每一个人，上至学校领导，下至每一个员工，都和学校收入连在一起，因而以功利化目标作号令，便可以把大学中的所有人聚集在同一个立场上。正是利益和追求利益的“潜规

① 李海萍：《高校学术权力运行现状的实证研究》，《教育研究》2011年第10期。

② 寇东亮：《学术权力：中国语义、价值根据与实现路径》，《高等教育研究》2006年第12期。

③ 张卫平：《论我国法院体制的非行政化》，《法商研究》2000年第3期。

则”使大学人自觉地接受和服从行政化，在接受和服从中实现利益，否则就会对自己与学校都不利；在利益中尝到甜头，就会追逐更大的利益，推动行政化的加速。

二、高校行政化的表现：层次与类型

2010年2月28日，在《国家中长期教育改革和发展规划纲要》征求意见新闻发布会上，教育部部长袁贵仁指出大学行政化管理倾向有两个问题，一是政府对学校管理的行政化倾向，二是学校内部管理的行政化倾向。从中可看出，高校行政化大致划分为两种类型：外部行政化和内部行政化。具体表现为三个主要层次：政府对高校的行政化干预、高校内部行政对学术的行政化控制、高校学术系统的行政化运行。

高校的外部行政化主要表现在：首先，高等学校组织构架的行政化，即高校在国家教育系统中的地位被行政“格式化”，与行政机关一样具有相应的行政级别，如正部级、副部级、正厅级等。高校行政级别化，不仅强化了高校对政府部门的依赖和隶属，弱化了独立法人的地位，而且还模糊了大学的学术组织本质和学术使命。其次，在运行机制上，高校行政化表现为政府行政体制在高校中的延伸。政府主要通过行政手段来支配高等学校，在高校的机构设置方面，强调与政府对口，偏重贯彻、对接政府部门的政策，这不仅导致机构臃肿、官僚主义作风，而且弱化了行政服务学术的功能，扩大了大学的政治和社会职能，最严重的是大学办学宗旨的偏向。

高校在外部行政化的同时，其内部也被行政化，包括以下几个方面：一是完全按照行政机关内部的行政等级要求，对每一个院、系、部门都套上相应的行政级别；行政权力官僚化，工作作风方面官僚主义严重，唯“官”是从，行政权力背离了为教学、科研服务的宗旨，却成为高于教师权力的官僚权力；人事任命和聘用的行政化，内部人员也按照行政分层的要求，被套上了相应的行政级别，从科员、科长到副部长、部长不等，官满为患，机构臃肿，人浮于事；在资源配置和收入分配方面，资源配置行政化倾向明显，“当了官，就能拿到更多资源，包括学科建设资金、研究经费、教学收入分配”①；高校内部学术与行政的关系方面，行政权力领导或主导学术活动、外行评价和控制内行、以学术兑换权力、以权力掠夺学术成果等现象在大学中习以为常②。高校内部行政化使高校的行政系统成为支撑高等学校的真正主体，把部门和人员编排在不同的地位格局等级中，基本依据权力意志、权力价值标准等价值信号来评价人员行为，并维系高校的运作。

高校学术事务的行政化，包括学术团体的行政化、学术项目申报审批的行政化、学术评价的行政化与非学术化等，具体表现在：（1）行政和学术不分家，行政权力掌握着大学学术资源的分配，不仅决定大学内的行政事务，还决定大学的学术事务；（2）学术权力运行的行政化，学术活动不是以真理为最高价值追求，反倒也讲权位、讲级别，甚至也奉行下级服从上级的运行规则。

总之，无论是在内部还是外部，高校行政化的现象随处可见，对高校行政化的批评声也此起彼伏。

三、高校行政化的特征

国内众多学者已认识到高校行政化的问题及其表现形式，并各抒己见，纷纷提出高校去行政化的进路。然而高校行政化仍未能概括高校管理体制的根本特征，从高校的组织结构和权力体系来看，高等学校不是真正意义上的大学，而是政治体系（包括党、政、团、各种群众组织等）在高等教育系统的延伸，履行着政治、行政、社会等多种职能。其中，执政党和政府教育主管部门对高校的影响最大，教育主管部门又接受执政党的领导，高等教育政策由教育主管部门的党委或其上级党委最终决定，执政党主要采用政治化的领导方式。如此相关，高校管理表现出了泛政治化、党政化与官僚化等特征。

---

① 李松：《高校教师当官热一瞥》，《记者观察》2006 年第 2 期。

② 王长乐：《我们应该怎么对待大学行政化》，《大学教育科学》2005 年第 6 期。

（一）高等教育管理体制泛政治化

大学固然在追求其“象牙塔”的价值理想，但大学的存在和发展必然受国家政治、经济和社会发展的影响，同时也在事实上不断地满足着政治、经济和社会发展的需要。政府作为大学的资产所有者，政府都要对它的资产有效合理地使用行使选择权，这就是高校政治权力的表征。因此，高校的政治权力就是高校的所有权人对高校各项事务决策而施加的各种影响力，这些影响的持续存在决定了高校的政治权力是高校存在的本质属性之一①。

高校的政治权力主要通过泛政治化的责任实现机制来运作。责任实现机制的泛政治化，是指上级政府和党委把高校的某种职能或某些任务明确为“政治任务”，上升到能否接受党的领导，能否经得住政治考验的政治高度，要求其主管的高校全力完成，并相应地给予责任“一把手”政治上奖励和惩罚，如职位晋升、绩效考核评优。如此一来，其地位和重要程度凸显，围绕着“政治任务”的活动便陆续像政治运动那样开展，相关的人、财、物等资源也围绕着政治任务分配，执行力大大提高，有效地消除了阻力。没有完成政治任务则可以“一票否决”，对“一把手”进行问责，不仅使得高校“一把手”在“政治任务”上承担了无限责任，而且使高校的发展和高校员工的权益都承担了连带责任，因为安排政治任务的主管政府总是有安排资源的权力。何况高校内部实行党委领导体制，严密的党委组织体系和集中式的领导体制，往往是监督校长为首的行政系统落实“政治任务”的重要方式。因此，“政治任务”关乎高校的政治合法性和资源配置的合理性，还关系到责任人的政治前途，与大学人亦利益攸关，高校的行政化就是在政治挂帅的政情和政体下的行政化。

上级政府和党委用泛政治化的机制来推动高校某种任务的完成，的确有助于推动高校任务的完成和相关责任的履行，但其后果也是明

① 赵峰：《论高校的政治权力与“去行政化”》，《西北师大学报》（社会科学版）2011 年第 2 期。

显的。承接了政治任务的“一把手”的权力被放大，一把手为保证责任的完成，往往过度动用行政权力来完成，同样以“政治任务”的方式层层分解、交代落实，还能以“不讲政治”为由来打击那些提出异议的人，从而形成了“庇护—附庸”特征的关系网；为了完成敏感的、关乎自己政治前途的“政治任务”，行政行为容易出现暴力化的倾向；责任实现机制的泛政治化挤压了其他责任机制的发展和完善，导致了责任体系的失衡，还可能诱使行政部门和官员采取各种方式来逃避责任①。

此外，高校承担的由政府交代的任务中，哪些是政治任务或哪些不是，完全由上级来设定，具有很强的随机性、集权性、人治性，不仅干扰了高校的正常运行，也使高校行政具有集权、人治和等级的特征，严重扭曲了高校中民主、法治的责任实现机制。最严重的是，泛政治化的责任实现机制就是要使高校对主管政府负责，在高校内部，一切要对行政部门及“一把手”领导负责。这样一来，高校及行政系统围绕着“政治任务”转，政治权力至高无上，大学中的知识权威荡然无存，完全漠视了高校的学术使命的存在。

（二）高校内部管理行政化与党政化纠结

当代中国公共行政的基本模式是在党的领导下由官僚机构实行国家管理的结构。党是国家管理的核心。因此，党的组织行为方式明显地影响了官僚制行政的方式，具体来说，使得公共行政表现为三方面的特征：公共行政的政治化、意识形态色彩和人格化。这些特征在一定程度上造成了公共行政的失范和无序，党必须严格规范其行为，才能够保证官僚体系程序化、理性化和公正化的实施管理②。

我们可以从高等教育相关法律与政策、发展历史与现状来全面认识高校的党政化。1990 年，党中央根据国际、国内形势，尤其是

① 杨雪冬：《政府责任》，载俞可平《中国治理变迁 30 年》，社会科学文献出版社 2008 年版，第 195—197 页。

② 刘圣中：《政党整合下的官僚制行政——当代中国公共行政的组织行为分析》，《公共管理学报》2005 年第 2 期。

出于回应“98政治风波”和避免国际和平演变的风险，发出《关于加强高等学校党的建设的通知》（以下简称《通知》）（中发［1990］12号），《通知》明确规定我国高校实行党委领导下的校长负责制，中国共产党高等学校基层委员会按照中国共产党章程和有关规定，统一领导学校工作，以保证我国高等学校教育事业的社会主义方向。规定还表明，党委是高校的领导核心，尤其体现为政治核心，总揽全局，拥有最高的决定权、人事任免权、监督权，协调各方，统一领导学校全面工作。根据议事决策工作的需要，经上级党组织批准。根据这一规定，高校党委必须坚持共产党的指导思想和意识形态，自觉维护党中央的权威，在思想上、政治上同党中央保持高度一致。1998年《高等教育法》把党委领导下的校长负责制作为高等学校的内部领导体制确立下来。《高等教育法》第39条规定，党委的领导职责主要是：“执行中国共产党的路线、方针、政策，坚持社会主义的办学方向，领导学校的思想政治工作和德育工作，讨论决定学校内部组织机构的设置和内部组织机构负责人的人选，讨论决定学校的改革、发展和基本管理制度等重大事项，保证以培养人才为中心的各项任务的完成。”第42条规定，高等学校的校长全面负责本学校的教学、科学研究和其他行政管理工作。从法律规定的高校校长职权的细节来看，校长的职责主要是行政管理工作，在学校的重大事宜上并无最后决定之权，即印证了张维迎（2006）在《大学的逻辑》一书中所说的，“在我们中国教授的权力小，但是实际上校长的权力也是空心化的，校长没有多少权力”。大学校长尽管有一定的行政裁量权，但其本质是党委赋予的行政执行权，执行党委的决议，并接受党委的监督。

高校的其他组织，如民主党派、工会、团委，是学校党委群众政治工作的重要组成部分和依靠力量。这些组织的管理与运行中也体现了浓厚的党政色彩，更多地呈现出“高度组织化”的党政一体性，作为党政机关的延伸，一定程度上使高校成为党组织和政府机关的“附属物”。

有学者认为[①]，我国内地高校权力集中于政治权力和行政权力，政治权力和行政权力又集中于党委，党委又集中于党委、常委，支配大学运转的是党政权力而非学术权力，高校的资源是通过内部与外部的党政系统分配的，但为了绕开诸如高等教育的领导体制、党委组织机构的精简、党政关系的协调等政治“敏感”问题，而选择使用“行政化”，而不是“党政化”。他还指出，在改革过程中可以看到，高校什么机构都可以动，唯独党委办公机构不能动，高校领导管理层对此非常敏感，对于这种具备我国特色的体制性问题，其实人们心里基本都清楚，但谁也不愿把话挑明：党政化而非行政化是我国高等教育体制症结的实质与核心。

无论该学者的表述是否恰当，但基本反映了高校内部管理行政化与党政化纠结在一起，难舍难分。因此，从根本上讲，高校行政化的背后是党政化，行政化受制于更深层次的党政化驱动，即党政化在主导着行政化。当然，无论是党政化还是行政化，都是执政党、政府和高校行政机构权益驱动和政治、行政意识形态使然的结果。

（三）高校行政管理的官僚化

高校无论是公立还是私立，都具有某种公共性，其一诞生便被官僚制占据，高校的官僚制选择似乎在情、理、法之中。在缺乏对利润关注的情况下，公共组织被表面形象预先占领了，“看上去不错”被视为生存之道，在官员、媒体和公众心目中“保持良好印象”被认为是最重要的事情[②]。高校官僚制力量不仅要维护“自我感觉良好”的印象，还要以追逐预算最大化为根本目标，这一目标是靠权力最大化和官僚政治操纵来实现。因此，高校官僚制也必然具有权力和机构膨胀的天然倾向。

---

① 李厚刚：《党政化而非行政化：我国高等教育体制症结的实质与核心》，《高等农业教育》2010 年第 2 期。

② Terry L. Cooper，*The Responsible Administrator*：*An Approach to Ethics for the Administrative Role*（5th edition），New York：John Wiley & Sons，Inc，2006，p. 230.

高校官僚制还具有一般官僚制的其他几个特征：一是官僚制产出的模糊性与滞后性掩盖了不少问题，官僚集权与控制更是阻止了问题的解决。二是处于严格政治关系中的典型政府雇员，只能寄希望于通过取悦上级得到提升。大多数公务员，都把投上级所好当作分内的工作，而且期望上级以后会用晋级来奖励这类行为①。高校行政人员就是这样，依赖行政主管以便取得有关资源和奖励。三是官僚组织中的信息传递经常被扭曲，以更加符合其偏好。四是由于集权和制度主义，官僚制中的责任容易轻松地推到上级或“制度”那里。五是为了回避责任和风险，官僚常常抵制变革，以便保证“无大过”从而保住自己的位子。

此外，我国公立高校官僚制还有着自己的特色：一是公立高校的高层领导由政府任命和考核，本着“谁任命对谁负责”的传统和原则，因此高校的重大改革需要得到政府的许可或直接来源于政府的指令。二是官僚制与单位制联姻，单位逻辑强调秩序和稳定的归属关系，单位意识将高校理解为一般意义上的福利组织，因而容易产生编制固定、人身依附、资源独占等现象，从而导致大学人丧失责任感和伦理自主性，被动服从管理和既有的制度安排。三是官僚制与政党政治结盟，政党政治在高校全面延伸。高校中政治和行政权力主导一切，学术决策与资源配置基本上都通过党政系统来决策。

综上所述，我国高校的行政化现象不仅呈现出多层次、多类型等特征，而且与中国的经济社会和行政管理体制的泛政治化密切相关，又与党政化过程纠结在一起，最后还发生在具有一定人格色彩的官僚制和单位制之中。因此，高校行政化有着深层的、宏观的制度约束和复杂的组织根基，伴随着权力和利益的配置，造成了多维的影响，总体上呈现出异常复杂的特征，使得去行政化改革举步维艰、任重道远。

---

① ［美］戈登·图洛克：《官僚体制的政治》，柏克、郑景胜译，商务印书馆2010年版，第13—14页。

第二节　高校行政化的起因、过程与影响

一、高校行政化的起因

回顾一下中国的高等教育创办史就知道，与欧美国家的大学不同，中国最早的大学——京师大学堂，不是由中国社会力量自发产生的，而是由政治权力组建而成的。因此，作为政治权力的产物，中国大学诞生伊始就缺少独立、自治的基因。

我国现行的高等教育体制奠基于20世纪50年代，在建构和运行上实行的是行政体制。这种体制直接来源于政府行政体制。如果深究根源，就与学而优则仕、官员至上的传统观念以及科层制的效率和优势密切相关。因为高校隶属于政府，其办学主体是国家及教育行政主管部门，高校的创办成立、经费来源、专业设置、招生计划、教育教学、科学研究、毕业分配、后勤服务等事务，都遵循国家或教育行政主管部门的指令办事，形成按行政机构规则行事的运行机制。政府可以从人、财、物等资源的配置直接制约高校的发展，而且通过高校领导体制的建立、隶属关系的确立、行政许可和行政级别的确认、发展规划和政策指引以及评估、监督等诸多方面对高校施加干预和影响。

在建设时期，为了给“以经济建设为中心”提供知识、技术和人才保障和稳定的宏观环境，相应地，高等教育系统也强调稳定和秩序，为此加强了政府对高等教育系统的管制。但面对社会和高校自主办学的不断要求，高等教育体制改革也作过相应的放权性调整，但未触及根本，如领导体制和行政隶属关系等。而且伴随着学潮、高校腐败等重大事件的出现，在“稳定压倒一切”的政治意识形态指导下，政府对高校的管控曾经出现加强的趋势，例如高校及其二级学院（系）设置或重新设置党的组织和政治辅导员。

尤其是随着高校的扩招和高等教育由大众化向普及化过渡，高校规模不断扩大和功能复杂化。巨大的财政费用给学校的财务管理和规划带来较大压力，大学开始任用越来越多的行政管理人员，大学内部

会被分割成许多自治的部门和单位，权力和利益的驱使使得高校行政化愈演愈烈。为了有效地调控庞大的高等教育体系和增强高校贯彻落实政府政策的执行力，上级政府和党委用泛政治化的机制来推动高校某种任务的完成，使高校要对主管政府负责，在高校内部要对行政部门及“一把手”领导负责。因此，行政化受制于更深层次的党政化驱动，高校外部行政化有其深刻的政治、历史背景。

高校内部行政化的原因也是多方面的。从官僚制组织的角度来看，行政部门组织严密，权力指挥体系明确，层级节制，执行力强，交易成本低而效率高。同时由于官僚体制的政治驱动和公共行政学中帕金森定律的作用，高校行政机构规模日益庞大、人员异常臃肿。而学术权力分散，不仅没有明确的核心，也没有健全的组织体系，必然缺乏凝聚力和执行力，因此学术活动的开展需要借助、依赖行政权力体系，这是高校内部机制的天然行政化倾向的原因。行政权力自我扩张的本能，高校精英治校逻辑的结果，必然导致行政权力和学术权力一把抓①。以至于有学者指出，我国高校的这种权力结构设置，实质是“将高校组织内部的行政权力‘化’成了政府行政权力‘链条’的末端。通过这根权力‘链条’，政府教育行政部门对高校的管理一直延伸到高校的内部，实际上取代了高校对自己的管理，却使中国的高校失去独立性，成为政府机构的附庸”②。正如学者韩水法所言：“中国所有正规高校就被整合在这样一个官僚层级的体系中，从最高教育行政机关到高校基本教学与学术单位，一元大行政权力通天贯地。天下英雄，靡不在其彀中。”③

此外，高校治理面临多层委托代理关系，其产出难以量化，社会法治程度不高，高校民主制度不健全，监督机制不完善，以及单位制、官僚制造成的伦理困境，客观上为高校行政化打开了大门。总之，我国高校官僚制及其行政化受制于宏观的深层制度结构，包括计

① 冉亚辉：《高校行政化与去行政化论析》，《现代大学教育》2010 年第 5 期。

② 冯向东：《大学学术权力的实践逻辑》，《高等教育研究》2010 年第 4 期。

③ 韩水法：《世上已无蔡元培》，《读书》2005 年第 4 期。

划经济时代的思维惯性、集权与人治模式等，也与我国封建文化遗留下来的权力崇拜、官本位与臣民意识密切关联。可以说，传统观念是高校行政化的文化基础，政府行政体制是其实践借鉴，科层制的效率和优势是其理论基础，高校行政化是历史发展的产物。

二、高校行政化的过程

高校行政体制是行政化的土壤，在利益的驱动下，高校行政化进一步蔓延，并实现了过程循环。根据利益驱动的主体，又分为外部行政化和内部行政化，见图 2－1。

高校行政化的过程关键在于利益驱动机制，政府至少可以从财政投入、人事任免①、规范制约、行政许可及评价评估等五个层面上对高校施加影响，即通过五个层面的相关利益驱动着高校行政化，使高校行政体制和行政系统与政府对接。因为行政化便于国家配置社会资源，解决高校扩招与发展，其实质是计划体制的一定程度的延续。如果高校遵循这种驱动机制，就会从中得到利益（如更多的财政拨款、更大的招生规模、更高级别的待遇、更好的评价评估结果），反之就会受损，而且高校及其师生员工一起受损。正是这种利益机制中的正强化和负强化作用，使高校外部的行政化加速。同样地，高校内部行政系统为了自身的利益，驱动着高校内部的行政化，下属行政部门和人员及学术组织和人员如果能遵从行政化运作与利益驱动机制、诱导机制，就能从中获得利润，这就是利益正强化，反之就是利益负强化。这种强化作用也能使高校行政化加速。

在图 2－1 中，还可以看到高校外部行政化和内部行政化互相促进、相得益彰。外部行政化有利于把政府的行政管理体制、观念、作风，移植、延续到高校内部的管理，促进了内部行政化；高校内部的行政化，有利于更好地贯彻执行政府的教育政策和政府对高校的控制，因此提供了外部行政化的动力。而且外部行政化和内部行政化之

① 当然，通过人事任免可以把行政观念、体制、做法带入高校，从而进一步推动高校行政化。

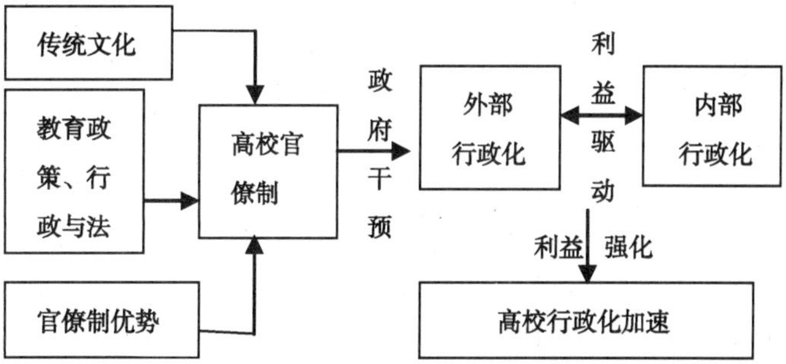

图 2－1 高校行政化的过程及其动力

间的相互促进作用也是高校行政化加速的动力之一。整个图 2－1 既揭示了高校行政化的起源（简称“三大根源”和“一块土壤”），也解释了高校行政化的过程循环及其动力。

综上所述，官僚制的文化、观念导致了高校行政体制和行政化的起源，而官僚制的利益规则推动着高校行政化的循环，这就是高校行政化作用机理的实质。这也是，明知行政化的弊端，而且明确实施了高校行政体制改革，但仍没有根本进展和突破的重要原因。

三、高校行政化的影响

客观地说，在计划经济的条件下，我国高校的行政化体制基本适应学校的发展和环境的变化，一定程度上发挥了重要的作用，特别是在坚持高校办学方向、配置教育资源、维护学校稳定、推动高校发展、发挥高校作用等方面起了重大作用。我们不能否认这种行政化体制对于稳定和秩序的价值，但完全地依赖这种行政化体制是与学术自由原则和高校自身的发展规律相悖的。目前教育主管部门、部分校长和众多的学者已经意识到这种行政化体制的弊端。

（一）我国高校行政化管理体制的弊端

我国高校行政化管理体制的弊端体现在如下多个方面①。

① 李江源、巫春华：《高等学校行政化略论》，《高教探索》2000 年第 1 期。

1. 权力倒错

国家及教育主管部门集举办权、办学权、管理权于一身，自上而下做出决策并进行管理，高校缺乏自主办学的权力和独立做出决策的权力。其主要表现有：在高校目标的制定上，政府及教育主管部门决定宏观计划和微观计划之间的平衡；高校无条件地听从政府指令，必须对政府及教育主管部门的计划负责，难以根据社会需求进行调整，其微观计划也是政府及教育主管部门制订的宏观计划的分解，从而削弱了高校与社会的联系。政府及教育主管部门通过一系列的制度政策对高校进行管理，留给高校自主管理的空间不大；高校在非常有限的空间里还要受到这些规则的束缚。由于政府及教育主管部门制定了制度政策和统一的计划指令，高校管理者会把安全目标作为首选，把管理行为限制在遵循和执行规章制度方面，不会选择那些虽然有效但是与规则相悖的方案，只能够在规则许可的条件下选择一些改革力度非常有限的方案，可以说在很大程度上失去了自主管理的积极性、主动性、创造性。

2. 主体倒错

高校的主体本应是教学、科研人员，行政人员是为教学、科研服务的。在计划经济体制下，高校出现主体倒错的现象：行政人员成为支配高校运行的核心，依据权力意志指挥、编排教学和科研人员；教学、科研人员在相当程度上成了行政系统上的“螺丝钉”，成了执行权力意志的工具；更有甚者，学术领域的事也要由行政部门来主宰，教学、科研人员难于获得学术支配权。高校的教学和研究活动具有与其他活动完全不同的自主意识和创造精神的特点。因此，高校必须通过充分发挥教师对教学、科研、管理工作的积极性来实现高等教育的价值。从本质上来说，高校管理也就是最大限度地调动和发挥教师的积极性，如果放弃了这个管理宗旨，所谓高校的管理也就是舍本逐末了。尽管我国《教师法》也明确规定教师有权参与学校的民主管理，但是，高校教师参与民主管理的权利还没有充分实现，在学术和行政事务中也没有充分的管理权，大部分的权力掌握在一些“职能部门”手中：这些职能部门既是制定政策的决策者，又是实施行政的管理者，同时还是监督者。虽然行政队伍中不乏业务骨干、技术精英、管理能手，特别是许多领导干部往往还是学术带头人，但是，由于高校体制行政化，这些人员也趋于行政化、官员化，在一般情况下不是作为学术带头人而是作为行政官员在实施管理行为。

3. 价值倒错

行政体系自身衍生出一套价值系统，即顺应行政体系的、符合权力意志的、有利于证明行政体系合理性的、有利于升迁权力地位格局的等，才能体现行政价值。行政价值系统必然导致：教育行政主管部门对高校的管理是把高校的一切纳入管理范围内，并且要求遵循这些管理规则；高校要生存和发展，就必须按照教育主管部门的行政规则运作，最终形成的结果与主管部门的目标达到一致。教育主管部门为了达到管理目的，完全控制了高校的运作条件；高校为了获得运作必需的条件，就必须实现主管部门下达的目标计划和相关指标；高校实现计划目标的程度，自然就成为评估办学水平的依据，也就成为高校能否进一步获得主管部门给予运作条件的根据。行政价值系统也必然导致：评价人及其行为的价值标准、价值根据不是由教育主导而是由行政主宰；评价人及其行为的价值不是根据教育价值、学术价值、文化价值、社会价值，而是取决于它对行政系统、权力价值的顺应度。这最终导致高校做了大量无实际教学、科研意义的事情。权力价值无法把握教育、教学、科研方面的实质价值，而是依据权力意志制定一些形式化的指标，以此代替学术性的指标体系。这一指挥棒又驱使人们不可能做出扎实的教学、研究工作，而是为迎合这些形式化的指标而疲于奔命。

4. 冗员堆积

高校行政化的突出表现就是，按照权力地位格局分配教育资源。高校为了占有更多的教育资源，人为地拔高权力地位格局，主要表现为高校及其部门的升格，往往不是根据实际需要进行升格，从而导致机构膨胀。随着机构的膨胀，机构编制也增加；虽然有些机构升格后编制没有增加，但是管理干部的行政级别提高了。可以说，这在本质上对高等教育没有多大的实际意义，反而加剧了高校行政化，进一步刺激了机构膨胀。另一方面，高校行政化也使分家成风，好端端的一个单位，本来内部既有分工又有合作，既可充分利用有限的物质资源，又能尽量发挥人的潜能，却偏偏另立门户，增设机构，增加编制，增加干部。此外，大量人员为了机遇、特权、物质利益等跻身于行政系统，使行政系统人满为患；同时，按行政构架编制人员的计划体制不能使人才正常流动，不能形成灵活、合理的用人机制和淘汰机制。高校行政化使得高校衍生出大量与高校正常运作无关的人员，造成人浮于事，冗员堆积。

5. 资源浪费

在高等教育中的盲目办学、盲目升格就像经济领域的盲目上项目一样，造成低效益、低水平重复建设。按行政构架编制单位及其人员的计划体制，使得高校内部的联系合作困难，高校之间的联系合作就更加困难，造成了师资、资金、设备等资源的重复、闲置、浪费；同时，高校的资源往往都被条块分割，形成部门间的阻滞和封闭，流通困难，资源利用率比较低。高校行政化使得高校管理很难改变过去计划经济体制的那一套，校、院、系都搞小而全，层次多、分工细、环节繁，机构臃肿，行政编制庞大，影响了学校的工作效率，要花大量人力、物力、财力用于非教学科研性的事务。此外，行政化使得高校难于引入良性竞争机制，使得作风拖拉、推诿扯皮、官僚主义、文牍主义、文山会海等现象普遍存在。按行政权力构架编制教职工的人事体制经过几十年发展，衍生出大量与教学科研无关的人员，在学校享受工资、住房、医疗以及其他社会福利等待遇，分享有限的教育资源，使得高校的大量资源被用于毫无教育价值、知识价值、科研价值、学术价值、社会价值的行政、准行政行为，造成教育资源的浪费。

高校行政化必然带来上述弊端，换句话说，在高校行政化体制下，高校都普遍存在这些问题，而且这些问题已经成为我国高等教育发展的障碍。

（二）高校行政化的后果

按照行政化的管理模式来管理和组织学术事务，由行政官员来垄断资源分配、办学决策、学术评价、监督问责，其后果是多维的，也是显而易见的。参与制定《国家中长期教育改革和发展规划纲要（2010—2020年）》的汪玉凯教授说："大学行政化的严重后果是培养不出杰出的人才，在官本位渗透下，大学神圣殿堂成了教育扭曲的产物。"有的全国人大代表认为，大学行政化倾向的本质影响是：大学的管理越来越像政府，大学的管理人员越来越像官员，大学的运行模式越来越像政府机构，进而不按教育规律、人才成长和学术发展规律办事，用行政手段和思维来解决学术和教育问题①。清华大学许章润教授指出大学管理体制行政化首先抹杀了大学教授的主体性和大学本身的主体性，造成了中国大学及其教授们基于学术独立、思想自由的学术创发能力的萎缩②。

从高校和谐与民主的角度来看，高校行政部门数量庞大，等级森严，官僚主义作风盛行，严重影响到大学的民主管理和利益相关方的权利诉求。大学内部事无巨细，均由行政部门包揽，教职工代表会、工会、学术委员会乃至广大师生员工的作用发挥不了，大学人的权益表达和诉求机制不健全，权益难以保障，势必影响高校的和谐和法定权利的实现。要知道，依法治校、民主管理、学术自由，是现代大学制度的主要内涵，其中民主管理是核心，是依法治校的基础，是学术自由的保障，是学术创造力的前提。

具体到对高校使命的实现和师生的影响来看，有学者认为包括以下几个方面③：第一，大学的办学特色无法彰显，高校行政化将以学生为中心，以教学、科研和社会服务为根本的需求导向，扭曲为行政指令导向、拨款模式导向和课题申报导向，导致办学主体和教学双方逐渐丧失了创新进取的积极性和创造性。学校围绕政府转，师生围绕机关转。在政府统一的行政指挥棒下，大学只能按相同的模式发展，办学不尊重教

① 杨晨光：《全国人大代表热议我国高校如何转变行政化倾向》，《中国教育报》2010年3月19日。

② 参见《新京报》2007年3月16日。

③ 杨颉：《关于高校去行政化问题的思考与对策》，《高等教育管理》2010年第6期。

育规律，无法根据社会需求及时调整办学方向。第二，兴趣导向的科研受到压抑，高校行政化使得高校的科研活动也无法遵守研究规律。第三，师生关系的异化，在学生心目中教师的威信正在逐渐丧失，研究生称自己的导师为“老板”，师生间冲突事件屡见不鲜。第四，不端学风的滋长，高校行政化还导致急功近利的学风弥散，由于资源和权力集中在行政部门，使得部分教师更热衷于与有权力的人交往而非与有学问的人交往，更热衷于追逐名利而不是潜心做学问。

另外，高校行政化还对高校的组织文化、伦理道德和教师的心理契约等软因素造成了破坏。高校行政化对高校教师发展责任期望、激励责任期望、保障责任期望和人际责任期望造成破坏，这种破坏不仅会降低教师们的工作效率，而且容易导致高校教师个体对学校组织归属感、满意度、忠诚度等的下降①。

由此可见，高校行政化最直接、最严重的后果是背离大学的宗旨，侵蚀大学的学术精神，直接对大学的科研和教学形成严重的负面影响。以致有学者非常尖锐地批评道，高校行政化将大学变成了另外一个官场，学者蜕变成为官僚，残废了大学；沉重地打击了教授这个职业的荣誉，对于知识的贬低与轻视，往往是一个民族堕落的开端，所以高校行政化的问题不仅仅是高校自身的堕落，更是一个民族的慢性毒药；官大学术高的荒唐，职位越高，资源越多，官大学术高是对学术精神的一种玷污，也是对于学术研究的一种侮辱②。

总之，高校行政化的外部治理模式和内部管理机制，扭曲了高校的责任实现机制，异化了高校的组织结构，歪曲了高校的核心功能，背离了高校的学术使命，破坏了大学精神为核心的文化伦理，损害了高校核心利益相关者的权益实现和高校的和谐发展，严重影响了高校的学术绩效和科学发展。

① 石若坤：《论高校行政化对高校教师心理契约的破坏》，《广西社会科学》2011年第2期。

② 冉亚辉：《高校行政化与去行政化论析》，《现代大学教育》2010年第5期。

第三章

高校去行政化改革的基本认识

第一节 高校去行政化改革的内涵

推动我国高校去行政化改革，需要在第二章——问题分析与识别的基础上，对去行政化改革的概念进行界定，明确其定义、实质和特性，从而有助于对概念进行具体的操作，以便牢牢抓住我国高校去行政化改革的实质，增强改革方案的科学性与可行性。

一、高校去行政化改革的定义

上文已提到，高校行政化是高等学校按照政府行政体制的结构和运作模式来建构和运行的，强调行政集权、等级控制与命令服从。“去行政化”中的“去”字，从字面上来解释，就是要祛除、摒弃、制止或摆脱行政化。

高校去行政化改革，是针对高等学校行政化的实质、弊端及其严重后果而提出来的。推行高校去行政化改革，首先就要打破外部行政机关对高校的直接指挥和控制，摆脱党政机关对高校在行政体制和运行模式上的束缚，实行高校的自治化和高校治理的法治化改革；其次，要打破高校内部的泛行政化的管理体制和运行模式，使部分职能和事务摆脱内部行政部门的行政管理和直接控制，实行这些部门或事务的社会化和市场化改革；再次，就是要取消高校内部行政管理体制和运行模式与政府行政机关的对接与延续，摒弃官本位和僵化的管理模式，实行内部管理机制的去官僚化、民主化和管理方式的柔性化、人本化改革，尤其是要使行政部门、行政人员淡化行政意识和等级意识，强化服务意识、民主意识，从而服务于学术组织和学术人员，保证高校中作为核心职能的学术事务能够自由、民主。

在高校的去行政化改革中，高校的自治化和高校治理的法治化改革是高校去行政化改革的首要任务，是高校内部去行政化改革的前提和制度保证，从宏观政策和体制上摆脱政府机构的行政指挥和束缚，从而保证高校内部去行政化改革的顺利进行，因此关系到现代大学制度的建立和高校与政府关系的和谐。实行高校部分部门或事务的社会化和市场化改革，是高校去行政化改革的重要辅助内容，解决了高校内部行政权力泛滥而影响教学科研，也消除了高校内部行政系统腐化、官僚化的温床，有利于高校的科学发展和高校与社会和谐关系的构建。高校内部管理体制和方式的去官僚化、民主化和柔性化改革，内容最复杂，任务最艰巨，但却是高校去行政化改革的基本内容，直接关系到高校的科学发展以及内部关系的和谐，还有利于高校核心竞争力的提升与大学理念、大学精神的传承和发扬。不同内容层次的去行政化改革，其主要依据、价值取向、核心内容、地位特征和改革路径均有所不同，详见表3－1。

表3－1 高校去行政化改革的内容体系的特征

	主要依据	价值取向	核心内容	地位特征
自治化 法治化	大学精神与理念、教育规律	科学发展、高校善治	落实法人地位和自主权；政府职能转变，健全管理制度	改革瓶颈，前提和制度保证
社会化	大学服务社会职能；高校经费不足	和谐高校；保障资源投入	后勤社会化、评估社会化、投资体制社会化	辅助性、保障性
市场化	教育市场；经营大学理念；公共管理	资源合理有效配置	宏观调控和内部管理引入市场竞争机制	与时俱进，渐进式制度变迁
去官僚化 民主化	高校行政化弊端、权力制衡原则	和谐校园、管理科学、自由民主	淡化行政权力，强调民主化管理；完善学术机构和权力	最基本内容
人本化 柔性化	高校创造知识的使命、人的价值	大学核心竞争力，大学崛起	建立以人为本的柔性化管理机制；提高行政服务性，增强学术创造性	出发点，价值终极性

值得注意的是，高校去行政化改革不只是一味地增加高校的自主

权，使之成为完全独立的“王国”，还要建立起相应的约束机制。但这种约束机制不是以往靠行政权力主导的约束机制，而是通过法律的手段、经济的手段和社会中介评估的手段来实现的外部约束，和高校内部健全的学术组织之间、学术组织与行政组织之间以及行政系统内部的互相约束。只有这样，高校的去行政化改革才没有“后顾之忧”。

综上所述，高校去行政化改革的内涵十分丰富，既触及高等教育体制的转型，又从根本上撼动了高校的治理机制，还要求高校内部管理方式方法的转变。但高校去行政化改革的目的只有一个，不是要根除高校行政管理的现象或特征，也不是为了改革既有体制或既得利益而改革，而是从原有的行政化的体制机制和运作模式向科学的、民主的体制机制和运作模式转型，使高校能够在非行政化的体制和机制的主导下，回归高校的学术组织属性，按照自身的内在发展规律，走上科学发展之路。

二、高校去行政化改革的实质

任何组织的改革和变迁，无论是战略转向、结构调整、人事变革、流程重组、技术革新，或是其某种组合方式，都是以观念的转变或更新为前提，继而以组织制度的变革来规范、确立，使改革及其成果合法化；通过组织文化的转型使新观念成为组织共识，以推动改革更加深入、持久地进行，使改革及其成果合理化。因此，无论何种类型的改革，我们总可以从制度和文化的视角去深刻认识其实质。尤其是颇具争议的、极具挑战性的高校去行政化改革，更需要深刻剖析其治理制度和组织文化变革的本质。

（一）高校治理机制的变革

治理机制实际上是为了解决利益相关方之间的委托代理问题以更好地实现共同利益而设计出来的权力结构体系和一套根本制度安排。高校去行政化改革包括外部去行政化和内部去行政化两大部分，实质是大学外部和内部治理机制的变革。传统的以党政权力为中心的一元化治理模式和统治型、管制型的治理范式违背了高等教育办学的基本规律，背上了沉重的行政化弊端而饱受社会诟病，必须向多中心合作共治的网络治理范式转换。现代大学的网络治理机制，是要按照法治办学、自主管理、民主监督、社会参与的基本要求，通过规范高校各利益相关主体在权、责、利等关系上的制度安排，而将这些要求有机地结合。合作网络的多元治理机制既要明确主要利益相关者的权利和责任，保障其利益，也要坚决取消利益相关者对高校的单独控制，保证高校的自主办学权和学术绩效，这是高校管理体制改革的宗旨。

以民主参与、合作协商、权利共享为核心的网络治理结构是现代大学制度的根基，是高校科学发展和学术绩效的制度保障，是推动高校自治化、法治化、民主化、社会化等去行政化改革内容后的动态秩序与和谐格局。

（二）大学组织文化的变革

组织文化一般指一个组织内形成的独特的文化观念、价值观、价值准则、历史传统、习惯、作风、道德规范和工作观念等。组织文化是组织成员共有的一套意义共享的体系，它使组织独具特色。因此，大学的组织文化就要真正地反映高校的使命、功能、价值观和大学的理念、精神和传统，就是要把大学和其他组织的本性区别开来，即大学就是大学，它有自己独特的文化风格，它既不是衙门，也不是企业；大学组织文化还要反映大学的伦理道德、工作重心，体现学术发展的基本规律。组织文化的根本作用在于解决某一组织在适应外界和实现内部团结过程中的基本问题，使之在生态系统和外在环境中有个科学准确的定位，为全体员工构建一套明确的价值观念和行为规范，创设一个优良的人文氛围，以帮助组织整体地、静悄悄地开展活动——这也是大学组织文化的功能，大学的组织文化变革就是要使大学回归学术本性。

因此，从组织文化的视角来剖析，高校去行政化改革的实质是由传统的行政型的官本文化向高校自治与法治型、学术独立自主型以及管理民主、柔性化的人本文化转变。因此，高校去行政化改革即是要发动一场秉承大学理念、崇尚大学精神的精神革命以及相关的制度文化变革与物质文化变革。其中，核心就是要树立以学术为本位，以教育和服务为两翼的功能理念和学术自主自治的大学精神，来实现摒弃官僚制文化的组织变革。为此，必须进行一场深入的精神革命。大学的精神革命要求大学的师生员工在对待工作、对待其他师生员工、对待大学和国家的义务上，恪守一切为了学术、一切服务于学术，最终服务于学校和国家的价值理念。这是去行政化改革的精神内涵和管理哲学，没有这种精神革命，高校的行政体制改革只能以失败告终。

三、高校去行政化改革的性质

理解高校去行政化改革的内涵，不仅要深刻把握其具有治理制度变革和组织文化变革的本质，还要充分认识到高校去行政化改革的宏观性、系统性、综合性、层次性、复杂性等总体性特征以及由此带来的挑战性、不确定性（或争议性）等问题。此外，我们还需从改革的政治属性上把握高校去行政化改革的独特性，从制度变革的视角把握高校去行政化改革的一般规律和挑战性，从组织变革管理的角度认识高校去行政化的具体内容和改革方法。

（一）高校去行政化改革的政治属性

首先，政治属性体现在改革的目标和内容层次体系之中。推行高校去行政化改革，首要目标是要使高校从外部权力体系的束缚中解放出来，实行高校的相对自治化和高校治理的法治化；其次，要打破高校内部的泛行政化的管理体制和运行模式，使部分职能和事务摆脱内部党政部门的直接控制，实行这些部门或事务的社会化和市场化改革；再次，就是要取消高校内部行政管理体制和运行模式与政府行政机关的对接与延续，实行内部管理体制和方式的去官僚化、民主化和柔性化、人本化改革。在高校去行政化改革的层次结构中，自治化与法治化最为根本，是高校内部去行政化改革的前提和制度保证，关系到现代大学制度的建立和高校与政府关系的和谐，但需要妥善处理执政党与高校、政府与高校之间的关系，寻求合理的党政系统定位和党政干预的尺度。

其次，是从改革的性质来看，高校去行政化改革实际是体制的变迁，权益的分配、冲突及其解决主宰着制度变迁的过程和命运。制度变迁的核心问题是权力的重新界定和相应利益的调整，是一个包含着具有不同利益和不同行为的主体之间相互作用的政治过程，制度变迁的路径完全取决于相关行为主体间的利益一致程度和相对力量的对比关系，任何一种均衡的制度安排和权利界定及其的重新安排与界定总是更有利于在力量上占支配地位的行为主体集合。但在当前国家的政治、行政体制和高等教育管理体制下，高校体制改革陷入了相对僵持状态。要打破体制的僵持，必然触及高等教育政治与行政体制，必须通过体制改革，使高校内部的权益重新分配以解决权益的冲突。

再次，是从改革的过程和方式来看其政治属性。要在行政体制内进行去行政化改革，必须从外部自上而下打破行政体制和党政化的政治体制。因为，官僚制内部不会自动放权让利，校长受到党委的牵制，很难有“大动作”。高等教育体制改革涉及政府与高校、高校内部行政与学术间权益关系的重新分配，只有通过改变权益分配，使某些利益方的权益受损才能提高高校的产出效益，改进社会整体福利。

最后，从公共行政与政治的关系来看，行政管理的重要性只限于政治上的重要性，期望公共行政能够独立于政治，或者期望它的最基本含义是行政而不是政治是不现实的。绝大部分行政改革努力的内在理论矛盾比一个事实更次要，即矛盾本身常常看起来有重要政治价值这个事实①。这就意味着，包括教育体制在内的公共管理变革，无法追求单一的行政途径，必须面对政治现实问题。过去我们绕开政治体制，单纯从组织机构改革、人事改革作为体制改革的突破口，陷入了权力与机构先收缩再膨胀、再收缩再膨胀的改革怪圈之中，而且越改革，权力和机构最后膨胀得越严重，这都是有目共睹的事实。

因此，我国高校去行政化改革无法回避政治主题、政治主体、政治过程和政治方式，即从根本上无法回避政治权力。高校泛政治化和行政化纠结，政治权力对于高校的影响和统领是通过不断强化高校的行政化来实现的。但高校去行政化改革也并不是要消除高校政治权力

---

① ［美］费斯勒、凯特尔：《行政过程的政治——公共行政学新论》，陈振民等译，中国人民大学出版社 2002 年版，第 92—93 页。

的客观存在，并不代表学校不接受政府的宏观调控、政策指引和间接监督，而是要政府对高校的管理、引导和监督回到遵循教育规律的轨道上来，要重新权衡政治权力应该以什么方式存在并影响高校的运行机制和发展方向。克服对学校党政化、泛政治化和行政化的管理模式，使高校学术权力拥有自主发展的空间。

当前，应该主要选择通过立法保证国家政治权力对高等教育的影响力和控制力，通过立法确立和强化国家的教育权、教育行政权、教育司法权和教育监督权，同时做到以法治教、依法治教、职权明确、依法行政。① 为此，下文还将继续分析高校去行政化的政治空间与政治进路。

（二）高校去行政化的制度变迁性质

高校去行政化改革无论涉及的是治理机制还是组织文化，有一个共同点，那就是都属于制度，只不过前者是正式的制度，后者是非正式的制度。因此，高校治理机制的变革和大学组织文化的变革都具有制度变迁性质，都要遵循制度变迁的一般规律。

制度是一个社会或组织的游戏规则，提供了人类相互影响的框架，是为决定人们的相互关系而人为设定的一些制约。一般认为，制度具有规范制约、提供激励机制和保险、降低交易成本、为实现合作创造条件等一系列功能。不同的制度安排，会导致不同的经济绩效；同一制度安排，在不同的环境条件下也会产生不同的绩效与产出。制度选择应与具体情境（宏观环境、产业和市场环境、组织属性及其资源能力和技术水平等）相一致。一个好的制度，不仅要求设计成本、实施成本低，而且还要能诱导生产性努力，抑制分配性努力，约束机会主义行为。

制度变迁一般遵循如下规律，相应地，对高校去行政化改革的制度安排启发如下：

其一，当要素相对价格及谈判力量对比发生变化以及组织的偏好

① 赵峰：《论高校的政治权力与“去行政化”》，《西北师大学报》（社会科学版）2011 年第 2 期。

发生转变时，制度变迁随之发生，组织信念及其偏好会勾画出制度变迁的方向。因此，高校去行政化改革能否发生，取决于对高校行政与学术体系相对价值和行政化的后果的认知以及与支持改革的主流信念的统一，更取决于改革支持和反对力量的对比。

其二，在上述前提下，为更有效地实施主流信念中的目标和原则，组织中的主导集团或组织外部的强势压力集团对制度安排做出改进、创新和调整。为此，必须明确高校去行政化改革的主导集团，是高校内部的行政系统还是学术力量？前者不会搬起石头砸自己的脚，后者难以搬动石头，因此高校外部的强势压力集团成为高校去行政改革的当然主体。这个压力集团只能是国家及其代表——政府。国家作为合法使用强制性手段和具有垄断权的制度安排，对其他经济、社会组织的制度安排构成了重要的宏观环境约束。

其三，制度演进的基本动力来自于现存制度所未能实现的潜在收益，制度从一种安排形式向另一种安排形式的演进，一般来说可以使参与者获得追加或额外利益。因此，必须充分认识高校现行的行政化制度对高校和社会带来的弊端和造成的危害，深刻认识高校去行政化改革在不同视角、不同层次、不同方面产生的重大历史意义①，鼓励改革的广大的受益者参与去行政化改革，从而增加改革的潜在净收益和支持力量。

其四，制度变迁的过程，是各个利益集团为实现自身利益最大化而进行谈判、博弈的过程，博弈的过程也是制度变迁的过程，博弈的均衡即是新的制度的均衡。因此，高校去行政化改革的力场分析和力场重构势在必行，本书下文相关章节将专门探讨。

其五，正式制度的变迁常常是非连续的，而非正式制度的变迁一般是连续的、渐进的。因此，不仅要把握高校正式治理机制变革的时机、突破口和关键成功要素，还要深入持久地推动大学组织文化的本性回归；更要将二者有机地结合起来，使高校内外部治理机制的制度成果成为高校中共有的价值体系而深入人心。

① 为此，下文还将专门组织章节，重点探讨我国高校去行政化改革的重大意义。

其六，不同性质的制度变迁需要不同的制度变迁方式付诸实施，不同的制度变革所采取的方向、形式、顺序、速度、路径、突破口等方面有所不同。不同的改革方式具有不同的特性、优缺点及其适用情境。具有系统性、层次性、复杂性特征的高校去行政化改革，既需要在不同内容层次、不同性质的制度变迁中对强制性与诱致性方式之间、渐进式与激进式之间做出合理取舍和有机结合，也需要颠覆“渐进式变迁就是诱致性变迁，突进式变迁就是强制性变迁”的传统认知，科学地组合、协调好强制与渐进、诱致和激进间的关系，以渐进的过程和方式推动政府的强制性制度变迁。同时，既需要顶层设计和整体式循序渐进地推进去行政化改革，也需要寻求改革的多个重点突破口，把自上而下和自下而上的改革路径有机结合起来。

（三）高校去行政化的组织变革属性

随着高校管理环境的改变和发展战略的调整，建立在官僚制基础上的、行政控制导向的高校组织难以适应改革和发展的需要，必须从组织管理模式、职能重心、结构设置、规章制度、权力体系、活动流程、组织文化等方面进行重大的变革，包括行政机关的改革和学术组织的重构两个重要方面。

我国高校行政机构的改革以职能重心的调整、组织结构的精简与扁平化、运作模式和业务流程的重组为主要内容。高校行政机构臃肿、人浮于事等问题相当严重，靠定员定编、缩减规模等技术经济性而非制度性改革措施来解决这些问题是难以奏效的。要彻底地改变层级控制严密、组织僵化、资源配置浪费的局面，就必须依据组织结构设计的原理，根据高校需要合理规范地设计机构。如果把行政机关的职能集中到两个视角上，一是形象与筹资，二是服务与保障，就会清楚地看到现设的许多部门是多余的。德鲁克（1999）认为，一条可靠的结构原则是具有最少的层次，也就是说拥有一个尽可能平面的组织……每一个层次增加一倍噪声，并减少一半讯息。因此，首先需要对高校的行政机关进行扁平化变革。

高校行政机关的改革必须充分发挥高校的自治权，围绕着为师生服务、为学术组织服务的核心流程，按照业务流程①重组的思想，以关心“客户”满意度为目标，对高校现有的业务流程进行根本的再思考和彻底的再设计，并充分利用网络、信息系统等信息技术和管理平台，彻底改革无效的、不创造价值的“流程”，实现组织结构的精简与扁平化，最终实现高校运营在成本、质量、服务和速度等方面“戏剧性”的改善。

大学组织扁平化后，应该成为一种松散的、灵活的、具有高度适应性的组织结构形式。从其结构特征看，纵向上职权等级较少，强调上下级双向的信息沟通，注重分权决策。大学资源和权力侧重于基层，主要服务于学术人员和组织。而横向上跨职能工作团队围绕共同任务开展合作，享有充分自主权，以任务为导向的管理小组成为大学管理的基本单位。团队中的每个管理小组和每个员工由过去的对上级负责转变为对教学、科研负责，强调平等、合作，尊重管理人员的创造性和主观能动性，满足教学、科研对大学管理的需求②。

正是由于高校去行政化具有组织文化变革的实质和组织管理变革的属性，本书将会在下文“改革的多元进路”等相关章节，进一步探讨高校去行政化的组织变革路径，并重点讨论高校学术组织的重构。

第二节 我国高校去行政化改革的意义

尽管从新中国成立后，就在对高校体制进行分阶段的改革和不断地修补，而且无论在法制上、政策上，还是在改革的实际进程和客观结果上，都隐隐可以找到“非行政化”的迹象。然而，改革的轨迹还不够明朗，改革的方向还不够清晰，改革的步伐还不够深入，以至于高校体制改革仍然没能实现质的飞跃和阶段性的跨越。所以旗帜鲜

---

① 业务流程是指为“顾客”带来满意度，为组织创造效益及相互关联的一组活动。

② 唐振平：《中国当代大学自治管理体制研究》，国防科技大学出版社2006年版，第253—254页。

明地提出高校去行政化改革，对于走出传统体制改革的误区和困境，推动建立现代大学制度，崇尚大学精神，促进高校的科学发展与和谐发展，甚至于触发我国公共治理体制，将会产生重大的历史意义和现实意义。

一、走出传统体制改革的误区和困境

从近几年我国高等学校改革的状况来看，高等学校的改革还是在原有的行政化体制框架下进行的，人们多在枝节上做文章而未触及根本，从结果上摆弄而未触及原因，注重形式而不注重实质，从而陷入了误区和困境。

（一）院系和专业调整背离教育规律

谈高等教育改革，人们首先想到的是高等学校的院系和专业的调整。可是，高等学校进行院系和专业调整依据的原则是什么？当前对这个问题的回答应该是比较含糊的，出现明显的两个倾向：一是以行政手段依据权力价值标准进行调整。1952 年，我国用行政方式对高等学校的院系和专业进行调整，使一些高等学校尤其是重点大学元气大伤，也导致高等学校专业结构不合理、学生知识结构不合理。现在也同样面临这样的问题，譬如用行政手段对高等学校进行合并，依据权力意志设置和调整院系与专业，直接导致权力价值与教育价值、知识价值、学术价值不同的背离。二是完全依据市场进行专业设置。高等教育确实既要考虑市场这个重要因素，又要考虑对社会的适应，但是，高等教育毕竟不是纯粹的商业行为、市场行为，有其自身的运行规律。高等教育要在满足市场需求、适应社会的同时，更要超越社会、引导社会，使高等教育朝向预期的未来规划、发展。当前，高等学校专业设置和调整过分依据权力意志或依据市场社会，忽视教育发展、学科发展、人才品质发展、科学发展趋势，同样背离了教育规律和教育价值。

（二）精简对象错位

谈高等教育改革，人们常常会联想到裁减教师。我国大部分高等学校的学生与教师的比例确实偏低；高等学校内也确实存在一些素质欠佳，甚至是不合格的教师。高等学校教师当然有减员和裁员的必要。但是，高等学校改革的症结在行政系统（含后勤系统），行政系统才是真正更加需要精简的对象，才是高等学校人事制度改革的关键。可是，现行的高等学校改革方案正好出自行政系统，正好在既定的行政框架中进行，对行政系统触动不是很大，结果往往反过来，教师和教学活动却成了被精简与改革的对象。

（三）经费增加刺激机构膨胀和人员堆积

谈高等教育改革，人们还往往理解为增加教育经费。随着我国高等教育的改革发展，特别是近几年来，国家投入高等学校的教育经费确实逐年大幅度增长；同时，随着市场经济的发展，从高等学校体制的外部也会给高等学校带来教育经费的增加。虽然高等教育经费快速增加，但是，在高等学校行政化体制下，高等学校产生了这么多的冗员和这么多的无效劳动，增加教育经费也不一定能够提高教育效益，反而可能刺激机构膨胀和人员堆积，甚至可能激活各种社会关系，使得一些不适宜在高等学校工作的人员通过各种手段进入高等学校，以谋得一份稳定的职业，争吃“教育饭”，瓜分本来就非常有限的教育经费。此外，高等教育行政化使得高等学校的指挥棒仍然是政府行政系统的计划指令，使得高等学校很难通过把握市场来发展事业，在这种情况下可能产生教育经费比较充足的假象，进而推动高等学校在行政化体制内“大力”发展事业，导致高等学校在压力和动力不足的情况下“发展”事业，必然产生不利于高等学校发展的机构膨胀和人员堆积①。

（四）明知“一统就死”，但担心“一放就乱”

政府明确地知道对高校管得过死，违背了教育规律，不利于高校发展，但又不敢充分放权，其根本原因在于没有建立相应的约束机制。外部约束主要是通过法律的手段、经济的手段和评估的手段来实现。内部的约束机制包括三个方面：一是权力系统之间的约束，二是

① 巫春华：《我国公立高等学校在行政化体制下的改革误区及其原因分析》，《高教探索》2006 年第 1 期。

管理层级之间的约束机制，三是利益集团之间约束机制①。就高校内部而言，学术组织不健全，缺乏权力，对行政权力系统没有约束；管理层级之间也缺乏约束；高校利益相关主体之间也几乎没有约束，董事会没有实质性决策权。

总之，高校管理体制改革困境重重。一是由于国家没有明确高等教育改革的关键是要突破高校行政化体制的束缚。二是由于受到思维定式的影响，人们很难在短时间内消除长期以来在计划经济条件下实行的高校行政化体制的影响，致使高校改革老是在原来的体制框架下进行。三是我国高校没有建立起相应的约束机制，现代大学制度不完善。因此，确定高校改革的非行政化方向，对高校实行自治化、法治化、去官僚化、民主化、人本化改革才能走出高校管理体制改革的困境和误区。

二、对于我国高校发展的意义

（一）实现高校的科学发展

高校去行政化改革的最终目的就是为了实现高校的科学发展。坚持科学的发展观，树立以人为本、全面协调和可持续发展的理念，是高校科学规划工作能否对高校的教学、科研、社会服务等工作进行宏观指导，是高校发展规划符合科学发展观要求的关键。解决高等教育发展中的矛盾和问题，要在科学发展观指导下，认真分析各种矛盾和问题，抓住制约发展的主要问题，如分类发展、科学定位、大学教育理念、资源合理配置、科学的教育评估等，逐一加以解决。在科学发展观的指导下，提高高校的办学质量和效率，增强在未来教育市场的综合竞争力。

高校的科学发展，具体来说，第一，要树立以人为本的发展理念，以人为本的大学理念就是将人视为大学发展的中心，大学的一切工作都要围绕、服务和促进人的发展。第二，按照教育规律发展高等教育，建立保障大学自治与学术自由的现代大学制度。第三，高等教

① 陈列：《市场经济与高等教育》，人民教育出版社1996年版，第133页。

育的发展，必须与社会经济发展相协调。一方面，社会经济作为高等教育的环境，要求高校的发展与之适应；另一方面，社会经济作为高等教育的服务对象之一，也要求高校的发展能够引领、促进社会经济的发展。第四，高等学校需要分类发展，根据各自的情况，在分类发展中准确定位，在各自的层次中办出特色，办出水平，从而实现高等教育的多样化。第五，高校的科学发展要坚持统筹兼顾，协调各方面的利益关系，调动一切积极因素，推动经济、社会和人的全面发展。

高校的科学发展最终要体现在高校核心竞争力的提升上。高校核心竞争力是在成长和发展过程中积累起来的特有资源、技术、知识和管理的有机融合体，体现了高校的整体能力，它具有使大学达到国内甚至世界一流水平的能力，是获取长期竞争优势的基础和来源。这些优势来源于一些互相影响的综合因素，包括以大学精神为共同愿景的学校独特的办学理念、充满活力的学术氛围、优秀的学术梯队、强有力的组织管理机制和校园文化等。具体来说，高校核心竞争力是高校内部一系列互补的知识和技能的组合，它是以科研能力为核心，通过对战略决策、科学研究及其成果产业化、课程设置与讲授、人力资源开发、组织管理的整合或通过其中某一要素效用凸显而使学校获得持续竞争优势的能力。① 因此，高校的竞争优势和制胜源泉往往表现在人力资本的实力，在既定的外部管理体制下，人的因素是高校竞争力的核心，而核心竞争力中的核心力量是教师。高校去行政化改革就是要建立现代大学制度，建立专家主导的学术决策机制，坚持高校的学术性价值导向，营造富有特色的学科文化氛围，充分发挥教师的学术创造性和积极性，不断培养和提升高校核心竞争力，最终实现我国高校在全球竞争中的崛起。当今世界强国，无一不拥有世界著名的一流大学。但正在崛起的中国，高校崛起的规模和速度显然落后于中国崛起的步伐，这与我国的综合国力和发展速度是不相称的。

总之，推动高校的去行政化改革，保障大学自治与学术自由，实

① 赖德胜、武向荣：《论大学的核心竞争力》，《教育研究》2002 年第 7 期。

现政府宏观规划、市场有效调节、大学面向社会自主办学、大学内部实行“教授治学，校长治校”的大学基本制度和实行民主管理的方式，才能确保高校的科学发展。

（二）促进高校的和谐发展

高校的和谐可以理解为高校系统与外部环境协调发展以及高校系统内部充分发挥子系统能动性、创造性的条件及环境，与子系统活动的整体协调性。通过实行高校的去行政化改革，可以从以下三个方面促进高校的和谐建设。

首先，高等教育系统作为社会的重要组成部分，建设和谐的高校也是促进社会和谐的重要方面。第一，高校去行政化改革，摆正了政府与高校之间的位置，明确了政府的宏观指导职责和高校自治的地位，缓和了高校与政府的在自治与控制间的矛盾，有助于政府与高校之间的和谐；第二，高校去行政化改革，既摆脱了大学办社会的困境，又密切了大学服务于社会，也要从社会中汲取能量的双重关系，有利于社会与高校的和谐；第三，高校非行政改革，使高校真正成为自治的主体，摆脱了以往条块分割、各自为政的局面，有利于高校之间建立既竞争又合作的和谐关系。

其次，高校去行政化改革，有利于调适高校办学自主权扩大与内部运行机制不合理之间的矛盾。高校自主权扩大后，面临的一个重要问题就是如何正确行使自主权。这就涉及高校的自我约束问题。过去“一放就乱，一收就死”的根本原因在于没有建立相应的约束机制。所以高校的去行政化改革建立起来的外部约束和内部机制，使得收权和放权的矛盾得到很好地解决。

最后，实施高校的去行政化改革，通过健全决策、执行、咨询审议、监督反馈等子系统的运行机制，有利于高校内部子系统的和谐。这些子系统充分发挥作用又能有机衔接是保证整个高校系统良性运行的必要条件。每个子系统都有学术权力和行政权力如何协调和整合的问题。学术权力和行政权力的关系贯彻在高校的整个运行过程中，处理好行政权力和学术权力之间的关系可以保证整个运行的有效进行，保证高校的管理处于最佳状态①。

三、对于我国公共治理变革的重要意义

高校去行政化改革除了上述对于高校本身的意义，我们还要站在全球公共管理变革和我国政治体制及公共治理改革的高度去认识其宏观意义和间接影响。兴起于20世纪80年代的西方新公共管理运动席卷全球，其主题是反对官僚制以提升公共部门的绩效。我国也做出了一些反应，如2008年国务院的大部制改革和2010年全面启动的事业单位绩效工资制改革，但从根本上都没有触动官僚的行政体制。20世纪90年代的新公共服务理论主张追求公共利益，重视民主与公民权，公共管理要兼具战略性与民主性，为公民提供满意服务。我国政府也相应提出建设服务型政府的模式，但政府服务职能定位、政事关系有待进一步厘清。

21世纪初提出的公共治理理论主张多元公共管理主体通过合作、协商、伙伴关系实现对公共事务的网络治理，作为当代公共管理的最新发展成果和理论范式，公共治理理论正在并必将对人类社会的集体决策和公共活动产生深远的影响，也为我国的事业单位管理体制和政治体制改革提供了新的理论基础。邓小平说："只搞经济体制改革，不搞政治体制改革，经济体制改革也行不通……我们所有的改革最终能不能成功，还是决定于政治体制改革。"② 只有进行体制改革，打破体制的束缚或理顺体制，才能为高等教育的蓬勃发展开辟道路。通过高校去行政化改革，重塑高校外部的治理机制，从而理顺政府与社会、政府与高校、高校与社会之间的关系，健全社会参与高校治理的社会机制，完善政府对高校的宏观调控职能。因此，高校的去行政化改革是我国公共治理变革的重要突破口，也是政治体制改革的重要契机，必将触动我国的行政和政治体制改革，其意义必将是重大深

① 张德祥：《高等学校的学术权力与行政权力》，南京师范大学出版社2001年版，第182—190页。

② 《邓小平文选》第3卷，人民出版社1993年版，第164页。

远的。

综上所述，高校去行政化改革，表面看是要靠政府和社会来拯救大学，实则是通过高校改革来救大学，更是救国家、救社会，也是救政府。因为，国家崛起首先是人民的崛起和人才的兴旺；社会和民主力量的成长、壮大，也是大学正义精神的传承和国民教育的结果；大学的绩效亦体现并检验着政府宏观调控的合法性和科学性。大学向国家输送高级人才，向社会传递正能量、精神文明和输出知识、科技成果。没有大学的改革和发展，就难以推动社会的文明和进步。如果高等教育系统都无法实现自治、法治和民主，谈何法治建设？谈何社会民主与文明？如果大学都不能像真正的大学那样运行，如果大学都没有一片做学问的净土，后果难以想象……

总之，我国高校去行政化改革意义非凡。但目前我国高等教育改革未能突破行政化体制的束缚，仍然在原来的行政化体制的框架下进行，既违背了高校的发展规律，而且这种行政化体制延伸到高校内部的行政系统的管理体制和运行模式，又严重损害了学术自主的积极性和学术自由的精神。所以我们认为，我国高校进行去行政化改革势在必行。只有这样，才是改变现实状况的根本出路，才能重拾大学的精神理念和高校行政的服务价值，才能构建民主、和谐的高校，才能推动我国高等学校的科学发展和现代大学治理机制的建设，才能满足当今社会对高等教育的需求，才能使“大学”成为大学。

第三节　高校去行政化改革的内容层次及其关系

前文对高校去行政化改革进行了概念界定，并解读了改革的实质和特征。那么高校去行政化改革的主要内容是什么，或者说从哪些方面去操作呢？概念的可操作化是规范研究和解决方案的重要一环，也是改革具体实施并具备可行性的关键。

一、高校去行政化改革的内容层次体系

根据前文对高校去行政化改革内涵的阐述与确定的改革目标，高

校去行政化改革的主要内容包括以下几个方面①。

（一）自治化、法治化改革

高校自治化是指高校针对面临的任务及其特点，为保障办学活动能够根据自身特色和客观规律的要求，充分发挥其功能所必需的自主决策、自主管理、自主执行、自主发展和自主监督等权力。学术自治的核心是维护学者探究高深学问和忠实于真理，并为其创造条件和氛围。“自治是学术自由的组织保证”，因而赫钦斯认为：“失去了自治，高等教育就失去了精华。”② 本质上，高校办学自治权问题主要是关于大学与政府部门之间权限的张弛与分配的问题。扩大高校办学自治权，高校从政府的附属变成有独立法人地位的办学实体，对外拥有发挥与拓展教学、科研、成果转化与产业化等社会功用与效能的自主权，对内拥有人、财、物等教育资源配置的自主权。

现代大学理念对政府与高校间的权力分配主要有两个要求：一是保障大学的独立法人地位，使大学拥有办学自主权；二是改变政府对高校的管理模式，由过去的行政政策、行政指令式指挥和控制转变为宏观的政策规划、引导和法治化的规范、监督。1999 年正式实施的《高等教育法》明确了大学的法人资格，为大学的法人化管理提高了法制依据。但法人化并不意味着高校自治化的实现，有了法制也未必能真正实现法治化。目前制约高校办学自主权的主要问题是，高校的所有权归属仍然没有明确，“这就导致政府作为当然管理者仍然以所有者的身份对法人地位的学校照例行使经营权、使用权、分配权、处置权等等”③。政府过多、过细干预的结果是大学偏离自身规律，因此必须切实落实大学的自治权，用法制的形式有效规范政府与大学的关系。

① 本节根据笔者撰写的《我国高校非行政化改革：内容与特征》一文改编，原载《福建师范大学学报》（哲学社会科学版）2010 年第 4 期，主要研究结论被《新华文摘》2010 年第 21 期转摘。

② 转引自［美］约翰·S. 布鲁贝克《高等教育哲学》，王承绪等译，浙江教育出版社 1987 年版，第 28 页。

③ 康宁：《高等教育资源配置：规律与变迁趋势》，《教育研究》2004 年第 2 期。

在政府管理模式方面，传统的政府控制模式并没有从根本上消除，在某些方面还相当严重，这主要是因为：一方面，至今政府管理高校的行政权力没有相关的法律约束，致使政府能够“合法地”拥有和使用强制力的权力，导致政府行政权力无限扩展，这在客观上很难使政府主动消除传统行政的遗风。另一方面，我国高校的管理方式，脱胎于过去中央集权管理体制，旧有集权管理方式的痕迹和遗风明显，其主要表现在政府对高校的管理主要还是采取行政指令、计划等方式，最典型的管理手段就是行政性审批。

坚持科学的高等教育发展观，高校的自治化一定要靠法治化来保障，高校法治化的前提是有法可依，一所大学所依据的法分为两类，一类是国家制定的宪法、法律、法规，具体为：其一，制定相关法律，划定政府的管辖权限，使政府从对高等教育的直接控制中后退，为高等教育的发展提供宽泛的参考指标，把大部分创始性的工作留给高校；其二，解除在高校许多领域政府不应有的控制，引入市场机制，采用财政、评估、法律等宏观管理方式；其三，变规制性调控为保障性调控，所谓规制性调控是指政府的调控是事无巨细的，保障性调控是指政府为高等教育整体社会目标的实现提供保障①。另一类是大学章程和各类规章制度。大学章程是大学自主办学的依据，是对大学办学的基本原则、基本制度、大学结构和大学机构做出原则性的规定，这些规定不仅是大学具体管理制度的依据，也是衡量大学是否依法办学的标准。大学应依据大学章程，建立健全内部的管理制度，维护正常的管理秩序和规范的管理操作程序，实现管理规范化、制度化、科学化。同时要保证制度的严肃性，减少人为因素，做到在制度面前人人平等，有法必依，违法必究，执法必严。制定和完善大学章程，是大学成为真正的独立法人、拥有自治权的一个基本条件，是建立现代大学制度，实现依法治校，建立自我发展、自我约束运行机制的主要保证。

---

① 谢延龙：《大学理念与我国高等教育管理体制改革》，《江苏大学学报》2004 年第 4 期。

高校自治权的合法性，不等于其内部管理行为的合法性。高校自治权是否得到公正、合理的行使，还必须有与之相适应的正当程序来保障。尤其是在对重大问题进行决策时，一定要有相应的合法程序保证决策的科学化。在高校的管理工作中坚持正当的程序原则，是使高校的管理行为公开、公正、公平的基本保证。通过正当程序控制高校管理过程，规范高校行政权力的运行秩序，使权力的行使遵循符合法治精神的规范步骤和方式，避免高校内部行政权力的随意性、无序性。将高校管理权力的运行纳入程序化、规范化的秩序轨道，是高校管理过程体现法治原则的一项基本要求。因此，现代大学章程建设必不可少，但在建设过程中注意大学章程制定的宏观前提和外部法制保障，还应注意在高校去行政化改革的中后期制定章程，以避免章程建设再次陷入“行政化”的困境和改革悖论。

（二）社会化改革

随着大学与社会的联系日益密切，大学要想获得来自社会各界多方面的支持，就必须积极主动为当前经济和社会发展需要服务。正如克拉克·科尔所说：“大学作为知识生产者、批发商和零售商，不可避免地要为社会提高服务。今天，知识是为每个人服务的。”① 因此，服务社会应是当今大学的职能之一。但需指出的是，大学不仅仅要服务于社会，而且要引导社会前进。也就是说，在当代，大学不仅应当在为经济和社会发展需要服务时坚持自己应有的独立品格和价值追求，而且应当以其新思想、新知识和新文化在引导社会前进中发挥积极作用，这是大学服务职能的升华和发展。大学要建立与社会紧密结合的各种形式的“联盟”等具体组织形式，这种形式的核心是高水平的学术机构，并与企业界、金融界和社区建立合作研究机构和生产组织，通过孵化器、科技园等形式进行人员、信息的交流。

因此，大学在为社会提供服务、引领社会前进的同时，其内部的后勤事务、大学与政府间关系、大学的经费来源都需要社会的参与、

① ［美］克拉克·科尔：《大学的功用》，陈学飞等译，江西教育出版社1993年版，第80页。

磨合与支持。实施高校后勤社会化、大学与政府间关系社会化、高校投资体制社会化的改革，不仅能使大学和社会发挥各自的优势和核心功能，有利于缓和高校和政府行政机关的矛盾，还有利于高校内部行政系统树立服务意识和市场意识，对于防止行政系统对后勤资源进而对学术资源进一步控制的势头，清理行政权力滋生腐败的土壤，保障高校去行政化改革的顺利进行有着十分重大的意义。

1. 高校后勤社会化改革

深化大学后勤社会化改革是一项长期艰巨的任务，改革的最终目标是要改变过去一切由大学行政系统包揽的体制和机制，依据高校后勤的产业属性，转变观念，摆脱计划经济模式的影响，用社会化的思路建立新型的大学后勤保障体系，建立独立核算、自主经营、自负盈亏、自我发展的大学后勤服务保障实体，为大学师生和教学、科研提供更加优质高效的后勤保障和服务，促进高校人才培养、科学研究、管理水平和办学效益的全面提高。

后勤集团的运行机制，一是契约关系，后勤集团与后勤管理部门以契约的形式签订后勤服务协议，明确双方的责任和义务；二是有偿服务，后勤集团应根据服务对象和性质，按照市场经济规律做到有偿服务、规范经营、合理收费；三是参与市场竞争，后勤集团要引入市场竞争机制，规范校园市场，还要开拓校外市场，参加校外市场竞争，增加后勤集团的积累①。运用市场方式配置后勤服务资源，实现公开、公正、公平的招聘、招商、招标，既有利于后勤资源的优化配置，也有利于后勤服务水平、服务质量和经济效益的提高，还有利于高校行政系统的精简高效，防止行政权力的滥用。

2. 大学与政府间关系的社会化

为了避免大学与政府之间产生过多的摩擦与矛盾，不少国家在政府和大学之间建立一种社会中介组织，以缓冲政府对大学的直接控制，解决行政管理和学术管理的矛盾，协调行政管理人员与学术人员的关系。伯顿·克拉克把这种中介组织的协调模式称为“学术协调

---

① 程勉中：《现代大学管理机制》，人民出版社 2006 年版，第 276—277 页。

模式”。

从类型来看，各国的中介组织不尽相同，如美国就有三种形式：大学联合管理委员会、咨询协调委员会、规章协调委员会，日本有教育审议会，法国有高等教育和科学研究审议会、大学咨询委员会。为了摆脱因政府作为大学主要出资者而产生的政府直接控制权，不少国家和地区成立了独立于国家财政部门的拨款委员会，如英国；有的地区称为大学教育资助委员会，如香港地区；还有的国家成立了大学基金委员会，如美国。为了加强大学相对于政府的力量，有的国家成立了大学和学院联合会，如加拿大。

尽管各国社会中介组织有所区别，但归纳起来，有以下职能：（1）吸引社会各界人士参与高等教育管理，避免高等教育发展发生偏差；（2）对政府有关大学的重大决策，如高等教育规划、投资等进行咨询，向政府提出预算，促使经费合理分配到大学；（3）努力保护大学，使其免受可能危及其教育效益或学术自由的种种侵犯；（4）协调政府与大学之间的矛盾冲突，并唤起社会不同阶层关注大学教育质量，支持大学发展①。因此要大力推进非政府性的社会中介评价机构的建立，通过立法对其进行引导和规范，以发挥社会各界参与教育决策和管理的作用，保证政府更有效地进行宏观管理，使大学更有效地面向社会自主办学。

3. 高校投资体制的社会化

政府作为投资高等教育的单一主体，无疑增加了政府权力膨胀、直接干预高校内部事务的“合理性”。因此，我国高校投资体制要改变过去由政府投资的单一主体形式，建立起政府、社会、个人共同分担教育经费的投资体制。充分调动社会各界办学的积极性，多渠道筹措教育经费，在完善市场经济体制改革的新时期，可从以下几个方面发展高校投资体制：（1）提高市场准入程度，扩大和提升民办高校的发展空间，使民办高校充分发展，形成与公办高校之间的竞争；（2）继续完善高校收费制度，对就业前景好、经济回报率高的专业

① 唐卫民：《试析大学自治与政府控制》，《沈阳师范学院学报》1999年第1期。

可适当提高收费标准，使教育收费能较好反映教育的成本和收益状况；（3）扩大优质教育资源吸纳社会资金的能力，充分利用人才优势和科技优势，规范开展各种社会服务，拓宽经费来源渠道；（4）加快金融资本的介入，在条件成熟的情况下，利用资本市场筹集教育基金，比如发行教育债券、建立与发展教育投资基金，以及更加积极地开展教育基金保值和增值活动①。

随着市场经济的发展和市场观念深入人心，以及经济利益的驱动，高校的市场化进程在部分高校的后勤等领域做得较顺利，甚至有过之而无不及。因此除了进一步推动在投资体制、科研等领域的市场化外，还要通过法律、制度来约束和规范高校的市场化。相比之下，高校职能的社会化进展就没那么顺利，这有着深层次的政治、经济和社会文化方面的原因。第一，由于政治意识形态和政治控制，我国高校实行党委领导，而党委书记是上级任命的，这种政治体制决定了党委书记只是具有对执政党负责、维持高校政治稳定的职能，且不用说上级党委任命的高校党委书记是不是懂教育和具有改革精神的教育家。第二，国家行政系统的党政不分必然也事实上延伸到政府主管的高校行政系统中，高校自身的行政职能受到诸多限制，更不要说让部分职能社会化。第三，谁出资谁管理的传统意识形态根深蒂固，以及党政权力的自我膨胀倾向，使得党政权力对高校的社会职能欲罢不能。第四，制度惯性使得制度变迁具有高昂的成本和不确定性，使得高校管理制度转型愈加艰难。例如，1985 年中共中央发布《关于改革教育管理体制的决定》明确提出要扩大高校自主办学权，所以有些高校进行了校长负责制的试点。没过几年，1989 年的政治风波则把高校“刮回”了党委领导制，从此便固定下来。第五，由于我国的市场经济还不够发达，公民社会不够成熟壮大，加之高等教育的公共物品属性及其外部性，让社会力量参与高校管理、办学、评估的诱因不足，也是很重要的现实原因。总之，高校的社会化改革任重而道

① 帅相志：《市场经济与中国高等教育体制改革》，山东人民出版社 2005 年版，第 40—41 页。

远，需要以市场经济的充分发展和意识形态的转变为基础，更需要政治体制改革和高校的法治化、自治化改革为前提。

（三）市场化改革

所谓的市场化，包括管理的市场化和运行的市场化，就是按照市场交易的基本规律和特征，包括：价格由市场供求决定并反映价值、资源流动受价格指挥，平等自愿交易，法治保障和信息透明，公平竞争而无权力垄断。因此，决不能等同于钱权交易和利益的世俗化。高校管理的市场化要求，注重权力的制衡与协调，以真正的绩效结果为导向，以实现高校内外的顾客满意为目标；业务运作的市场化要求，把本该由社会和市场履行的职能或高校的辅助工程、业务外包给外部专业市场，同时要求高校内部的资源配置、评估评价在法治、民主、透明的基础上根据绩效和价值来进行。

随着市场经济地位的确立，高校的扩招与大众化趋势，以及国外高等教育的介入，我国高等教育市场已基本形成，因此政府的高等教育管理行为要从主导控制型管理向市场服务型管理转变。在分配高校资源时，要效率优先，兼顾公平；在专业设置、招生和就业等方面，在宏观指导下强化市场配置的基础性作用。属于市场调节的领域，政府主要起规范市场运作、培养发展环境的作用，将招生与就业、后勤服务的社会化、科研成果的转化等活动纳入市场体系。把市场作为联结学校、社会、政府的重要渠道，充分发挥市场机制在高等教育运行过程中的作用，恰当地运用供求、价格和竞争规律，给高等学校以压力、动力和活力，促进高校自主办学和社会积极参与①。

市场机制作为社会资源配置和调控社会生活的基础机制，也必然成为调控大学办学行为的基础机制。因此，高校需要根据市场需求来调整自己的办学行为，要按照市场法则、竞争机制来合理配置资源，以经营大学的理念，即把市场理念和企业的一些管理思想与方法引进学校，运用市场机制对高校资源进行优化重组和高效运营，实现高校

① 赵文华、龚放：《现代大学制度：问题与对策》，上海交通大学出版社2007年版，第123页。

资源与资产的良性积累和自我增值。经营大学并不是为了营利，也不排斥教育的公平性。经营大学正是运用市场手段来整合高等教育资源，目的是为了更好地适应形势发展，从整体上提高大学办学质量和效益。经营大学要确立四个意识：

1. 确立成本效益的经营意识，通过结构调整和资源重组，杜绝资源闲置和浪费。从内部管理下功夫，注意节约成本，提高资源的综合利用效率。

2. 确立资本运营的经营意识。把高校内一切可利用的资源都看作可增值资本，通过流通、组合、优化配置等各种方式进行有效经营，以最大限度实现资本增值。

3. 确立特色品牌的经营意识，找准定位，在打造品牌上下功夫。特色与品牌是大学的无形资产，大学发展品牌和特色，要集中力量发展大学的某种优势，形成某种特色，在人才培养和科研领域占有特别的地位和优势。

4. 确立质量至上的经营意识。质量是市场经济永恒的话题，也同样成为高等教育的命脉。质量至上，即在一定成本基础上不断提高人才培养与科研成果的品质，不断提升行政管理的服务质量。确立质量至上的经营意识，必须让每个教职员工包括行政人员，都要意识到，他们的工作将如何影响到大学最终的产品——人才和科研成果的质量，而且要使这些影响与员工的绩效考核相结合。

引入市场机制改革高校内部管理体制，需要做到以下几点：

首先，以人事制度改革为突破口，通过精简机构，竞争上岗，优胜劣汰，裁减冗员，精干队伍，建立有效的竞争机制。

其次，积极改革分配制度，建立合理有效的竞争机制，在定岗、定员、定编实现岗位责任制的基础上，按职、责、权、险四统一的原则，实现劳绩酬挂钩，奖功罚懒。

再次，加强产学研密切结合的办学模式。长期的计划经济体制下，我国走的是一条将科学研究、高等教育系统、产品开发与生产分而治之的道路，产学研彼此相对分离。这样一种条块分割的知识创新格局，严重妨碍了知识的创新、传播和知识成果的产业化。

（四）去官僚化、民主化改革

在“官本位”文化的覆盖下，“行政权力领导和主导学术活动、外行评价和控制内行、以学术兑换权力、以权力掠夺学术成果等现象在大学中习以为常”①。高校去行政化改革，不是要去行政化，而是要去官僚化，淡化行政权力，强调民主化管理，突出行政权力对学术权力的服务性。实行民主管理，可以把行政权力的运作置于教职工的有效监督之下，隔断官僚主义和腐败滋长、发生的条件。大学民主管理是根据教育的本质属性，通过高水平的激励、增加协调和积极创新，以最佳方式实现高校目标的过程。因此，实行去官僚化、民主化的改革，是高校去行政化改革的最基本内容。

去官僚化是民主化的前提，是民主化的第一步。在去官僚化方面，首先，要废除大学行政级别，用职业化、少而精的原则建设教育管理队伍。从对校长的选聘改革开始，废除干部任免制度，取消与行政级别对应的干部待遇，而代之以权责利明确的教育管理职位；加强行政队伍的专业化、职业化和素质建设，实行对外公开聘用制，遏制“近亲繁殖”。其次，行政权力重心要下移。把本应由学术决策机构行使的决策权及其他权力，从现行行政权力中分离出来，充分发挥学术权力的作用；还可以通过部分行政权力下放，让其作用、地位通过学术权力来体现。再次，要促进大学行政机构的合理运行，毕竟行政权力有其存在的合理性和学术权力难以替代的功能。具体要做到：第一，为提高效率和避免信息传递失真，组织结构尽量扁平化，明确行政系统内部的指挥链；第二，建立相应的规章制度和工作说明书，确保行政运行的有效性；第三，明确行政管理服务学术的目标，而且目标还应当尽量细化；第四，把教学、科研人员的满意度、工作中的开拓创新和效率作为衡量职能部门工作的绩效指标②。

在民主化改革方面，树立重在公开监督的民主管理观念，营造大

① 王长乐：《我们应该怎么对待大学行政化》，《大学教育科学》2005 年第 6 期。

② 唐振平：《中国当代大学自治管理体制研究》，国防科技大学出版社 2006 年版，第 249—250 页。

学民主管理的良好环境，引导师生增强责任感和使命感，提高民主意识；要坚持普遍参与的原则，组织师生参加民主管理的实践，确保校务委员会、学术委员会、教职工代表大会、学术代表大会等组织形式参与学校的决策、管理工作，提高民主监督队伍的素质；建立健全各类民主管理制度，通过包括民主制度在内的法制将民主观念、民主原则予以保障，因为从微观上来看，严重制约大学发展、长期积存于高校中的重重矛盾很大程度上是对民主管理和依法治校的重视程度不足所致；建立公开公平的校务运行机制，强化民主监督和民主法治的程度，对涉及大学重大政务、财务以及事关学校重大发展或师生切身利益的重大情况，做到公开透明，及时通报，接受民主的审议和监督。

要确保去官僚化、民主化改革的成功，必须要有学术权力与行政权力的制衡，否则一权独大，是不可能有真正民主的，绝对的权力只会导致绝对的官僚主义和腐败。克拉克认为，如果学术自由、教学自由、学习自由受到了严重削弱，整个高校系统都会受到损失，而一旦保护了这些自由，近乎垄断的行政权力就会受到限制①。因此，要强化学术权力，体现学术权力的中心地位，以此削弱行政权力。

（五）人本化、柔性化改革

高校官僚组织的刚性和明确分工严重阻碍行政人员的自主性和创造性，而柔性管理有利于提升行政人员服务的积极性、高效性，体现高校行政服务为本的使命和行政责任的实现；同时有利于学术人员创造性、满意度的提高，还有助于基层学术组织各种力量的整合和协作，保障高校的学术自治。因此，人本化、柔性化是相对于制度本身的僵化，尤其是传统行政官僚体制的僵硬而言的，要比去官僚化、民主化更进一步，是在民主制度的基础上，以人本管理的理念，以灵活的、富有弹性的方式提供更加多样的人性化的服务，是为了更好地服务于学术活动的自由化、灵活性和多样性。高校的人本化、柔性化改革突出要求高校内部行政系统在为教学和科研提供支持、为师生提供

---

① ［美］伯顿·R. 克拉克：《高等教育系统》，王承绪等译，杭州大学出版社 1994 年版，第 306 页。

服务的过程中，不仅要注重行政服务的标准化、均等化，还要探索服务的人性化、多样化，致力于提供优质的、满意的、弹性柔性的优质服务。

人本化、柔性化改革首先要贯彻以人为本的理念。以人为本就是在大学教学和管理中，重视人的因素，正确认识评价和充分发挥人的价值和人的主观能动性，把人作为大学管理活动的核心和学校最主要的财富和资源，转变过去视人为完成工作任务的工具的观念，把广大师生作为管理活动的主体①。以人为本是现代高等教育的价值起点，也是大学改革和科学发展的价值取向，是大学精神的核心。对于最大限度发挥师生的主体性、积极性和创造力，激发其内在潜能，从而增强大学的内聚力、创造性和竞争力，保证管理行为的合理性，推动高校改革和发展具有极其重要的意义。

建立以人为本的柔性化管理机制，管理者必须首先树立依靠人、开发人、尊重人、塑造人的管理理念，要会识别人、选拔人、使用人、激励人、促进人和留住人。其次，强调实行教育的社会功能和个体功能的和谐统一，善于将教育的社会要求转变为个体的自我要求，让人体验美好，体验崇高，体验成功，体验快乐，培养积极的生活态度、鲜明的价值判断、丰富的思想体系②。对于广大教职工，以人为本的管理理念要求传统的大学向人才开发转变，强调人和事业的统一发展，尤其是注重开发人的潜能，关心教师成长和进步，使教师培训、学习、进修、深造形成机制，提高教师综合素质，从而促进人的全面发展。再次，管理者要培育健康向上的校园文化，创造民主、自由、宽松、和谐的体制环境，在校园内部形成一个尊重知识、尊重人才、尊重个性自由的文化氛围。

不少高校在行政办公大楼贴出“坚持以人为本”、“提供优质服务”等横幅，但是否真的做到以人为本，关键要看行政管理人员是否在心里是这样想的，更要看他们能否将其内化为实际行动并自觉、自

① 侯立华：《关于学校人本管理的探讨》，《教育探索》2002 年第 8 期。

② 田建国：《和谐社会与和谐大学建设》，《山东经济战略研究》2005 年第 6 期。

主地表现出来，能否在细节上下功夫，比师生的基本需要多走一步。也就是说，人本管理理念只有同时转化为思考力、决策力与执行力才有意义，否则充其量只是口号。因此，以人为本的管理理念必须深入、具体地贯彻到高校的各种职能管理和领导工作中。

在高校管理者的运作程序上，不是自上而下地控制导向，而是鼓励大家对工作、学习的认真思考，自觉和自主工作的程序，强调大学的团队文化和共同参与，强调合作精神和社会责任。对于学校领导来说，重点是对组织结构重新整合后，做好授权工作①。而且还要善于识别并满足高校师生的心理需求。心理学家告诉我们，每个人在内心深处都希望得到他人的了解、称赞，并感到自在，相信自己的生命十分重要。因此，柔性管理者和领导需要更多地满足师生员工受人尊重、归属感和自我实现的需求。

二、高校去行政化改革内容之间的关系

综上所述，推行高校去行政化改革，首先要求政府及其教育主管部门应以质量杠杆、法律监督、信息指导等方式对高等教育进行宏观调控，使高校从外部权力体系的束缚中解放出来，实行高校的相对自治化和高校治理的法治化改革；其次，要打破高校内部的泛行政化的管理体制和运行模式，使部分职能和事务摆脱内部行政部门的行政管理和直接控制，甚至分离出来，实行这些部门或事务的社会化和市场化改革；再次，就是要取消高校内部行政管理体制和运行模式与政府行政机关的对接与延续，实行内部管理体制和方式的去官僚化、民主化和柔性化、人本化改革，尤其是要使行政部门、行政人员淡化行政意识和等级意识，强化服务意识、民主意识，从而服务于学术组织和学术人员，保证高校中作为核心职能的学术事务能够自由、民主。

在高校去行政化改革的内容体系中，高校的自治化和高校治理的法治化改革是高校去行政化改革的首要任务，是高校内部去行政化改革的前提和制度保证，从外部制度和体制上摆脱政府行政机关的行政

① 侯俊生、汤荣光：《论高校管理创新》，《江苏高教》2001年第4期。

指挥和束缚，从而保证内部去行政化改革的顺利进行，因此关系到现代大学制度的建立和高校与政府关系的和谐。实行高校部分部门或事务的社会化和市场化改革，是高校去行政化改革的重要辅助内容，解决高校内部行政权力泛滥而影响教学科研，也解决了高校内部行政系统腐化、官僚化的温床，有利于高校的科学发展和高校与社会和谐关系的构建。高校内部管理体制和方式的去官僚化、民主化和柔性化改革，内容更复杂，任务更艰巨，但却是高校去行政化改革的核心内容，直接关系到高校的科学发展以及内部关系的和谐，还有利于高校核心竞争力的提升与大学理念、大学精神的传承和发扬。高校去行政化改革的这些主要内容，在主体上由外及内，在价值上层层推进（见图3－1）。自治化、法治化改革突出了高等教育运行及管理的规律性，社会化、市场化改革主要体现了高校与经济社会发展的适应性；去官僚化、民主化改革侧重体现了高校管理的科学性；而人本化、柔性化改革则更多地体现了高校管理的灵活性和学术的创造性。

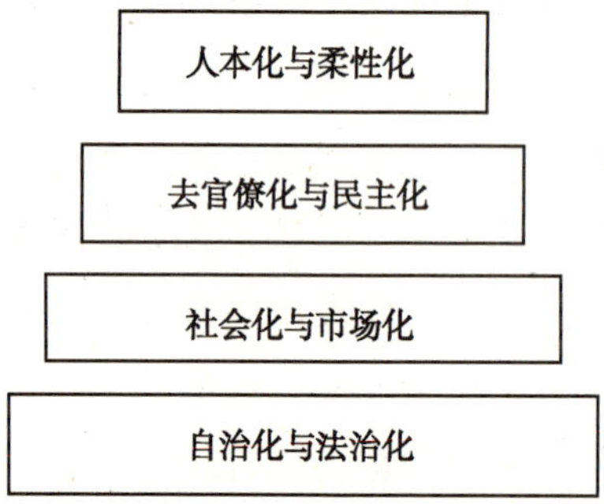

图3－1 我国高校去行政化改革的内容层次

第四章

高校去行政化改革的总体规划

第一节 高校去行政化改革的目标

我国高校实行去行政化改革，到底目的何在，将走向何方，这是首先需要明确的，任何改革也应如此。因为这直接关系到改革的方向，决定着改革的着力点，以及改革的主体和基本方式。尤其是“去行政化”改革，很容易让人误认为是“去行政”，或简单理解为“去官僚化”。所以，此次改革也采用目标导向的原则，旨在使相关机构、人员对我国高校去行政化改革的方向有一个清晰的认识。

一、建立现代大学制度，实现高校的科学发展

大学制度的根本作用在于通过保护大学的利益而保护人类的智慧和真理。因此，大学制度具有终极价值意义。高校要真正按照当代高等教育发展规律办学，必须建立和完善现代大学制度。诺斯认为：“制度是一个社会的游戏规则，更规范地说，它们是为决定人们的相互关系而人为设定的一些制约。”① 因此，制度在本质上是关于权利的规则体系。现代大学制度作为一种制度，也是关于权力和利益关系安排和协调的一套规则体系。所以可以从制度的内核——权力和利益来探悉现代大学制度的本质。

（一）现代大学制度的本质

1. 现代大学的权力本质

康宁认为，“高等教育资源是三种力量相互作用的结果，那就是

① ［美］道格拉斯·C. 诺斯：《制度、制度变迁与经济绩效》，杭行译，上海三联书店1994年版，第3页。

政府、市场和学术力量”[①]。因此，影响大学制度形成及其变迁的力量主要是政治权力[②]、经济权力和学术权力。政治权力是政府部门对大学有关教育资源的控制力；经济权力是市场及其经济活动主体对大学有关教育资源的控制力；学术权力是高等教育系统中的学术活动主体对大学有关教育资源的控制力。这三种权力结构决定了现代大学的制度结构，权力结构的运行状况决定了现代大学制度的变迁方式和结果。因为这三大权力主体决定着教育资源的配置，即大学中人、财、物、信息、时间等资源的分配，所以权力构成及其运行是促进现代大学发展的核心要素。

2. 现代大学的利益本质

制度经济学认为，利益是制度变迁的根本原因，利益的最大化是每个主体经济活动的最终目的，制度旨在约束主体福利或效用最大化利益的个人行为。制度应社会生产和利益分配的需要而产生，又随利益关系重新调整、利益格局重新划分的需要而进行制度变革。现代大学制度也是用以约束追求个人利益最大化行为的一套规则体系。这些个体包括和大学相关的政府及其行政主管部门、市场及其经济活动主体、社会及其社会活动主体、大学及其教职员工和学生。大学制度变迁的根本原因就在于政治、经济、学术等潜在利益的存在。

作为高校去行政化改革的目标之一的现代大学制度建立，其实质是关于大学的权力和利益结构的调整。因此，一定要弄明白去行政化改革背后的权力及利益构成，否则，现代大学制度的建设就可能出现偏差和莫大的阻力。还要意识到，学术权力和学术利益是现代大学制度的“大学”特性的根本体现[③]。

---

① 康宁：《高等教育资源配置中学术力量的回归》，《清华大学教育研究》2004 年第 1 期。

② 其中还包括政治权力在高校中的延伸，即前文提到的高校内部的行政权力。

③ 赵文华、龚放：《现代大学制度：问题与对策》，上海交通大学出版社 2007 年版，第 65 页。

（二）现代大学制度的基本特征

1. 学校自治是现代大学制度的根本特征

现代大学以知识和学科作为存在的组织基础的特性，使得现代大学应当比社会上的其他部门享有更高的自治权力。因为，“高深学问需要超出一般的、复杂的甚至是神秘的知识，那么，自然只有学者能够深刻地理解它的复杂性”，这就是为什么学院和大学常常被称为“学者王国”的原因①。而现代大学组织内部比较松散的结合正是其生存和发展的重要条件。

学校自治的实质是学术自治，它的基本要求是确保现代大学成为学术和教学自治中心的地位。在大学内部应当以学术权力为基础，坚持学术自由，实行学校自治，同时应有必要的行政权力与之相制衡，坚持自主办学必须以服务社会为目标。

2. 教授治学是现代大学制度的核心和基础

教授治学的实质，是在现代大学内部崇尚大学教授的学术权威，实行学术自治，这是以“学校自治”为根本特征的现代大学制度的核心和基础。大学教授，特别是其中具有人格魅力、学术造诣深、善于治学育人、在学术界享有崇高威望的大师，是现代大学精神文化、物质文化和制度文化的主要体现者。所以，要办好现代大学，国家就应当重视教育，注重学术，尊重人才，充分发挥大学教授在治学育人中的重要作用，并且依法保障高等学校中的教学、科学研究和其他文化活动的自由。

3. 校长治校是现代大学制度的主要标志

现代大学必须在教授治学的基础上实行校长治校，这主要是因为现代大学的存在有两个哲学基础：一个是认识论的，另一个是政治论的。前者认为大学的本质在于发展知识和掌握高深学问；后者则认为大学为建设国家服务。布鲁贝克精辟地指出：“尽管赞成学术自治的论据看起来合乎逻辑”，然而“高等教育越卷入社会事务中就越有必

---

① ［美］约翰·S. 布鲁贝克：《高等教育哲学》，王承绪等译，浙江教育出版社 1987 年版，第 28 页。

要用政治观点来看待它。就像战争意义太重大，不能完全交给将军们决定一样，高等教育也相当重要，不能完全留给教授们决定”①。现代大学实行“校长治校”的关键，必须确保大学校长拥有充分的办学自主权。

4. 科学管理是现代大学制度的内在要求

对现代大学实行科学管理，其本质是增强现代大学这个庞大系统的整体办学效益。现代大学的科学管理，主要有以下 4 个基本方面：

战略管理：以独特的办学理念为指导，加强战略管理，制定战略规划，以期不断提高自身综合实力和办学效益，以适应高校竞争、时代发展与变革的需要。

现代大学质量管理：包括对学校内部各项工作的质量管理，其中重点是对教育、教学工作和科学研究成果的质量管理，这是现代大学质量管理的核心，关键是要逐步建立、健全现代大学内部的教学质量保障和科学研究成果质量保障制度。

资源管理：在人力资源上，最关键的就是建设一支具有人格魅力、学术造诣深厚和善于治学育人的教师队伍；在财力资源上，最关键的是广开财源，多渠道地筹集资金，逐步建立健全多元投资机制；在物力资源上，关键是实现资源共享，提高利用率，防止浪费。在这些资源的分配和使用上，坚持效率优先、以人为本的原则。

民主管理：最关键的是在大学内部坚持以学术权力为基础，尊重教授的学术权力及其在学校的中心地位，把权力的重心往下移。在这个基础上，建立一个精简、高效的校务办事机构，淡化校务机关的领导和指挥意识，强化助手和服务意识，努力实现学校重大决策的科学化、民主化和现代化。

总之，现代大学的本质及其运作特性、现代大学制度的本质及其基本特征决定了现代大学制度的核心内容：在保障大学自治与学术自由的前提下，政府宏观管理、市场有效调节、大学面向社会自主办

---

① ［美］约翰·S. 布鲁贝克：《高等教育哲学》，王承绪等译，浙江教育出版社 1987 年版，第 32 页。

学、大学内部实行“教授治学，校长治校”的基本制度和实行科学民主管理的方式。

（三）确立高等教育的科学发展观

从长远来看，社会经济协调、全面、可持续发展，取决于教育的协调、全面发展。当前我国高等教育正处于新的大发展、大转折时期，急需科学发展观的指导。科学发展观极大拓展和丰富了教育改革与发展的内容。

（1）以人为本的大学理念。坚持以人为本，是科学发展观的核心和本质特征。“人既是发展的第一主角，又是发展的终极目标。”以人为本将发展的逻辑起点与终极目标归结于人自身，突出了人在发展中的主体地位和作用，发展是人的发展，发展是为了人的发展，人是发展的动力，是发展的关键因素，大学的一切工作都要围绕、服务和促进人的发展。

（2）遵循教育规律，按教育规律发展高等教育。科学发展的基本要求是按规律办事。历史已经证明，我们的改革、发展，按规律办事，就能健康发展，违背规律，则受到惩罚。我们对教育规律的认识，往往还停留在感性、经验层面，因此需要认真总结我国近代高等教育近年来发展的经验和教训，从理论层面逐步概括出教育的基本规律。而在实际工作中，要认真学习教育理论和教育规律，严格按规律办事。

（3）多元化的分类发展。高等教育的发展，必须与社会经济发展相协调，这是科学的高等教育发展观的重要内容。社会是一个十分复杂的结构，需要各种类型、各种层次的人才。特别是我国经济和社会发展极不平衡，对人才的需求更加复杂、多样。但我们的高等教育目标、模式单一，都追求高层次，专科学校想升本科，本科学校想建硕士点、博士点，进而想进入“211”、“985”工程。作为校长，想把自己学校的层次提高，是可以理解的，但从整个社会发展而言，则存在一个协调发展的问题。因此，高等学校需要分类发展，根据各自的情况，在分类发展中准确定位，在各自的层次中办出特色，办出水平，从而实现高等教育的多样化。

（4）统筹兼顾，协调发展。坚持科学发展观，关键是坚持统筹兼顾，协调各方面的利益关系，调动一切积极因素，推动经济、社会和人的全面发展。高等教育由于自身的复杂性，更容易造成人们分散、孤立、对立地看待问题和处理问题。长期以来，人们在个体本位与社会本位、精英教育与大众教育、数量与质量、教学与科研、德育与智育、专业素质与人文素质、规模与效益、学术目标与效益目标、综合性与单科性、共性发展与特色发展等众多关系、矛盾中争论不休。在高等教育发展中，要客观、辩证地分析和把握各种关系，突出重点，统筹兼顾，协调有序发展①。

二、促进高校的和谐发展

通过高校去行政化改革，来促进高校的和谐发展，具体目标包括：

（一）建立高校与政府之间的和谐关系

这种和谐关系可以形象表述为“若即若离”。首先，大学公共服务性作用的彰显和政府作为大学的主要举办者，是大学与政府之间“即”的根据。其次，大学自治与学术自由是现代大学制度的基础，是大学与政府之间“离”的根据。政府对大学的主要职责是：实施宏观布局与结构调整、制定大学竞争发展规则、提供物质支持和政策服务、运用市场机制在大学之间配置教育资源等。因此，平衡大学与政府之间的关系，保持既不过度干预又要有效支持的“度”，是实现高校和谐的首要前提。

（二）建立高校与经济环境之间的和谐关系

这里的和谐关系用“互动互用”来表述较恰当。一方面，中国的众多高校，尤其是中西部地区的非“211”高校和广大的地方性高校资金普遍紧缺；另一方面，我国高校产学研水平、知识转化率低于世界平均水平。因此通过知识的商品化途径增加高校的资金投入、提高产学研水平，既体现了高校对经济的贡献，也部分解决了高校的资金

① 刘献君：《科学发展观与高等教育发展》，《高等教育研究》2004 年第 5 期。

问题。大学作为知识的孵化器和集散地，可以为企业等营利性机构提供信息资讯、管理咨询、合作研发和教育培训等项目；企业等机构可以为高校提供教师实验和学生实习的基地、案例与实证研究的素材以及高校基建、后勤保障工程的承包方，分流高校的非核心职能。

（三）建立高校与社会的和谐关系

在现代信息社会，大学与社会之间建立起紧密的联系是一种必然。一方面，大学是主要的“知识源”，离开大学对知识的传播、创造和对社会的其他服务，社会便不能进步；另一方面，大学需要从社会中汲取能量来发展，离开社会的支持，大学难以为继。加强大学与社会的联系，既要把大学的许多职能，如医院、中小学教育等后勤和福利职能交给社会去办，从而摆脱大学办社会的“小而全”困境；又要从社会中的其他公共部门，如慈善机构、基金会、社会团体等非营利组织获取相关的资源支持。

（四）建立既竞争又合作的高校间关系

高校竞争是高校发展的重要动力，是使整个高校系统充满活力的必然选择，因此高校之间合理有序的竞争也是高校和谐的一部分。现代科学知识在向深度发展的同时也越来越综合化，许多重大科学研究往往需要多学科的联合攻关才能解决，不是一所大学就能完成的。因此，高校合作是现代知识社会发展的必然选择，现代大学制度必须为这种合作提供制度保证①。

（五）改善高校内部学术权力和行政权力间的和谐关系

学术权力和行政权力构成了高校内部权力系统的两个基本面，两者都有其存在的合理性，但又都有各自的局限性和互相冲突的一面，必须妥善协调、相互补充、相得益彰。行政权力要在学校行政职能方面发挥主导性作用，而且行政系统要体现出为学术服务的本职。高校作为一个学术性组织，正是有了学术的管理和服务需要，才有了行政系统产生的必要。所以行政权力不是为了行政而管理，而是为了学术

① 杜方波：《建立现代大学制度：大学改革的根本选择》，《国家教育行政学院学报》2007 年第 4 期。

而提供管理和服务。学术权力要在高校学术决策方面发挥主导性作用，就要改变过分依靠行政系统、行政权力进行学术决策的状况。高校去行政化改革就要实现行政权力和学术权力分工明确，行政权力实现科学化、民主化的决策以服务于学术这个中心，形成二者各归其位、各守其责又互相协调的和谐关系。

三、基于核心竞争力的高校崛起

高校崛起通常指一所高校凭借其社会声誉和学术声誉的大幅度提升而达到本地区、本国甚至全世界的一流水平。而是否拥有高水平的一流大学，是一个国家和地区高等教育发展水平的标志，是国家和地区综合实力的集中体现。当今世界强国，无一不拥有世界著名的一流大学。但在崛起中的中国，综合国力迅速提升的同时，高校崛起的规模和速度显然落后于中国崛起的步伐，这与我国的综合国力和发展速度是不相称的，成为中国崛起过程中的不和谐因素。因此，我国高校的崛起应该被提上议事日程，作为高校改革和发展的重要目标。

一所大学的崛起显然要比一个国家的崛起更容易。例如始建于1991年的香港科技大学，在短短十几年间迅速发展成为国际知名大学，创造了中国大学发展史上的一大奇迹。其成功之处在于：学校定位准确，找准发展的突破口；招聘优秀师资，重视学科建设；坚持以人为本，加强制度建设；政府的大力支持，充分利用香港的区位优势①。香港科技大学的崛起因素反映了世界一流高校的竞争的某些共性，这就是高校核心竞争力。所以高校的崛起是基于核心竞争力的崛起。世界一流大学最核心的本质是其崇高的社会声誉和学术声誉，这在大学核心竞争力中起着最主要和最持久的作用。

高校的竞争优势和制胜源泉往往表现在人力资本的实力，它是体现在教师和员工身上的才能，包括整体技能、创造力、领导能力、管理技能，是学校活动竞争力的基础。因此，在既定的外部管理体制

---

① 楼艳、顾建民：《香港科技大学崛起的成功之道》，《高等农业教育》2006年第11期。

下，人的因素是高校竞争力的核心。人的数量、素质、结构、配置、积极性、合作与竞争等因素都会影响核心竞争力的形成，而核心竞争力中的核心力量是教师①。

别敦荣、田恩舜等学者从制度创新、学科建设和文化建设三个方面选择提升核心竞争力的路径，认为提升大学核心竞争力的前提是制度创新，应从宏观和微观两个角度构筑我国的现代大学制度。提升大学核心竞争力的关键是学科建制，要建立专家主导的学科发展决策机制、建立高度竞争性的学术专业遴选机制和设计优化的学科专业结构。提升大学核心竞争力的源泉是文化建设，要坚持学术性价值导向，营造富有特色的学科文化氛围②。

从这个方面来说，高校去行政化改革就是要建立现代大学制度，建立专家主导的学术决策机制，坚持高校的学术性价值导向，充分发挥教师的学术创造性和积极性，不断培养和提升高校核心竞争力，最终实现我国高校在全球竞争中的崛起。

四、秉承大学理念，崇尚大学精神

大学理念是“大学的思想、精神和灵魂，它决定大学的思维方式和发展方向”③，是在对教育规律和社会特征深刻认识的基础之上，对教育哲学与教育思想的系统表述，是对作为大学精神支撑的大学文化的整合与提升。它集中体现了高等教育活动的本质要求以及办学者对科学精神和人文精神的理解，概括表达了一所大学的追求目标与办学思想。尽管大学理念作为大学的教育理想和价值追求，处于一个不断调整和充实的过程，但纵观中外有关大学理念的阐述，可以看出，大学的理念主要有：大学是教育的机构；大学是研究的中心；大学是服务机构。当今世界一流大学一般都同时具备以上三种理念界定的功

① 马士斌：《“战国时代”高校核心竞争力的提升》，《学海》2000 年第 5 期。

② 别敦荣、田恩舜：《论大学核心竞争力及其提升路径》，《复旦教育论坛》2004 年第 1 期。

③ 纪宝成：《对大学理念和大学精神的几点认识》，《中国高等教育》2004 年第 1 期。

能，都以研究为本位和最突出的特点。因此现代大学的核心理念特征可以高度概括为：学术自由、学术民主。

现代大学要获得长足进步，肩负起社会的重托，完成历史赋予的使命，满足社会的多元需求，必须坚守自己的大学精神。大学精神是在某种大学理念的支配下，经过所在大学人的努力，长期积淀而成的稳定的、共同的追求、理想和信念，它是大学生命力的源泉，是大学文化的精髓和核心之所在，是对大学的生存起决定作用的思想导向①。大学精神对大学的发展具有激励、聚合、导向等作用。

今天致力于基于核心竞争力的大学崛起，就应当树立以学术为本位，以教育和服务为两翼的大学理念。从这一大学理念之定位，可以推导出大学首要之品格是学术自由，即拥有“独立之思想，自由之精神”，这也是此次高校去行政化改革的精神追求。

概括起来，以“建立现代大学制度，实现高校的科学发展；促进高校的和谐发展；基于核心竞争力的高校崛起；秉承大学理念，崇尚大学精神”作为我国高校去行政化改革的终极性战略目标，既是对大学理念和大学精神的回归和重塑，又是对高校传统管理体制和管理机制的超越和突破；既展示了改革的静态目标——现代大学制度的建立和大学精神的回归，也规划了我国高校去行政化改革后的愿景：科学发展、和谐状态与崛起于世界的姿态。这些战略目标充分展示了高校去行政化改革的深远意义，指明了高校改革和发展的长远方向。

上述目标具有总体性、长远性、战略性、终极性和宏观性，长期目标要靠制度体系的保障和短期的阶段性目标一步一步去实现。当前，应通过高等教育改革政策和相关法律调整，在高校外部和内部治理结构上打开突破口，以重塑高校治理体制为近期的阶段性目标，接下来逐步扭转高校行政的责任实现机制，从而为高等教育体制改革的终极目标的实现构筑坚实的制度框架。

① 刘亚敏：《大学精神探论》，《未来与发展》2000年第12期。

第二节 高校去行政化改革的力场分析与动力系统重构

力场分析理论由德国著名心理学家勒温（Lewin）创立，主要用来识别和分析组织变革的阻力与动力及其博弈，因为人的行为变化和组织变革都是由力场所引致的。根据力场的场域、来源、方向和强度，本节主要采用群体动力论、组织生态学和利益相关者的分析方法。通过模型建构，分辨高校行政体制改革当前所处的力场；研究目的是，通过动力模型和路径的重构，寻求我国公立高校去行政化改革的动力。动力是由力场综合作用产生的运动力量，否则改革不会发生。

一、高校去行政化改革的力场分析

通过前文对高校官僚制与行政化的理论假设，对高校去行政化改革的内容与目标的回顾及改革性质的分析，改革所处的力场已变得十分复杂，可谓阻力重重，动力重构更加艰难。为方便研究，本文首先根据勒温的群体动力论，将高校去行政化改革的力场分为外部压力情境和内部激励因素。在高校外部，主要采用PEST模型进行高校行政生态环境与动力的分析；在高校内部主要采用相关利益方的分析方法。最后通过力场分析的综合模型进行总结。

（一）外部力场分析

在高校行政面临的生态环境中，最强的力场来自政治、法律和行政领域。在政治方面，国家的政治体制改革对包括高校行政体制在内的高等教育体制的潜在冲击可能是巨大的，但政治体制改革异常艰难、复杂，难以迈出实质性的步伐；高校实行的党委领导、校长负责的政治、法律制度，这是1989年后的重大制度安排，如果没有方向相反、力量相当的政治危机，该制度很难扭转；政策对改革的影响最为直接，《国家中长期教育改革和发展规划纲要（2010—2020年）》指出“随着国家事业单位分类改革推进，探索建立符合学校特点的管理制度和配套政策，克服行政化倾向，取消实际存在的行政级别和行政化管理模式”。《纲要》提出取消高校的行政化管理模式近三年了，但没有任何实质行动；十八届三中全会也提出公立大学去行政化，但没有具体改革方案和时间表。改革政策一旦不够明确、完备，就容易受官僚政治影响，即“上有政策，下有对策”；当前的高校，同时进行着发展与改革委员会、人力资源与社会保障部指导的绩效工资制改革与前人事部、教育部指导的高等学校岗位设置管理改革，不仅这些改革政策还需消化、深入落实，而且岗位等级设置本身就是进一步的行政化与等级化，与去行政化改革存在某些冲突，三大政策不仅存在政策冲突，而且容易造成改革疲劳，最忌讳的是改革累计造成的潜在社会摩擦成本是高昂的，因为毕竟三大政策都直接牵涉高校中权力和利益的重新分配，改革的阻力和成本是是否实行改革的重要影响因素；在政治因素中，领导对改革的表态和社会的反应十分关键，2010年两会前后，政界、学界对高校行政化和去行政化改革进行了广泛、热烈的讨论，温家宝总理和教育部袁贵仁部长均已公开表示取消大学行政级别的意见，并且得到多数代表的赞同，但还是遭遇多位大学校长的质疑与反对。

在教育法律方面，《高等教育法》规定政府是公立高校的主要举办者，高校必须接受政府及其委托部门对办学水平、教育质量、资源配置和经费使用等方面的监督和评估，在此法律框架内进行高校去行政化改革，是需要政治智慧和改革勇气的；高校信息公开的法令、条例对高校管理透明化、民主化有一定的促进作用，但公开哪些信息、公开到什么程度、对谁公开还是受到官僚政治的操纵。

在教育行政方面，政府对公立高校直接拨款，关系到高校的生存等根本利益，高校必须仰仗、讨好上级主管政府；政府对高校主要领导直接任命与考核，高校领导必须对政府负责，认真执行政府的政策和授意，而不是自行其是；政府直接组织对高校的教学水平评估并规定高校的行政等级，关系到高校的地位和发展潜力。这些行政制度不仅造成了高校对政府的强力依赖，而且为政府干预高校提供了政策便利和操作渠道，直接导致高校的外部行政化。高校去行政化改革必然涉及政府的权力收缩与利益减少，因此最容易成为改革的巨大阻力。

在经济方面，全球化和高校的市场竞争对高校有一定的影响，但高校的使命主要是学术性的，高校间的竞争关键是学术实力的竞争，因而对高校行政的冲击十分有限，何况公立高校在市场中处于绝对垄断地位，党政权力在高等教育和高校的政治市场中处于绝对垄断地位；高校行政的产出不直接对竞争产生影响，而且存在滞后性，难以量化。总之，市场竞争和经济方面的压力，对高校行政体制的触动十分乏力。

在社会方面，教育战线的人士和社会舆论，频频抨击高校行政化的弊端，不仅对高等教育体制带来了重大的监督压力，而且容易影响高校去行政化改革政策的议程；另一方面，尽管社会对高校的监督、评估与问责有一定的合法性，但地位微弱，而且其形式、渠道不够健全，容易受到官僚制的抵制和官僚政治操控，难以实际运行；社会和谐、高校和谐和民主的呼声不断，影响到高校与政府、高校学术与行政间的关系，在民心向背和道义上支援了高校的去行政化改革，其政治影响不容忽视；中国甚至整个东方文化总体上缺乏民主的文化传统，民主价值观和民主道德的沦丧，成为行政制度缺乏民主、行政作风独断专制的文化源头，不利于高校的合作治理、决策参与、民主监督与评估，形成高校去行政化改革的基本阻力。

在科技方面，科技发展为高校管理体制改革提供技术保障，特别是网络的发展和管理信息系统在高校中的广泛应用，为高校管理提供了一个高效的信息管理平台，为高校行政与服务流程再造、信息沟通与公开、网络办公与决策参与、监督与评估提供了便利条件，有利于高校结构的扁平化和行政服务的柔性化改革，但对科技的利用还是取决于人，因此科技本身不能直接成为动力。

（二）内部力场分析

高校去行政化改革的内部力场主要来自民主组织、学术系统、行政系统和高校领导等关键利益方。在高校的民主力量中，民主组织基本存在，但地位低下、力量薄弱，而且民主组织的利益诉求机制、决策参与机制、监督制约机制以及民主选举、评估与问责机制不健全。

民主党派、工会、教代会等民主组织成为支撑民主“门面”的摆设，不仅没有相当的权力保障，而且容易被行政系统俘获或者成为行政部门之一（如工会）。但近年来，高校内部要求民主、和谐的呼声还是越来越强烈。

在高校的学术力量中，学术逻辑张力始终存在。这是由大学的学术传统养成的一种力量，这种力量是支撑大学存在的必要条件。如果没有学术逻辑张力，大学就会失去犹如生命有机体的那样的生命力①。学术逻辑张力表现在：高校的学术本位，学术自治与学术自由，知识是权威的重要来源，对知识和教授的尊重等。但作为学术组织，学术委员会或教学委员会没有自主的权力来主导学术事务，也没有相当的权力参与高校重大决策或行使对行政的监督制约权力。在大学官僚中，行政决策和重大学术决策由党政系统主导，教育家治校、教授治学只是一种理想；大学精神与理念犹存，但黯然失色。

在集权制和非民主的文化传统和体制中，一定不要忽视领导的力量及其在改革中的作用。在高校去行政化改革这样的“重大”决策中，学校党委负有领导和决策责任，党委实行集中制，其重大行动需要得到上级党委的授意，而当前的政党意识形态主流是“稳定压倒一切”，尽可能把一切置于掌控之中，而不是可能会造成社会摩擦甚至动荡的改革。大学校长接受党委的领导，很难凭借教育家的大学理念与改革精神自主发动高校的去行政化改革。尽管我们期待，受大学精神与信念支配，对高校行政价值有本质认识，具有公平、民主、正义、平等的行政价值观和具有问题意识、责任意识与改革精神的教育家领导的出现，但这些教育家如何脱颖而出，如何成为校长，如何化解改革风险，都涉及更深层次的制度变迁问题。由于锁入效应所致的制度惯性、回报递增所致的路径依赖和新制度的构建成本、学习成本与不确定性等制度变迁的成本与困境，最终导致高校非行政化的制度变迁困难重重。

---

① 杜作润、贾志兰：《21世纪我国大学改革动力分析》，《复旦教育论坛》2003年第1期。

最后是高校内部的行政系统及行政人员，他们是当前体制下的权益既得者，而且受到官僚制和官僚政治传统的保护，成为高校内部改革的重大阻力源。官僚制内部不会自发产生抑制官僚制的力量，其结构和权力只会不断膨胀，控制力量只会不断得到加强。强调秩序的稳定与统一、控制与服从的高校传统行政价值观和官员至上、集权专制的行政意识形态，一时难以转型。

（三）高校去行政化改革力场分析的综合模型

图4－1是对上述高校内、外部力场分析的综合模型，主要用箭头表示。箭头方向表示力场的方向，箭头长短或面积大小大体上表示力量强弱；其中实线箭头表示既成事实或一时难以改变的力场，虚线箭头表示可以改变的力场，因此意味着可以用来减少阻力或增强动力。

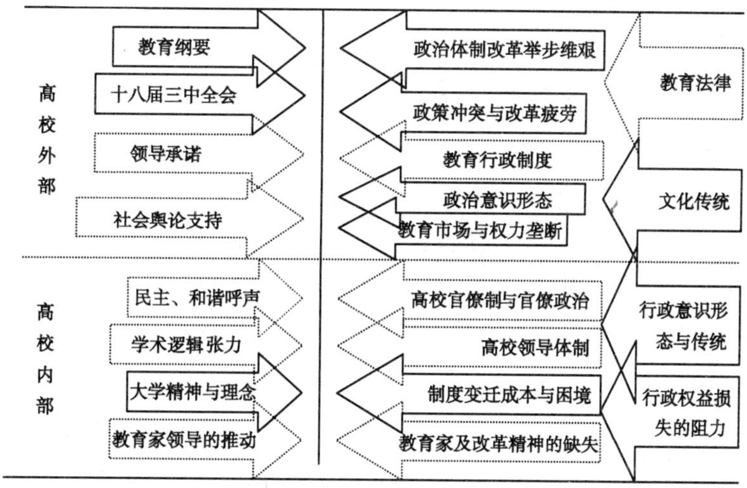

图4－1　高校去行政化改革力场分析的综合模型

尽管高校行政体制面临外部环境的压力和内部学术与民主系统要求改革的动力，但传统与现实的阻力，法律、制度与人为的阻力，使改革长期以来没有发生，意味着当前高校陷入了体制均衡的相对僵持状态。即在社会中，一部分人实质性地要求改革，另一部分人实质性地反对改革；要求改革的人不仅显示出对原有体制的不满，而且根据旧体制的弊端提出了较为具体的改革要求，社会已公开讨论是否进行改革和如何改革的问题，但还没有成熟或强大到使改革付诸实施的程度；而在另一个方面，抵制改革的利益方虽无法否认旧体制的弊端，但仍有能力保护自己的既得利益，阻止改革的实际进行①。力场中的很多因素，构成了高校行政体制改革的深层制约结构，而且大多很难改变或调整（实线箭头），成为维护既有体制的重要力量。但这种相对的僵持状态不是不可打破，因为综合模型中显示的不少阻力可以化解，不少动力可以增强。从虚线箭头可以看出，社会舆论可以更强大、更一致、更明确从而影响改革议程，领导表态更加明确、有力，从而坚定改革的决心，高校内部民主、学术权力的加强，教育家校长的选拔，都有助于增强改革的动力；教育法律、体制、制度的转变和政治、教育市场的竞争、高校行政制度与价值观的转型都有助于克服高校去行政化改革的重重阻力。

二、高校去行政化改革的动力模型重构

从前文的力场分析来看，高校去行政化改革的动力在多方面彰显不足，多个领域、多个层次却出现重重阻力。改革实际上是动力和阻力的博弈过程，只有动力超过阻力一定阀值，改革才会发生。因此，有必要从多种视角、多个方面重构与增强改革的动力。笔者构建的这四种动力模型并非非此即彼的关系，而是互为补充，相互融通以增加改革的合力。

（一）强制变迁型压力模型

高校内部存在的主要问题是行政权力与学术权力的失衡，致使行政集权专制，管理不够民主，资源配置低效。更严重的是，行政不仅没能尽到服务学术的本质使命，而且干预、控制学术事务，导致学术与行政的权益冲突，严重影响了高校功能和学术使命的实现。因此，必须通过体制改革，使高校内部的权益重新分配以解决权益的冲突。

① 樊纲：《论改革过程》，载盛洪《中国的过渡经济学》，上海格致出版社 2009 年版，第 46—52 页。

体制改革的关键是重新界定权力，以此实现相应利益的调整。这里有两种方法：一是直接削减行政系统的权力，即强制性变迁，迅速、直接、有力地推动高校去行政化改革；二是直接提高学术系统的权力，事实上也意味着行政系统部分权力的丧失，因为高校内部的二元权力博弈类似零和博弈。当然可能是双管齐下，这种情形更接近第二种，这里不再赘述。

从上文对高校官僚制及其行政化和改革内容及目标的分析亦可得知，高校去行政化改革，无论采用哪种方式，权力结构的调整是必经之路。官僚制内部不会自动放权让利，校长受到党委的牵制，很难有“大动作”。要在行政体制内进行去行政化改革，就必须从外部自上而下打破行政体制，这就是强制变迁型压力模型的基本主张。强制性变迁以法律、政策、行政命令的引入强制推动高校的改革。强制性制度变迁方式有如下特点：第一，在制度实施和组织成本方面都具有优势，避免权益博弈方之间的交易和讨价还价；第二，政府能凭借其强制力、意识形态等优势以弥补由于外部性和“搭便车”问题而导致的制度供给不足；第三，强制性变迁及时迅速，见效快，能缩短制度变迁的时滞和起到立竿见影的效果；第四，可控性比较强，由于变迁是政府主导的，其变迁路径、变迁方向、变迁的程度都在政府的预期内，政府比较容易控制；第五，不涉及决策者利益的制度安排易于出台；第六，强制性变迁采用自上而下的改革实施策略，便于整体上协调、统一规划、统一部署，因此整体性和逻辑性强，但任务复杂繁琐，推进难度大。尽管由强势主体推行的强制性变迁更为直接、迅速、有力，但却由于其方式的强制力和“暴力潜能”，容易引起抵制，而且还面临着统治者的有效理性、意识形态刚性和知识局限等问题的困扰。

（二）权益驱动型动力模型

改变权力结构的第二种方式是直接提高学术系统的权力，使学术权力具有与行政权力相抗衡，而且在民主管理、学术事务方面具有主导性的权力，以迫使行政系统进一步放权、让利。通过提高学术系统的权力，创造一种学术力场强于行政力场的形势，学术系统为了维护、增强自身的权益，“逼迫”与驱动高校行政系统主动让出部分权利，这看起来像诱致性制度变迁，实际上以强制性制度变迁引致的权力结构调整为前提，即使学术系统有合法的、强大的权益诉求机制来扭转行政控制学术与主导一切的局面。

权益驱动型动力模型，实质是通过创造条件，增强大学学术逻辑的张力。大学学术逻辑张力，常常可以是一种改革的内在动力因素。这种张力既来自大学人对高校学术本位、行政服务使命、学术自治与自由的价值观和信念，也来自学术系统渴望受到尊重、得到应有服务、公平取得相应资源、主导学术事务并参与学校决策、不受干预和控制的心态，还切切实实来自于教授、学者对物质利益、安全、权力、尊严与成就感等方面的具体需求。只要条件允许，不管什么类型，无论在哪里，权力都会自维持、自增长，这是权力的本性，高校学术权力、民主权力都不例外。创造的条件要切中要害，否则很容易受官僚制及其官僚政治的入侵或控制。权益驱动的关键是以法律、政策的形式提升学术组织、民主组织的合法地位，将这种合法地位细化、明确并具体落实到领导机制、决策机制、监督机制、沟通机制与民主机制，通过选举与罢免、评估与问责、检举与揭发等方式和渠道，并建立民主、公平的申诉、复议等权益争议解决机制，驱动高校的去行政化改革。

与强制变迁型压力相比，权益驱动型动力带来的改革具有间接性、渐进性，提供了高校内部权益博弈的过程，同时也提供了组织学习与调试的自适应过程，为高校学术权力与行政权力的矛盾与冲突提供了一个缓冲的空间和时间。博弈的过程有助于高校行政系统及其人员反思高校及其行政的价值与使命，反思行政与学术之间的合理关系，有利于促进高校文化和行政价值观的转型，从而有助于从文化、心理源头根本上解决高校去行政化改革的问题，这是单纯的强制性激进变革难以达到的效果。但由于双方权力博弈的结果具有不确定性，是否符合非行政化的方向以及实现改革的目标，难以控制。政府可根据权益冲突的解决情况，适当地通过政策予以调节。从这个意义上讲，政府也节约了指导变革的学习成本，化解了激进变革可能造成的社会冲突的政治风险。因此，权益驱动型动力模型及其改革方式更为理想，更加受到高校和政府的欢迎，更加符合改革主体的学习与心理调适规律。

（三）精神驱动型动力模型

强制变迁型压力和权益驱动型动力驱动的改革都是从外及内，都涉及体制的强制变迁，对于扭转不合理的教育体制、行政制度十分关键，也完全必要，但强制性变迁解决不了隐藏在制度背后的价值观、信念和态度等心理假设，因此也解决不了作为高校去行政化改革重要内容和目标的管理民主化与服务人本化、柔性化改革。人类行为的动力是以个人意识和社会及组织文化为根基，源自人们不同层次的利益需求和精神追求。精神追求是一种最高层次的价值观，如对学术本位、学术自治、民主平等、公平正义的崇尚。高校行政精神是高校行政机构及其行政人员共同认可的行政理念和长期形成的行政风貌，是行政人员履行责任所表现出来的优良品质，体现了对高校行政的价值判断和核心信念，是高校行政文化的精髓和灵魂。高校行政精神是对大学精神的延伸和承接，从深层次决定着高校行政的宗旨、目标和管理模式，是高校去行政化改革的深层精神动力。

公共行政的精神意味着对于公共服务的召唤以及有效管理公共组织的一种深厚、持久的承诺①。重塑高校行政的精神必须实现以下几个方面的转变：由专制型行政理念向民主参与型的理念转型，建立民主、公正的高校行政精神；由统治型行政理念向回应需求并提供柔性服务的顾客需求导向型行政理念转向，回归高校行政的服务精神；由官僚政治操作向契约型治理转向，建立公开透明、崇尚法治的高校行政精神；由行政化的单向治理向多元治理转型，发扬高校行政的公共精神。

从某种意义上说，高校去行政化改革的实质就是发动一场深入持久以公共行政精神为核心的行政伦理文化与制度的转型，是要变革传

---

① ［美］乔治·弗雷德里克森：《公共行政的精神》，张成福等译，中国人民大学出版社2003年版，第178页。

统的行政型的官本文化，向高校自治与法治、学术独立与自由以及管理民主与柔性化的人本伦理文化转变。精神驱动型动力模型引致的改革实质是通过组织文化和伦理的途径，实现高校管理模式基本假设的转型，是在高校行政系统内部寻求突破，以具有大学精神、公共行政及改革精神的教育家校长为首，发动一场回归大学精神、弘扬民主管理及服务为本等行政理念的文化运动。重塑高校行政的精神是一个漫长的循序渐进过程，但没有以大学精神为核心的大学文化及行政文化的转型，任何改革都是治标不治本，难以收到应有的效果。

（四）危机驱动型压力模型

危机驱动型变革是我国经济体制改革的重要成功经验，如地方政府的财政危机迫使政府放权让利；政治危机诱致政府出台新政。财务危机与政治危机压力引致的制度变迁实质都是诱致性变革，前者是响应经济利润空间而做出新的制度安排，后者是提高政治支持度或减少政治利益损失而出台新政。由于诱致性制度变迁是由一群人在响应获利机会时自发倡导、组织和实行的现行制度安排的变更或替代，变革符合主体的权益期望，逻辑合理性较强，还具有自主性、盈利性、渐进性等特点，所以优点也很明显：过程较稳定，方向容易把握；内在的优化演进机制和决策修正机制决定着较高的效率；参与主体的自主性和营利性带来的激励持久性①。这样制度变革过程相对平稳，新旧制度之间的交接轨迹平滑，不易引起大的社会震荡。上述的权益驱动型动力模型，实际也是由于高校行政系统在权力结构调整后面临权益受损危机而做出的系列调整。因此，通过创造某种形势，在这种形势下，高校行政系统为实现权益受损最小化而主动放权让利，将是高校去行政化改革的重要路径。

绝大多数公立高校都面临着经济压力，这就是数额巨大的债务，少则几千万、多则十几亿，借债本身是政治和经济权益驱动的结果。在任的高校党政领导班子往往期望以借来的债务增大自己手中的预算权力和其他资源的分配权力，同时操办政绩工程，既可从中谋取经济

① 卢现祥：《新制度经济学》，武汉大学出版社2004年版，第184页。

利益，又以“政绩”获取政治支持、向上爬或者保住位子的资本。而且本届借债，下届还钱，不仅不必担心还债负担，也不必担心还不了债务，因为可以借新债还旧债，或求助政府减免或担保；更不必担心由政府举办、有政府撑腰的公立高校倒闭。即便破产，那也是未来的党政领导班子的事了。既然借债一本万利，又无后顾之忧，因此只要符合经济理性，高校每一届领导班子都有借债的利益举动，旧债到了新债还，于是债务越滚越大。高校欠下的巨额债务既是腐败与不公的温床，又是高校行政系统权力膨胀的资本，也是高校依赖政府的重大缘由，成为驱动高校外部和内部行政化的经济力量。因此，斩断借债的利益链条，把原来的靠政府减免和下届偿还的还债方式转变为高校当前的财政危机，以经济压力逼迫或诱导（如高校中高层领导财务公示、减免高校债务或利息、三公经费公示）高校行政机构改革。当然，要警惕的是，高校官僚制力量和官僚政治行为很容易将压制和裁减的对象转移到学术系统及学术人员那里。所以在设计财政压力驱动改革规划的同时，还需要相应的政策指导，以防治高校行政的机会主义行为。

危机压力还可表现为政治危机或“闹大”事件，例如，教育家的集体请愿，教育界和新闻界利用两会的联合抨击或与国家最高领导人的对话，学术力量合法的、有组织的游行，学术权威人士大肆控诉高校行政侵权或大力宣传、揭露高校行政内幕丑闻。在不太民主的体制和文化传统中，触及面越广的体制改革，越需要政治高层发动；而越需要惊动高层出面，就需要影响力越大的政治危机或“闹大”事件。这似乎已成为出台新政屡试不爽的政治潜规则。政治危机与“闹大”事件，发送了民心向背及社会舆论的主流方向，关系到领导人的政治支持度，形成了对领导人社会问责和停职、降级等人事调动的风险。因此，容易成为加快改革政策议程建立、推动高校去行政化改革加速的重要动力和路径。

三、高校去行政化改革动力系统重构的路径

根据上文对高校内、外部力场的综合分析和重构改革动力系统的

四大模型，下面对重构高校去行政化改革动力系统的具体方法和途径进行补充。

马基雅维里在《君王论》中指出，世界上没有什么比推动改革更难的事件，因为当权者一般会担心自己的利益受损。改革可能导致的抵触与冲突、对不确定的忧虑与恐惧、变革失败的政治后果是改革的孪生兄弟，却又是改革的重要阻力来源。而且由于改革环境、改革方式与进程的复杂性、不确定性，改革的程度、周期、影响难以驾驭，改革需要投入巨大的学习成本、试错成本，甚至是政治风险。因此，任何单一个人和组织对于发动高校非行政化改动都不能掉以轻心，以政治途径获得国家核心领导者的领导与支持十分关键。考虑到高校过去面临的改革疲劳和政策冲突，建议去行政化改革由国务院牵头统一规划与部署，由中央组织部、发展与改革委员会、教育部、人力资源与社会保障部等部委联合组成改革的领导机构，将显示出改革的重大动力和决心。

在成功的变革活动中，第一步就是要保证足够数量的人在有效的紧迫感的激励下采取行动。因为实现重大的变革需要付出超常的努力和投入，让利益相关方都必须相信这次变革是具有关键性意义的，然后才有动力去付出。因此，激发明确的紧张感，使人们感到需要变革是至关重要的[①]。改革开放以来，一直以经济建设为中心，又由于高等教育行政与高校行政的利益链条、单位制困境以及高校行政管理的性质及其产出特征，导致对高等教育行政体制改革缺乏足够的政治关心和改革紧迫感。为了使高校去行政化改革的必要性具有强大的说服力，必须具体、生动地表现出高校官僚制、官僚政治及行政化的严重状况，存在的问题及后果，改革的益处及其重大意义。还可通过大学现实与大学理想、国内高校与国外知名高校的对比，改革的社会营销与政治动员，对高等教育行政人员和高校行政干部进行的教育与培训，对高校行政化及其改革的广泛讨论与舆论宣传，形成对高校行政化的问题意识，催发改革的紧张感、改革精神与动力，对改革的必要

① ［美］丹·S. 科恩：《领导变革实务》，山风译，商务印书馆2008年版，第19页。

性与改革的方法、路径达成更广泛的一致性，从而降低对不确定性的担忧。

除了政治动力不足，非帕累托改革面临的最大阻力就是当前体制下的权益既得者的抵制及可能造成的社会冲突。权力既是体制规范的对象，也是体制的核心要素，权力结构的调整会从根本上触动整个行政体制的变化。当前之所以出现体制僵持，是因为在高校去行政化改革中将受损的利益方的力量更为强大，只有打破原有的权力结构，改变改革支持方和抵制方的力量对比，改革才可能发生。权力结构的调整涉及高校与政府、高校党委与行政、高校行政与学术之间的权益关系。前二者主要是在国家政权系统内部的改革，因此遇到的社会冲突造成的摩擦成本较小，强制性变迁有助于化解相关方的抵制力量；但须以政治意识形态的松绑和权威的国家政治领导人的大力支持为前提。高校内部的学术系统与行政系统权力结构的调整则更为复杂，因为政府的改革政策相对于高校而言，是外部强加的，由于制度的不完备、交易成本高昂及监督的困难和官僚政治操纵，高校官僚制总有迂回、化解与抵制的对策。高校行政系统作为利益既得者，是最大的阻力源，但其成分十分复杂，包括执政党和民主党、高校行政、学术与行政“双肩挑”甚至是多肩挑的“大杂烩”，甚至还有在政府兼职的，因此其释放出来的阻力不容小视。

对于这部分人员，应该采用多元综合主义方法论化解阻力：以外部强制性变迁化解政治阻力；通过利益协调，降低其权益损失，例如，将其中部分人员转为纯学术人员，或提前退休，或模仿改革开放初期中央机构改革的方法，另立有职无权的顾问委员会以化解改革的阻力；通过政策扶植增强高校内部民主力量和学术力量，以学术及民主力量与行政力量的博弈实现行政系统的放权让利，使阻力在博弈中逐渐减退；通过高校行政文化和行政伦理转型，化解高校行政系统的心理阻力。高校行政文化的重塑，要坚持大学使命导向，使高校行政精神承接大学精神，通过教育、培训与宣传，加强高校行政人员的道德修养和责任意识；通过广泛、深入、持久地开展民主运动与全面开展行政服务实践活动，培养高尚的行政人格和行政风范，实现官本位向学术本位的价值观转变。

过去，单靠"新官上任三把火"，无法解决体制自身的深层次问题。高校去行政化改革也需要高校自己改造自己，当然离不开具有大学精神、公共行政精神与改革精神的教育家担当校长，成为高校内部改革的发起者。精神、信念与信仰是人类特有的行为动力，正是这些主观动力从根本上推动着社会的永恒前进。这些精神动力有助于教育家校长分别改造各自所在的大学。一所大学改革的成功，降低了其他大学改革的学习成本和改革的整体风险，而且大学间的竞争与模仿，推动着改革的广度和深度，"星星之火，可以燎原"。但如何识别有改革精神、有大学信仰的教育家，如何使教育家成为校长，就需要冲出现有的高等教育人事政策和高校人力资源管理制度。《高等教育法》第四十条规定："高等学校的校长、副校长按照国家有关规定任免。"我国大学校长、书记选拔实施的是政府委任制，人事控制是政府控制高校的重要途径之一。政府中的不少党政领导被任命为大学的校长、书记，不仅驱动高校外部行政化，还直接导致高校内部的官僚化。为此，必须通过整合社会力量和高校内部的学术力量、民主力量，公开、公正地遴选富有改革精神的教育家校长，既是高校去行政化改革的重要举措，也为高校内部的改革注入了精神动力、人事活力及其权益驱动力。

第三节　高校去行政化改革的总体方案

从近几年我国高等学校改革的状况来看，改革还是在原有的行政化体制框架下进行的，人们多在枝节上做文章而未触及根本，从结果上摆弄而未触及原因，注重形式而不注重实质，从而陷入了误区和困境。究其原因，一是由于国家没有明确高等教育改革的关键是要突破高等学校行政化体制的束缚；二是由于受到思维定式和制度惯性的影响，使得人们很难在短时间内消除长期以来在计划经济条件下实行的高等学校行政化体制的影响，致使高等学校改革老是在原来的体制框架下进行；三是由于改革的主体不够明确，即改革主体的权力和意愿不够。由于高校去行政化改革目标的艰巨性和内容的复杂性，所以厘清改革的思路十分关键。

一、我国高校去行政化改革的基本思路

首先，在认识改革对象——高校行政化体制的内涵及其产生的缘由、发展过程及影响的基础上，明确高校去行政化改革的内涵、实质和改革的意义，从而进一步提出去行政化改革的目标。根据前文的阐述，改革目标分为终极性战略目标——“建立现代大学制度，实现高校的科学发展与和谐发展；基于核心竞争力的高校崛起；秉承大学理念，崇尚大学精神”和近期的阶段性过渡目标——“重塑高校治理体制，扭转高校行政责任实现机制”（本书第七章专门讨论）。

有了明确的改革目标，接下来分析改革面临的挑战及其应对策略和风险控制；然后确立高校去行政化改革主体选择的依据，据此逻辑推理确定改革的主体；改革要发生，必须要有足够的动力，因此笔者另文（由于篇幅和重要性的原因）撰写了高校去行政化改革的力场分析与动力系统重构；然后在此基础上依次明确高校去行政化改革的战略模式、实施方式；对于难以治愈的高校行政化“重症”，必须从多个突破口和切入点“动手术”，为此本书的重点是从多元视角、多个操作层面寻求改革的多元路径。

因此，高校去行政化改革始终遵循多元综合主义方法论，从制度、利益、文化、伦理、系统论、战略、问责等多视角出发；以组织管理与变革、高等教育政策与管理、公共治理、公共选择、制度经济学与经济机制设计、绩效管理、行政伦理学等多学科理论为基础；从个体、部门、组织等微观层次和高教系统、行政系统与政治系统等宏观层次入手；采用多元操作方法，包括政治与法律、预算、人力资源管理、组织结构与文化、伦理与问责等改革的多种路径、方法。改革的多元操作变量可进一步细分为：高等教育的宏观调控方式、领导体制、评估体制、人事任免与考核制度、财政预算体制；高校内部的组织变革变量，包括：职能、结构、流程、文化、权责体系与学术权力重构等诸多方面；高校内部的人事制度，包括：校长选拔科学化、民

主化，干部体制职员化、去官僚化，绩效考核民主化，以及收入分配制度改革；高校内部的决策机制和监督机制，是内部治理变革的关键操作变量，后者需要从健全高校行政伦理制度和问责制去行政化等具体方面实施。

笔者将高校去行政化改革分为外部去行政化、内部去行政化两大领域和四个层次的内容，坚持内外有别，由外及内，层次递进。外部去行政化需要以法治的基本手段摆正政府与高校、社会与高校的关系，规范政府的高等教育调控职能、管理体制和预算体制，谋求高校的自治和法治地位，同时有助于法治化、社会化、市场化的基本运作模式。高校内部的去行政化以去官僚化、民主化为主，以外部去行政化为前提和基础，同时需要政府出台去行政化改革的元政策，以指导高校内部的去行政化改革和大学章程建设，尤其是高校内部的决策体制、监督体制、权责体系和学术组织的重构。高校去行政化改革无论进行到哪个领域或哪个层次，必须紧紧围绕大学的使命和改革的战略目标，牢牢抓住现代大学制度和大学网络治理机制的特质。因为，大学的使命决定了大学的发展战略和目标，战略决定着结构，而制度决定着战略、结构和行为，也就从根本上决定着大学的绩效和使命的实现。为此，笔者按照新制度主义和机制设计的思想，认为制度建构、制度供给与制度变迁对于高校去行政化改革目标的实现是最重要的，不仅在改革方案的设计中贯穿这一思想，而且最后还提出了后改革时代的高校治理机制和行政责任实现机制。

二、高校去行政化改革面临的挑战

高校去行政化改革虽然意义重大，但表现出宏观性、政治性、系统性、复杂性、革命性等特征，由此带来的挑战性、不确定性、风险性等问题不容忽视，应对挑战、化解风险，增强改革的可行性，也是改革设计的基本思路之一。

詹姆斯·杜德斯达在《21 世纪的大学》中说：“毫无疑问，在大学中，肯定会有抵制变革的，他们会为现状辩护，支持大学传统的使命和价值观，反对（那些）他们认为可能把大学转变成不恰当形式的一切举动。这些大学根本没有预见到，在一个急剧变革的时代，维持现状的危险系数要远远大于冒险革新。”① 因此，我们既要主张高校去行政化改革，也要直面改革的如下挑战。

（一）制度变迁困境

高校的行政化制度最初起源于政治历史原因和根深蒂固的官本位传统，本身是制度惯性和诱致性制度变迁的“自发”结果，因此早期的行政化运行轨迹有其一定的合理性与合法性。高等教育体制和高校管理制度一旦踏上这条行政化的逻辑轨道，就容易对此产生强烈的依赖，这就是制度经济学所说的“路径依赖”，即一种自我强化机制。大学官僚制一旦建立，一方面就具有规模报酬递增的性质，这种性质鼓励其规模和权力的膨胀，并诱发所有从该制度得益的利益群体的形成，从而形成制度刚性和既得利益集团；另一方面，官僚制和行政化轨迹形成后，组织学习过程、理性预期和心理契约等主观模型都会加强这一轨迹。行政化的轨迹代表着稳定的趋势和可预测性，也就是意味着确定性，而去行政化改革不仅意味着权力和利益重新配置导致的不确定性，还意味着心理预期的不确定性和不安。要知道，在内心深处人们是尽力逃避不确定性的。

相对于大学的使命和应然绩效而言，高校行政化制度是极其低效的，但为什么长期存在下来，或迟迟未改呢？根据制度经济学，有三点理由：第一，这套制度背后存在着某种特殊的信念，人们对这种信念的追求支持着这套制度的创设和运行，这种信念包括计划经济、集权思想、官本位、管制与稳定的意识形态以及对大学、政府间关系的认知和大学作为政府下属单位的理念；第二，这种低效率的制度在该社会处于核心的、主导的地位，而且预算和收入分配制度在经济上支持着这套制度持续运转下去，行政化、党政化的制度安排在我国几乎所有公共部门处于主导地位，这与财政预算体系有密切关联；第三，高校的行政化对社会整体贡献和大学的学术绩效是低效率的，但对处

① ［美］詹姆斯·杜德斯达：《21 世纪的大学》，刘彤译，北京大学出版社 2005 年版，第 57 页。

于权力中心的执政党、政府和大学行政系统等核心群体来说，官僚制及行政化是有效的，实现了他们对大学的很好管控和稳定秩序，而国家特殊的政治、行政体制支持着这些核心群体对大学的控制以及由此驱动的行政化，也有利于他们行使高校去行政化改革的否定权。因此，根深蒂固的意识形态、经济支撑体系、政治干预抑制了能够增加效率的制度变迁。

此外，根据制度经济学的成本收益分析，只有制度变迁的收益超过制度变迁的成本时，才有可能发生制度变迁。而高校去行政化改革的收益是长远的、无形的、难以量化的，而改革的成本是显著的、眼前的、不确定的以及难以承受的。即便改革的收益大于成本，但如果收益是“不适之人”——整个社会和高校学术人员，这种变迁也难以发生，因为收益过于分散而造成人均收益过低和“搭便车”倾向，且受益者群体难以组织起来以形成支持改革的合力。

（二）深层的、宏观的环境限制

大学早已不是封闭的象牙塔，而是社会生态系统中的重要一员，也是现实政治体系的有机组成部分。整个生态系统环境，尤其是政治环境及其框定的政治空间成为高校去行政化改革的最深层制约。可以说，高校去行政化改革是一项具有政治性、革命性的系统工程，不仅需要外部生态系统的支持，包括社会舆论和政治力量的支持，而且也需要从外部环境中寻求合法性。因此，脱离社会生态系统的孤立的教育体制改革是不可能成功的。

我国高校去行政化改革以外部体制去行政化为前提和基础，以高校内部制度和机制的改革作为落脚点和归宿。前提和基本假设不动摇，就是没有抓住行政化问题产生的根源，就是没有把握去行政化改革的实质，只能使改革再次流于形式。如今，市场经济体制在各行各业焕发出活力和高效，但大学作为计划经济体制的最后一座堡垒，仍然极大地保留着计划、指令、集权、控制的管理模式和等级色彩。社会物欲横流，政治腐败严重，公共行政精神缺失，去行政化改革的宏观的政治、社会环境的确令人堪忧。

长期以来，在政治秩序稳定优先、稳定压倒一切的政治意识形态中，通过以经济建设为中心来实现发展和稳定，把经济建设和经济体制改革作为政府的职能中心；一直遵循危机驱动的改革导向和渐进决策、政治挂帅的基本改革路径。这样的意识形态、发展模式和改革“范式”，造成了如下后果：其一，社会领域，包括教育领域的体制改革长期被忽视，结果积重难返；其二，可能影响稳定的重大改革不断推后，涉及权力和利益调整的存量改革遭到回避、推托，但存量结构不改无法实现根本增长；其三，危机驱动型改革模式，使改革对象产生如果不出现严重的危机压力和社会后果，就不轻易改革的心理依赖症，改革注重事后的救火而不是防范火灾，因为前者的效果更显著且容易检验成效，因此产出和绩效难以衡量、经济上不会破产的公立学校常被排除在危机之外；其四，渐进改革的路径依赖，虽然降低了改革的风险，但对于积重难返、病入膏肓、需要大手术的“患者”来说，已经无济于事；其五，政治领导挂帅的改革领导模式，不仅使得自下而上的改革难以进行，使得中下层力量对改革观望、等待和推卸责任、风险，还使得最高层的顶层设计的决策压力增大，精力分散，出现改革疲劳。于是最高层领导往往只能选择最能影响全局和政治支持度、最严重危机、最容易出成效的改革对象。如此不良循环，形成了中国式改革的怪圈和范式。

（三）权利干扰引发的不确定性和风险

制度安排和变革由自发的集团或者由政府所创立，其目的在于牺牲他人的利益而为个别集团谋利，或者说是对收入的一种重新分配①。因此，这样的制度变革势必遭到既得利益者的干扰、阻挠和破坏。对绝大多数人来说，最终决定他们是否以及在多大程度上参与或支持教育改革的主要因素，并不是对理念的守持，而是对利益的权衡②。

高校的去行政化改革说到底是一种权力的让渡，即由行政权主导

① North, Douglass C. and Thomas, Robert Paul, "An Economic Theory of the Growth of the Western World", *Economic History Review*, No. 23, 1970.

② 吴康宁：《中国教育改革为什么会这么难》，《华东师范大学学报》（教育科学版）2010 年第 4 期。

向学术权主导的让渡，其间必然牵涉不同群体之间利益的重新分割以及随之而来的权力的抗争；庞大的行政权力链条，已经成为主宰大学发展方向的强势力量，它们不仅垄断了几乎所有的行政权力，而且通过对学术资源和文化资本的操控获得了大量的学术权力。这些在高校的行政化过程中获得巨大利益的群体，必然要保护他们的既得利益，或明或暗去阻碍高校的去行政化改革①。

当高校去行政化改革触及高校内部、外部诸多利益群体的时候，政府官员、校长、高校行政人员以及联系高校和政府间的利益链条，甚至部分教师可能也要跳出来反对。在改革支持力量不明朗、难以形成合力的情况下，在显著、强大的改革阻力面前，改革的不确定性大大增强，巨大的改革成本和可能引发社会动荡的政治风险将难以承受。

（四）高校去行政化改革的其他不利因素

1. 缺乏共识，改革纲要笼统

当前，仅就高校去行政化的必要性达成了脆弱的共识。虽然在国家教育规划中明确地提出“去行政化”，但学界、政界、大学校长对去行政化的看法并不一致，提出了异议，例如有校长担心：取消了大学的行政级别，不仅不会强化教育特别是高等教育的地位，反而可能会起到弱化的作用；还有人认为，取消行政级别本身就是形式而未触及体制、权力利益实质。《纲要》笼统地指出“逐步取消实际存在的行政级别和行政化管理模式”，方案包括“制订、完善学校章程，探索学校理事会、学术委员会发挥积极作用的机制”，如何“逐步取消”？要经过哪些步骤？先后顺序如何？突破口在哪？改革主体为谁？包括哪些阶段和里程碑？如何进行过程监控和效果评估？如何制定大学章程？依据是什么？谁来制定？一切都是模糊的，“探索”一词也不具有行动指向和可操作性。缺乏共识，只能造成去行政化改革的时间表和路线图的模糊性，从而增加了改革的不确定性。

① 王东：《高校去行政化为何这么难》，《探索与争鸣》2012年第12期。

2. 改革疲劳与政策冲突

改革疲劳一方面指上文提到的政治领导忙于规划、设计和发动各种类型的重大改革而出现的精力不济现象，另一方面指高校由于接受多头领导，包括直接主管的政府部门，还受所在省市政府及其教育部门、教育部和高等教育政策、人力资源与社会保障部、发展与改革委员会、财政部、政党和其他各类政治组织（因高校有其衔接部门，如工会、团委、武装部等）的管辖，而要接受、穷于应付这些主体各自推行的不同改革。高校由于条块分割的管理体制，不同的主体各管一块，于是高校的改革很可能在改革的价值取向和政策目标上不一致，政策内容各有侧重，甚至相互打架、冲突，造成改革效力抵消的后果。例如，1998 年我国《高等教育法》第 49 条规定“高等学校的管理人员，实行教育职员制度”，紧接着，第二年就宣布 9 所大学为“副部级”大学，一边立法要实行职员制，一边立即强化官员制，就这样刚制定的教育法实际上被废掉了。还如，近些年发动的高校岗位设置改革、绩效工资制改革、省直管县和去行政化改革，仔细分析推理，也有一些矛盾和冲突。政策冲突，不仅使改革混乱，使得高校和其他的改革参与者、执行者无所适从，而且容易产生抵触情绪，逃避改革责任，使改革形式化而失去效力。

3. 公共政策程序不健全

在我国，还没有建立起一个正式的公共政策程序和民主选举的政治机制，各类利益群体缺乏表达利益诉求的途径和政策参与渠道，难以触发政策议程，难以参与公共决策，难以对决策者施加有效影响。结果，高等教育领域的改革政策，不知道怎么就一下子冒出来了，人们也难以理解为什么要改革，也不清楚怎么改、如何参与，因此，无论在心理上还是行动上都难以接受和配合。如果一项公共政策没有经过广泛的讨论和博弈，各个利益集团的真正需求没有被挖掘出来，这项公共政策取得共识程度就比较低，所以到后边大家对这项公共政策的执行就可能不关心了①。

---

① 田磊：《教育改革：能否超越医改》，《南风窗》2010 年第 7 期。

4. 资源性障碍

有学者认为，高校去行政化改革面临着资源性障碍①：第一大资源性障碍，就是没有撇清高校对整个国家行政体制的依赖，“办”、“管”一体；其次，社会没有系统化设计“依法办学”平台，缺少法律资源保障，例如董事会无法成为一个法律认可的常设决策机构；高校改革中外围“去行政化”的最大障碍是国家行政体制中没有创设“大学特区”。高校缺乏法人制度、章程建设和法人治理结构等法律资源，难以保障高校学术组织的作用，也难以对高校评估、社会监督、党政干预进行法律规范，还使得改革的合法性遭到质疑。

5. 缺乏紧张感，动力不足

从变革心理学的角度来看，改革要发生，首先在内心要意识到改革目标与现状问题之间的差距，从而产生内心的紧张感，最终触发改革的念头和行动来消弭这种落差。“十年树木，百年树人”，反映了教育产出的漫长性、艰巨性，高校的绩效难以量化，因此人们对高校行政化后果的严重性认识不够。就算当前人们对高校行政化的弊端和后果有所觉察，但由于改革目标不清晰，改革效果什么时候出现，如何检验改革的效果和成功与否，都是不确定的，从而紧张感和改革的动力不强。

（五）挑战应对与风险控制

综上所述，我国高校去行政化改革不仅面临着一般的制度变迁困境，而且受到政治意识形态、政治体制及其改革范式等深层的、宏观的外部环境约束，而且实施起来必然遭到既得利益群体的阻挠，同时面临着缺乏共识和紧张感、把去行政化改革上升到国家政策的程序不健全、缺乏法制保障等不利因素。结果使去行政化改革成本巨大、困难重重、动力不足、空间狭窄，改革存在很大的挑战性、风险和不确定性。

为了克服上述挑战和风险，第一，高校去行政化改革需要系统规

① 王苏琪：《高校“去行政化”改革资源性障碍探析》，《黑龙江高教研究》2010年第9期。

划、整体设计、政治挂帅、顶层发动。一方面，要深刻理解和明确改革的政治属性和政治空间，将高校去行政化改革地位提升到事关政治体制改革与公共治理变革、民主法治建设等社会进步与和谐以及国家综合国力和高校竞争力的高度，即上升为“政治任务”的高度；另一方面，在此基础上实行高校去行政化改革由政治领导挂帅、顶层设计和推动的政治进路，将其作为改革的基本路径之一和其他路径的前提，科学合理地选择改革的多元主体，完善改革的政治程序和政策方案，不失时机地供给改革的法治保障。第二，必须进行高校去行政化改革的力场分析，重构改革的动力系统，寻求改革的多元、有力的驱动因素和改革的动力模式。第三，在改革的战略模式选择上，遵循思想解放先行与达成改革共识优先、强制渐进的基本制度变迁方式和改革的政治领导模式。第四，在以上战略模式的指导下，完善改革的实施方法，从不同视角、层面提出并整合改革的政治、预算、人事、组织、伦理与问责等多元路径（后续章节重点论述）。第五，明确后改革时代高校的科学治理结构，将其作为改革归宿，外部以法治、内部以组织文化的形式巩固改革的成果。

三、高校去行政化改革的主体分析与选择

王长乐先生认为，高校“去行政化”的前提是国家级决策者们对大学本质的改变，关键是国家的高级决策层对大学中党政关系本质理解的改变，……大学中的行政化现象，不仅与大学的行政管理制度有关系，而且也与大学中的党委领导体制有关系，由于大学校长是在党委领导下工作的，如果不涉及党委领导体制的改革问题，极可能是治标不治本，行政化问题也无法从根本上解决……高校“去行政化”的突破口是对大学校长实行教授委员会选举或公开选聘[①]。因此，王长乐先生实际上回答了高校行政体制改革的关键主体之一。

（一）明确高校去行政化改革主体的依据

到底谁应该是推动我国高校行政化改革的主体，关键看主体有没

① 王长乐：《大学“去行政化”是一项系统工程》，《学习月刊》2009 年第 11 期。

有变革的动机和推动变革的能力。只有既愿意发动变革，又有权力推进变革的利益相关主体，才能确保变革的成功，这是高校以往管理体制变革的经验教训。高校是典型的多元治理机构，由主要利益相关者构成的举办主体、办学主体、管理主体、评估主体共同组成高校的多元治理主体。对于缺乏去行政化改革意愿的主体，应该由其上级主管部门作为变革的主体，否则一直追溯至最高级别的主管部门和立法机构，作为国家和人民意志的委托者和全民代表者有责任与义务推动高校的科学发展和改革，而且主管部门要通过制度、政策强制性或诱导性地使下级部门有执行和参与改革的动力。对于缺乏改革权力的主体，应该由其上级主管部门授权或确保其自治权，如果上级主管部门也没有这个权力，就需不断追溯直至最高级别的主管部门和立法机构，从而最终确保改革权力的落实。下面通过分析这些治理主体是否有意愿和权力去发动高校去行政化改革，来确定改革的主体。

（二）高校去行政化改革的内部主体

首先来看看利益最直接最相关的内部治理主体——高校党委、校长为首的党政系统、董事会、教授委员会及其主导的学术组织。

关心高等教育的人都知道，我国高校基本制度是党委领导下的校长负责制，并以法律的形式确定下来。1958 年，中共中央、国务院发布《关于教育工作的指示》，出于对新中国成立后实行的校长负责制存在“一长制容易脱离党委领导，所以是不妥的”考虑，文件明确提出，“在一切高等学校中应当实行党委领导下的校务委员会负责制”，从此标志着党委成为大学的最高领导、管理和决策机构。1985 年，中共中央发布《关于改革教育管理体制的决定》明确提出要扩大高校自主办学权，所以有些高校进行了校长负责制的试点。没过几年，1989 年的政治风波则把高校“刮回”了党委领导制，从此便固定下来。从这段简短的历史可以看出，高校设置党委领导体制纯粹是为了在社会主义政权成立初期和 20 世纪 80 年代末国际、国内局势动荡的背景下巩固党的领导、稳定国家政权。在和平和发展作为时代主题的今天，政府首长都可以由非党员担任。显然，高校党委领导体制已经失去了巩固共产党政权的理论根基；何况党委既不是高校的举办主体，也不是办学主体，也没有逻辑成为管理主体。高校内部已经存在的党委并没有权力也没有意愿改变自身事实上的办学主体与管理主体的地位，但要进行高校管理体制改革，解铃还须系铃人。如果此“铃”解不开，一切的高校体制改革都是伪改革，都是治标不治本。如果当初设立高校党委领导体制是出于加强党的领导的考虑，那么也可以进行试点改革，如只实行党代表制，或者把党代表放到董事会中，来确保国家的办学方向。总之，要试着改起来，即使是按照党的与时俱进的思想，以及党的十七大报告中确立的建设民主政治与建立服务型、人本型政府的部署，也要求对高校的政治与行政体制进行改革。

再来看看被人们视为“理所当然”的高校体制改革主体——校长，因为高校是由校长负责的。高校实行党委领导，校长负责。为了实现校长治校，必须确保校长的权责对等，这是高校自治、办学自主的必要条件。要保证校长能够治好校，还必须在校长的选拔和任用上，尽量职业化和民主化，而不能用传统的政治或行政手段产生。无数实践反复证明，一个有较高社会声誉和独到办学理念的优秀大学校长对一所大学的影响是极其重要和深远的。所以，对于一个优秀的大学校长来说，最重要的是，他必须是一位教育家，要在深刻理解教育本质、办学规律和时代特征的基础上有自己独到的办学理念和较强的管理能力，善于面向社会自主办学。所谓校长治校，最根本的就是要以自己独到的办学理念治校。校长的选拔应由高校董事会（或理事会）负责，因为高校作为典型的多元利益相关者组织，董事会理应成为最佳的治理主体。

由此可见，董事会也是高校去行政化改革的主体之一。负责校长的选拔和校内主要组织——校务委员会和教授委员会的成立，掌握办学的大方向并经营重大事务。但目前高校已经存在的董事会，主要属于咨询型的，主要负责筹集资金、辅助决策。所以董事会也必须赋予实质的最高决策权，同时还要改革自身的人员构成，使之不仅仅由出资者构成，还应包括：本校的知名教授与专家及管理高层、校友、政府官员、社会出资者或其派出的代表、社区内有影响力的代表等，甚至包括执政党代表。上述的高校董事会治理机制，包括董事会的职责、权力及主要成员构成需要以国家法律的形式予以保障才能奏效。所以新型的董事会既是改革的主体，也是改革的产物。

高校内部，还有一个改革主体就是学术委员会，因为学术委员会是高校最重要的办学主体。前面已经论述过学术委员会的产生及其结构与职责。学术委员会具有最高的学术决策权，负责成立下设的专门委员会和指导成立学院的基层学术委员会，建立健全学术组织，形成与行政系统制衡的权力，以实现学术立校的根本使命。以学术委员会为主导的健全的学术组织系统防止高校办学自主权充分下放后，又出现以往的“一放就乱”的局面。上述的学术委员会制度也需要国家相关的法律法规和大学章程予以法制保障。

（三）高校去行政化改革的外部主体

通过前文对改革力场和内部改革主体的分析，可以发现，只有通过外部强势压力集团才能改变改革的力场对比，才有改革的可能。这个压力集团只能是国家的代表——政府。政府本身作为合法使用强制性手段和具有垄断权的制度安排，对其他经济、社会组织的制度安排构成了重要的宏观环境约束。作为制度安排的公共物品，一般是由政府供给，这也是政府的基本功能之一。制度经济学家诺斯指出（1981），由政府进行制度变迁和创新，下列情形下最具优越性：（1）当政府机构发展比较严密，但私人市场并未得到充分发展时；（2）当潜在利益的获得受到私人财产权的阻碍，必须依靠政府的强制力量来进行时（如城市规划与强拆）；（3）当制度创新实行之后所获得的收益不归于从事创新的个别成员，这样的创新只能由政府来进行；（4）制度创新涉及收入再分配，减少了收入的居民必定反对时。在高校内部民主政治不够健全、学术权力体系不够完善，改革涉及权力和利益的重大调整，且是向高校的弱势群体转移，这样的改革必然需要政府的制度供给和元政策保障。

根据以上的论述，高校外部的改革主体就已经很明确了。首先是执政党，需要改革高校的政治领导制，转变高校党委的职能，重点行使党内党纪监督职能，而执政党对高等教育系统的领导主要通过党领导下的政府实行的教育宏观调控、教育法律来间接实现；其次是国家立法部门，对高校新型的公共治理机制和学术委员会等学术制度进行立法保障；再次是高校行政主管部门，如教育部门、国家部委和地方政府等，停止干涉高校内部的行政事务，放弃对高校校长的任命权和教育评估权，而只行使宏观的教育规划与指导权、监督权；最后是同时作为高校去行政改革产物的教育中介评估机构（外部教育评估主体），摆脱以往的行政附属地位，负责对高等教育事业发展的协调、监督、检查和服务，维护整个高等教育系统的和谐与公平，改革原有的教育和学术评价系统，建立新型的评价体系和科研衡量标准，从而起到规范学术的作用。

综上所述，我国高校去行政化改革需要高校外部与内部利益相关主体的共同参与，谁也不能替代谁。但不同改革方式及其不同的改革主体规定和实施着大学制度，所以制度变迁方式深刻地影响着大学治理结构的建立，并最终决定着大学治理结构的效率。高校外部改革主体则需要由政府政策与法律强制性地推行和实施，同时涉及我国政治体制的相关改革。在此前提下，高校内部的改革主体，主要采取诱致性变迁策略，先易后难、减少阻力，由局部逐步向整体推进。如果没有高校外部主体的强制性变革，内部的诱致性变革对高校行政化而言只能是治标不治本。

四、高校去行政化改革的战略模式

我国高校去行政化改革不仅要在方法论上遵循多视角、多领域、多层次、多路径、多变量操作的综合多元主义方法论，在改革总体战略上首先要解放思想，达成共识，这是观念前提；改革前期以政治进路为基础，实行政治领导挂帅，进行改革的顶层设计和系统规划；采取强制渐进的基本制度变迁方式。

（一）解放思想，达成新共识

要形成改革的新共识，必须对原有的高等教育管理体制和政校关系背后的旧意识形态松绑，这也是改革开放和市场经济体制改革的基本经验。因此，首先要摒弃传统的对高校的控制理念——认为高校是政治意识形态灌输的场所，是履行统治职能的重要载体；高校也是社会不稳定的源头，必须由政府、政党和校内行政部门加以钳制；公立高校属于国有，是政府的下属单位，也要按政府的架构和套路来运作，以便于和理应由政府直接指挥与控制；政府是全能的、无限的，党政精英是万能的，有能力直接对高校实施管理、干预；高校和政府等公共部门一样，官僚制和层级控制模式在高校也是行之有效的。如果上述这些思想观念大行其道，高校行政化自然在所难免。解放思想，就是要由传统的以人治为基础的政府一元统治型治理和高校内部党政主导的控制型治理观转向以法治为基础，包括民主权利、学术权利、学生权利、社会权利、政党权力、行政权力等在内的多元权力相互依赖的合作共治观，扭转集权体制和官僚制模式的制度惯性，尤其是要认识到大学的价值和学术规律以及大学精神和学术理念之所在。

有学者认为：现行等级森严的高校行政机构、行政化管理模式是计划经济甚至是革命战争时代的产物，与现行的市场经济、知识经济、改革开放已不相适应；大学具有不同于社会其他部门的特殊地位和性质，是研究高深学问和培养高级专门人才的机构，只有在民主、平等、自由的氛围里进行，探究学问、追求真理、培育人才、崇尚学术自由，是大学的本质特征；不能因为社会上仍分行政等级，仍按行政化管理，就认为大学行政化管理永远取消不了。应该看到，必须按教育规律和学术规律运行和管理，不能按行政手段，更不能划成不同等级进行管理①。

解放思想后，自然有讨论、有分歧，接下来就是要达成新共识，形成支持改革的社会舆论和力量，通过新闻媒体和网络、人大会议、政协会议为改革造势，积极影响政府的改革政策议程。就改革达成的共识越多，其相对阻力就越小。当前，首先要达成的主要共识包括：大学的本质和使命，大学中党政关系的实质及其定位；高校去行政化改革的缘由、必要性、可行性和重大意义，需要营造去行政化改革的

① 杨德广：《关于高校“去行政化”的思考》，《教育发展研究》2010 年第 9 期。

紧张感和迫切性①；接下来，主要由教育家、学者和教育管理专家讨论并就改革的内涵、内容与目标达成一致；最后，对改革的战略方案（包括改革主体、过程阶段和时间表、基本途径和方式等）和实施方法论达成共识，直至形成改革的政策和法规。

（二）政治领导挂帅，顶层设计

不仅要在社会上解放思想，达成新共识，更重要的是要在国家政治领导层中进行。在中国，但凡重大的体制改革，没有政治领导的支持和挂帅，没有改革的顶层设计，是不可能发生的。高校去行政化改革具有政治属性，不仅涉及教育管理体制，还牵涉政治及行政体制等一系列政治问题。

无论是高校去行政化改革的目标、内容、性质还是方法与过程，改革都无法掩盖其政治属性。然而，很多人将高等教育体制改革视为单纯的去行政化、去官僚化的技术处理，顶多也涉及处理政府与高校的关系，即高等教育与行政体制改革，未能深入触及高等教育政治体制改革。这种处理一方面回避了在中国目前政治状况中难以处理的政治难题。对于目前中国来讲，难以处理的政治问题既体现为政党意识形态与社会运行状况的直接对峙，又体现为国家权力的合法性重建与社会权利诉求的正面冲突，还体现为国家的伦理资源亏空与社会普遍的怨恨情绪集结相形而在②。另一方面，单纯的行政管理视野中的高校内部行政管理制度改革或政府教育行政体制改革，可以在简单得多的技术范围内来谈论，因此，往往成为理论界和官方谈论我国公立高校体制改革的共同选择。这样便可以在诸如决策体制、组织结构、领导作风、行政流程、问责与评估、信息公开等问题上阐释高校管理体制需要改进的问题，而不是将相关的政治、行政体制改革作为去行政化改革的前提。在当前的教育政治体制下改进高等教育行政体制，或

---

① 从管理变革和领导学的角度看，信念或精神是改革的重要驱动因素之一。全球著名领导学大师约翰·P. 科特认为，营造紧张感，从而就改革的必要性达成共识，是改革的第一步。

② 任剑涛：《中国政府体制改革的政治空间》，《江苏行政学院学报》2009年第2期。

在当前的教育行政体制下改良高校内部管理体制，即承认高校外部领导与管理体制的正当化、合法化。高等教育改革政策频频推出，如信息公开化、管理信息化、合同聘用制、党政办与校长办合署办公、岗位等级设置、绩效工资等。尽管这些技术层次的改革政策容易推出和实施，但永远是治标不治本。历次高校改革并没有触及高等教育体制的核心问题——政府的统治型、管控型领导体制和内部管理体制的核心问题——权力配置问题，这就是我国高等教育体制改革的政治困境。

邓小平曾多次强调："我们所有的改革最终能不能成功，还是决定于政治体制改革。"① 我国政治与行政体制的一些顽疾在高校中一个都不少，只不过表现形式不同而已，甚至在某些方面更为严重。因此，我们不得不从政治主导行政的视角重新审视我国高等教育行政体制和政治体制的改革问题，必须把高等教育体制改革看成中国政治体制改革的一部分。政治体制改革不推进，高校体制改革的名目和形式无论怎样，都是"换汤不换药"。行政技术路径的高校去行政化改革并不能保障大学成为真正意义上的大学，政治体制改革不推进，大学的体制改革最终会流于形式。

无论是高等教育的政治、行政管理体制改革，还是高校内部的权力配置调整，不仅要解放思想，更需要国家政治领导高层的认可、支持和挂帅的改革领导机构，使得改革具有政策和意识形态方面的合法性，否则谁也没有这样的勇气、胆量和能力去推动改革。如此的改革自然需要顶层发动、顶层设计、自上而下地推进。

（三）强制渐进的基本制度变迁方式

高等教育体制改革无法像经济体制改革那样，通过双轨制与补偿、体制外改革与增量改革的方式，实现帕累托改进，或诱致性变迁，先易后难；而是涉及政府与高校、高校内部行政与学术间权益的重新分配，只有通过改变权益分配，使某些利益方的权益受损，才能提高高校的产出效益和改进社会整体福利，即非帕累托改进。因为一方面这些权益的

---

① 《邓小平文选》第3卷，人民出版社1993年版，第164页。

重新分配接近零和博弈，一方权益的增进以另一方权益的收缩为前提；另一方面，尽管这样的权益重新分配使社会总福利有所增加，因为改革有利于高校公共价值的实现，但难以通过得益方（如高校学术系统及人员）或社会对改革受损方补偿，通过受损方赎买权益的方式实现权益的重新分配亦不可行。因此，在当前国家的政治、行政体制和高等教育管理体制下，高校体制改革陷入了相对僵持状态。由体制相对僵持进入到改革过程，有两种改革形式：一是强制，既可能是政府自上而下地强制高校改革，也可能是高校内部的学术和民主力量迫使高校改革；二是让利，即政府或高校行政系统出于形势所迫，主动让出部分权利，才能避免损失更大，让利接近于诱致性变迁，其动机是损失最小化。让利的前提是创造让利的“形势”，即力场。

无论是强制还是让利，高校去行政化必然触及高等教育政治与行政体制改革。改革实际是体制的变迁，权益的分配、冲突及其解决主宰着制度变迁的过程和命运。制度变迁的核心问题是权力的重新界定和相应利益的调整，是一个包含着具有不同利益和不同相对力量的行为主体之间相互作用的政治过程，制度变迁的方向、速度、形式、广度、深度和时间路径完全取决于行为主体间的利益一致程度和力量对比关系，任何一种均衡的实际制度安排和权利界定（包括重新安排与界定）总是更有利于在力量上占支配地位的行为主体集合，力量对比关系的变化超过一定阀值，必定导致制度安排和权利界定的变化。当存在高度集权的政体和不完善的政治市场时，那些潜在或公开获得社会多数成员支持的制度变迁在现有政治秩序下稳定推进，是以掌握最高决策权的核心领导者的偏好及其利益与制度变迁的基本取向二者之间的平衡为前提的。即体制改革要以核心领导者的效用最大化为前提，如政治权威和地位得到巩固，社会支持度提高或政治反对力量减弱①。

创造让利形势的前提——力场重构，本身需要强制的力量。因

---

① 胡汝银：《中国改革的政治经济学》，载盛洪《中国的过渡经济学》，格致出版社2009年版，第67—68页。

此，高校去行政化改革必然需要高校中的主导集团或外部的强势压力集团对制度安排进行创新和调整，迫使主导集团收缩核心制度的覆盖范围，在核心制度之外发展出一套更有效率的边缘制度安排。强制的制度变迁也需要以渐进的方式去实施，“在稳定环境中去实施改革，通过改革实现更稳定的发展”，也是我国改革的意识形态和路径依赖。渐进改革具有比激进改革更多的优势，高校去行政化改革作为复杂的系统工程，也需要按规划、分阶段、有步骤地实施，尤其是高校内部组织文化的变革，更不可能一蹴而就。因此，我国高校去行政化改革必须以强制渐进的基本制度变迁方式为主，融合其他的制度变迁方式和实施方式。

五、高校去行政化改革的实施方式

在明确了我国高校去行政化改革的目标、内容、改革主体、基本思路和主要制度变迁模式后，改革的实施就变得尤为关键。尤其是作为高校全面体制改革的去行政化改革，其牵涉面之广、改革力度之大前所未有，其复杂性、艰巨性可想而知，因此这项系统工程必须有一套明晰的实施构架和科学的系统实施方法论。

改革的实施方式即改革所采取的形式、顺序、速度、路径、突破口等的总和。根据制度改革的形式及其主体，分为强制性和诱致性；根据改革的顺序，可分为自上而下和自下而上；根据改革的速度，可分为渐进式与突变式；根据变革的路径与突破口，可分为全方位推进式与重点突破式。

由于不同改革方式及其不同的改革主体规定和实施着大学制度，所以制度变迁方式深刻地影响着大学治理结构的建立，并最终决定着大学治理结构的效率。第一，强制性变迁是由政府命令与法律引入和实现的变迁，其主体是国家或政府。强制性制度变迁方式有较多的好处：在制度实施和组织成本方面都具有优势；第二，政府能凭借其强制力、意识形态等优势以弥补由于外部性和“搭便车”问题而导致的制度供给不足；第三，强制性变迁及时、迅速、见效快，能缩短制度变迁的时滞和起到立竿见影的效果；第四，可控性比较强，由于变迁是政府主导的，其变迁路径、变迁方向、变迁的程度都在政府的预期内，政府比较容易控制；第五，不涉及决策者利益的制度安排易于出台。但强制性变迁由于其方式的强制力和“暴力潜能”，容易引起抵制，而且还面临着统治者的有效理性、意识形态刚性、官僚政治、集团利益冲突和知识局限等问题的困扰。

诱致性制度变迁指的是现行制度安排的变更或替代，或者是新制度安排的创造，它由一群人在响应获利机会时自发倡导、组织和实行①。尽管中国大学治理结构进行了近半个世纪的强制性制度变迁，但随着时代的发展，新的制度框架上还没有完全到位。因此，大学治理结构的强制性制度变迁还没有完成预期的任务，还要继续发挥强制性制度变迁方式的主导作用。但经过几十年的发展，高校治理主体已从单一的政府主导发展到大学主体的多元治理体系。政府的地位和职能也发生了变化，这需要重新界定政府在强制性变迁中的方式及作用领域。随着高等教育的发展和高校办学自主权的逐步落实，我国大学治理结构的诱致性变迁将日臻成熟。为此，政府在具体管理行为方式上必须要进行调整。治理理论更加强调协商、交流、合作和多元的互动管理方式。据此，政府应由以行政手段为主的“干预”和“包揽”式的直接管理逐步走向以宏观调控为主的“规范”和“协同”式的间接管理，主要依靠法律调控、经济调控、信息监督调控、质量评估调控等方式来保证大学治理结构的活力和效率。

大学治理结构的诱致性变迁的改革主体来自高校内部，主要包括高校行政高层、专家学者、学生等。这些行为人通过分析发现或认识到某种制度安排有潜在的利益，就推动或者影响上级政府，上级政府也以同样的方式影响它的上级政府，直至决策安排好制度。因此，要进行诱致性变迁，就必须首先落实大学校长治校的地位，加强基层治理主体的塑造，培育健全的学术组织。最后，有效的制度实施机制也至关重要，要注意制度的可行性、可操作性及其运行成本；保障制度

---

①　林毅夫：《关于制度变迁的经济学理论的诱致性制度变迁与强制性制度变迁》，载盛洪《现代制度经济学》（下卷），北京大学出版社2009年版，第280页。

的权威性和严肃性；防止个人或领导凌驾在制度之上，尽量减少人为的改动余地。

在高校去行政化改革的实施方法论上，主要采用强制性变革和诱致性变革相结合，以强制性变革为主的方式；还要实行自上而下和自下而上相结合，以自上而下为主的策略；渐进式与激进式变革相结合，以渐进式为主的方式；以及全面推进，多元重点突破的策略。

在采用自上而下的实施策略时，要从整体上协调和规划，由全面到局部、由长远到近期，统一规划、统一部署，因此整体性和逻辑性强，但任务复杂烦琐，推进难度大。与自下而上的实施策略相结合，可以先易后难、减少阻力，然后逐步向高级推进，能保证最终的系统可以运行，如高校的文化变革、基层学术组织的重构等。

激进式改革采取迅速而果断的行动，一步到位安排预期制度，然后在短时间内强制性地推行和实施下去，这期间不经过任何“试点”和“试验”[①]。因此，一般有强势主体来推行，达到雷厉风行的效果。就高校目前的现状来看，校长受到党委的牵制，很难有大动作，所以也只能依赖外部主体的强制性变革。渐进式的制度变革侧重非正式制度与诱致性变迁，这样制度变革过程相对平稳，新旧制度之间的交接轨迹平滑，不易引起大的社会震荡。渐进式变革适合高校内部行政和学术运行机制的慢慢转型和完善。比如，在去官僚化时可采用激进的方式，但在民主化，然后是人本化、柔性化的过程中还需进行渐进式变革。

高校去行政化改革是一项复杂的系统工程，制度变迁要在政策层次、组织层次和操作层次等多个层次全面推进，还要在关键环节上取得突破。在建立非行政主导的高校多元治理机制时，要确保高校自治与法治化，就须在法律上保障有足够学术代表席位的董事会成为主要相关利益者的组织并有最高的决策权；在建立高校内部管理体制时，在制度上要确保校长治校、学术独立自治和学术委员最高学术决策权

---

① 刘文革：《强制性制度变迁——“俄罗斯转轨之谜”的经济学解释》，黑龙江人民出版社2003年版，第57页。

的落实。因此，相应地在组织结构的设置上，重点是健全完善学术性组织及实施高校行政机关的精简与扁平化改革；在人事制度改革方面，首先是校长的职业化，其次是行政人员的专业化、职员化与服务性提升。在评估体制方面，关键是摆脱政府主导的教育评估制度，建立价值中立的独立性教育评估中介，其次充分发挥学术委员会的内部学术评价功能；另外对行政人员实施的以顾客导向的民主绩效评估对于去官僚化、民主化和人本化改革十分关键。最后，要深刻认识到高校去行政化改革实质是一场大学组织文化的变革，其中要以秉承大学理念、崇尚大学精神的精神革命为核心，以制度文化建设为前奏，还要利用各种机会，在各种场合，以多样化的形式进行物质文化建设，不断撒播民主、自由、科学、进步的种子。

第五章

高校去行政化改革：伦理视角与问责途径

第一节　高校去行政化：伦理途径及其必要性

人类的任何行为都是涉及伦理价值取向的有意识的行为，无不受到价值观和伦理道德的影响和制约。从这个意义上讲，人类态度和行为的转变、社会与组织的变革都必然要经过伦理的途径。自 20 世纪六七十年代新公共行政运动促成公共行政核心价值的形成，伦理价值作为公共行政领域普遍接受的价值观，不仅是行政行为评价的重要依据，而且对伦理价值的反思与转型也成为行政改革的必由之路。

一、伦理途径对于高校去行政化的必要性

（一）高校行政伦理的地位与功能

高校行政是高校内部管理机构和人员对各项教育教学工作及其辅助事务行使计划、组织、协调、控制等职能以有效地实现高校使命、目标和职责的过程。高校行政行为也必然涉及伦理问题。首先，高校行政主体无论对行政目标的确定、决策方案的选择及其标准设定、资源的配置或是管理方式、风格的选择都是管理者在一定的道德意识的支配下的伦理价值选择的自主行为。其次，高校行政的实质是对高校利益相关者权益的协调，如何协调好高校与社会、高校与政府之间的外部关系以及高校内部二级学院之间、高校与二级学院、行政职能部门之间、行政上下级、行政与学术、教师与学生的关系，必然要接受诸如公正、平等、民主、人道等伦理价值的指导和规范。再次，高校行政不仅是执行国家教育法律、政策和高校重大决策的过程，也是一

个实现高校伦理价值的过程。高校作为一个精神实体，承担着人类伦理精神的创新、人类文化的传承使命，其责任和使命构成大学的伦理特征，因此高校行政行为不能没有伦理道德的指导和约束。最后，高校行政的伦理化符合高校学术本位的基本要求。高校以知识创新与传承作为自己的核心使命，高校教师知识渊博、自尊心强，喜欢在民主、自由的宽松环境中进行知识创造与人才培养，因此只有富有伦理化的行政管理才能激发高校教师工作积极性和学术潜能。总之，高校行政伦理既是高校和谐、科学发展与使命实现的需要，也是证明高校行政自身存在价值的需要。

责任是伦理学的一个关键概念，行政责任是行政伦理学的核心价值和终极追求。行政责任由意识形态的和专业的规则构成，行政责任发自一种忠诚的服务态度，对于这种态度的形塑，官员的伦理观念是十分重要的因素①。由此可以看出，行政责任是主观的也是客观的，其价值是忠诚的服务，伦理观和主观责任十分关键。主观责任实际上就是行政人员的“伦理自主性”或称为“道德责任”，是对职责和义务的情感和信仰②。由于客观责任规则的不完备、责任履行的委托代理问题，使得客观责任的功能发挥受到限制。因此，只有建立在坚实的主观责任的基础上，客观责任才能真正发挥作用。然而，在高校官僚制及行政化的轨迹中，高校行政陷入了伦理困境，价值观扭曲，道德沦丧，行政责任无法有效地履行。高校非行政化改革的实质就是发动一场深入持久以公共行政精神为核心的行政伦理文化与制度的转型。推动高校非行政化改革，就是要变革传统的行政型的官本文化，向高校自治与法治、学术独立与自由以及管理民主与柔性化的人本伦理文化转变。

（二）高校传统行政的伦理假设与转型目标

高校传统行政面临的官僚政治控制、责任文化残缺、民主沦丧、

---

① Marx. F. , *Public Management in the New Democracy* , New York: Harper & Brothers, 1940, p. 251.

② Terry L. Cooper, *The Responsible Administrator: An Approach to Ethics for the Administrative Role* (5th edition), New York: John Wiley & Sons, Inc, 2006, pp. 81—95.

单位制等困境，不仅扭曲了行政与学术的合理关系，而且致使高校行政的应有价值沦丧，行政专制横行、腐败丛生，行政人员已越过了道德底线，其伦理自主更是无从谈起。教育管理的目标本身应该是充满道德关怀与伦理指向的，教育管理的教育性决定了它不可能没有基本的价值立场和道德取向，决定了它不应当蜕变为纯粹的专业技术化和职能化的活动，因此，教育管理的道德价值向度和公共伦理精神不仅应该成为管理者的实践追求，更应该成为教育管理研究的一个重要领域①。因此，必须在深刻反思高校传统行政的伦理假设的基础上，实现向高校非行政化的管理转型（见表5－1）。转型的伦理途径，首先需要在信仰、价值观方面重塑乐善好施的高校公共行政精神，并在伦理制度上予以保障，最后把精神和制度文化落实在行政态度和行为上。

表5－1　　　　高校传统行政的伦理假设与转型目标

	高校传统行政模式	高校非行政化的管理模式
行政定位假设	政府派出的行政机构、官本位，追求预算最大化	高校学术机构的服务保障机构、服务学术为使命、因学术需要而存在
对学术的假设	学术是党政系统的执行机构、下属机构	学术本位、学术自治、学术自由与创新
行政价值观	统一、稳定的秩序，经济效率，程序合法	公正、平等、民主、学术为本、忠诚服务
行政人员态度	唯上是从，不求无过，服务冷漠、僵化	积极主动、诚恳负责、人性味、尊师重教
制度基础	官僚制、单位制、计划经济体制	民主制、现代大学制度、市场机制
管理方式	以控制为核心、专制、指令式、政治操纵	民主、法治、柔性、协商、服务型管理
权力对比	党政权力独大，包揽一切	权力制衡、权力协作、知识权威
责任方向	对行政主管负责，对本部门负责	对国家、社会的义务和对高校使命负责
监督与问责	自上而下，形式化，以责任追究为目的	非行政主导的多元监督主体，社会问责与民主问责相结合，以履责和绩效为目的

① 郅庭瑾：《教育管理制度伦理问题研究》，《华东师范大学学报》（教育科学版）2006年第12期。

二、重塑高校行政的精神

高校行政精神是高校行政机构及其行政人员共同认可的行政理念和长期形成的行政风貌，是行政人员履行责任所表现出来的优良品质，体现了对高校行政的价值判断和核心信念，是高校行政文化的精髓和灵魂。高校行政精神是对大学精神的延伸和承接，从深层次决定着高校行政的宗旨、目标和管理模式。当前，我国高校面临最大的挑战就是高校行政精神乃至大学精神的衰微。因此，重塑高校行政的精神必须实现以下几个方面的转变：

一是由专制型行政理念向民主参与型的理念转型，建立民主、公正的高校行政精神。推进社会民主化进程是高校的社会责任，但必须首先用民主的价值来改造高校自身，用民主的精神来支配整个高校行政制度。民主的价值观和伦理规范是高校一切行政价值的基础，是高校相关利益方最有效的权益诉求机制。民主的高校行政精神主要体现在：高校的主要利益相关方，如教师、学生，参与决策并能实现与行政系统平等的互动、协商；在权责关系上，确保权责对称、权力制衡、平等监督，即实现民主的供给与需求平衡；在高校行政系统内部，上下级之间、平行部门之间的平等协商、互相尊重、协调配合。

二是由统治型行政理念向回应需求并提供柔性服务的顾客需求导向型行政理念转型，回归高校行政的服务精神。公共行政的精神意味着对于公共服务的召唤以及有效管理公共组织的一种深厚、持久的承诺①。服务性是现代行政的本质属性，是当代公共行政改革的普遍趋势，更是高校行政的根本价值所在。服务精神要求高校行政人员放下高高在上的作为统治者的架子，站在国家、社会和高校的立场上，突出高校的学术本位，强调对学术需要的积极回应和柔性服务，切实提高服务效率和服务质量。

三是由官僚政治操作向契约型治理转向，建立公开透明、崇尚法

① ［美］乔治·弗雷德里克森：《公共行政的精神》，张成福等译，中国人民大学出版社 2003 年版，第 178 页。

治的高校行政精神。契约理念是现代公共行政文化最突出、最基本的反映，其根本主张是主权在民、人人平等，即权力的合法性基础是人民对部分权力的让渡，而不是为某一阶级或集团所独享。它强调人格独立、权利平等、科学理性、民主法制、社会责任，力主消除任何不受法律限制的公共行政权力。高等教育法律、法规与政策和高校内部的规章制度成为高校行政的基本框架，有助于消除高校“人治”行政与官僚政治操作的传统陋习，促进高校行政不断地走向廉洁、高效、透明、公正的法治型轨道。

四是由行政化的单向治理向多元治理转型，发扬高校行政的公共精神。作为公共组织或承担公共职责的非营利组织，无论是公立大学还是私立大学，都是典型的利益相关者组织，不同的利益相关者都有自己的权利和需求，任何个人或组织都不具备对大学的单独控制权，而只能由利益相关者共同治理。利益相关者的多元治理本身是一种伦理机制，不仅有助于实现各方的权益诉求，而且有助于发扬高校行政的公共精神和公共责任的履行。

重塑高校行政的精神是一个漫长的循序渐进过程，不仅要深入持久地进行，而且要注意把握好以下原则和方向：

一是坚持大学使命导向，使高校行政精神承接大学精神。作为学术性组织，“大学的精神既是前进的动力，也是大学发展所积淀的精髓和灵魂。……从普遍的意义来看，大学的精神主义体现为自由精神、民主精神、科学精神、创新精神和民族精神”①。高校行政的精神革命要求行政人员在对待工作、对待师生、对待大学和国家的义务上，恪守一切为了学术、一切服务于学术，最终服务于学校和国家的价值理念。

二是重塑高校行政价值观，实现官本位向学术本位的伦理转变。重塑高校行政价值观需要从根本上思考高校行政的存在逻辑，正确定位行政在大学终极价值实现中的从属地位。高校行政系统的建立和运行，必须以人才培养与学术进步为出发点和归宿点，以保障高校功能

---

① 肖海涛：《大学的理想与文化素质教育》，《高等教育研究》1998 年第 5 期。

的发挥和大学理念的实现。因此，一切以学术使命为本，应是高校行政的终极追求，是高校行政的信仰，也是其价值所在。

三是培养高尚的行政人格和行政风范，实现由趋利避害的自私自利型行政风格向乐善好施的利他主义的行政风范转型。公共行政的精神是建立在对所有公民乐善好施的基础上，公共服务是爱国主义和乐善好施的结合体。实现真正民主的必要条件是公民和公务员要有一种对他人的广泛而积极的爱，即要有一种乐善好施的意识。没有它，用来确保政体价值的就只有职业主义、利己主义的动机[①]。同样，高校行政的精神建立在对所有利益相关者，尤其是学术系统的乐善好施基础上，而不是一味追求权力和一己之利。

四是培养高校行政人员的道德修养和德性，这是重塑高校行政精神的初始条件。高校行政人员自身的道德修养在提升人格境界、实现伦理自主方面起着关键作用。如果没有行政人员的道德修养，再好的外部控制也难以起作用。行政人员的德性是高校德性的一种重要体现和组成部分，而有美德的大学，才是理想中的大学，才能受人尊重，才能经得起社会变迁的洗礼。

三、健全高校行政伦理制度

高校行政的重要功能之一，就是伦理制度与伦理文化的建设。制度的强制性是对行政职业道德的有力保障，一套完整的行政伦理制度、规范与行政伦理立法，是制约行政权力运行过程中的负效应和权力滥用的外在力量，是实现行政责任的必要前提。伦理制度还具有价值导向作用，可以从道德认知上引导行政主体接受制度倡导的价值原则，从源头上约束行政官员的价值选择。当前，健全高校行政伦理制度主要从伦理自主的组织救济制度、民主制度、责任与纪律制度、监督与问责制度入手。

① ［美］乔治·弗雷德里克森：《公共行政的精神》，张成福等译，中国人民大学出版社2003年版，第176—178页。

（一）伦理自主与组织救济制度

高校行政人员的自主性是摆脱外在强制、脱离奴性自我的根源，是自主价值选择、承担道德责任的保障。伦理自主需要通过制度和体制层面的完善以及道德自主性的培养来实现，但必须正视大学官僚制对伦理自主产生的压力和威胁。首先是官僚政治控制和单位制，使个人的职业前途、收入、安全感都将受到影响；其次是团队合作的伦理困境，伦理自主被视为对高校单位的不忠和行政系统的威胁，因为在高校这样的公共组织中，保持良好的印象被认为是最重要的事情；再次是官僚制道德准则困境，高校行政人员经过多年努力才爬到中高层岗位上，他们很难反对上级权威部门的非法的、不适当的行为及权力滥用；最后是代理转换，通俗来说，就是上级行政主管或行政制度让我选择了行为方式，所以责任由主管或制度本身来承担，即官僚制委托代理关系中的独裁统治和工具理性开脱了代理人的罪行。

实现高校行政人员的伦理自主，一方面要建立法律和法规机制以限制组织的权力和保护个人行使伦理自主性的权力，即对个人权利和个人意识提供法律和制度的保护，同时要加强道德立法，使得行政人员有法可依，摆脱主观随意性。另一方面必须完善组织救济制度和途径。如决策回避、复议与申诉、检举投诉等制度和措施，建立并完善一整套举报人保护制度，对敢于指出危害及破坏公共利益的行政行为及主体给予必要保护，以防遭到打击报复，并鼓励对不法的高校行政行为的检举揭发。此外，还可以从以下几个方面努力：培养一种超越高校“单位”的身份认同，即限定自己对高校或本部门的忠诚，以系统的方式、更广泛的视角去考虑其他角色、其他义务、其他个人的自我实现需求及其他合法的权益；有必要对高校使命进行界定并培养道德原则性思考能力和组织内外的自我意识，包括：价值观、权力、需求、职责和义务。

（二）高校行政民主制度

责任政治必然是民主政治，因为独裁政治无法实现公共责任和利益相关方的权益。民主的政治体制是形成良好的行政伦理的关键；健全的民主政治与健全的行政伦理是一同发展起来的，它恰恰就是对政府组织权力垄断没有产权约束、没有市场约束的一种迄今人类所能够构建的，同时也是十分有效的组织和制度安排①。行政民主、分权制衡的高校行政制度为大学人提供了一种能够平等参与决定他们需要什么样的正义、自由、平等以及实现这些价值的具体方法。高校行政民主制度首先要明确高校的主要利益相关方参与决策的合法权力和常规组织结构，以及投票选举、监督问责、绩效评估的权益诉求机制。其次是实现权力制衡，即以权力约束权力，打破行政权力垄断。权力垄断妨碍公平、创新、高效和责任的履行。权力制衡机制包括：第一，高校行政与外部监督和问责主体的权力平衡，主要通过教育法律法规来保障；第二，高校内部行政之间、党政之间的权力制衡，通过民主投票、授权与决策参与、竞争上岗、自下而上的民主问责与评估、基于绩效结果的财务预算与人力资源管理决策来实现；第三，也是最关键的，是学术权力和行政权力的制衡，通过大学章程、组织结构、决策机制、问责与监督机制来保障。因此，要健全学术组织，明确其决策权力和决策机制，完善学术组织管理的范围、形式与渠道，健全学术人员对行政机构和人员的民主监督。

（三）责任及监督制度

在责任制度方面，首先需要合理划分政府与高校之间、高校内部党政之间、高校行政与学术之间的权力边界和责任体系，进一步明确高校行政各部门和各岗位的职责体系。尤其是在高校内部，健全学术组织机构，明确其决策权力、范围和决策机制，完善学术组织、民主组织参与管理的形式、渠道与便利措施，实现行政与学术各司其职、各守其责、权责对等的善治局面。其次，需要制定高校行政的服务准则及服务质量保障实施办法和行政责任的激励制度，完善高校信息公开的执行规范和高校内部的竞争上岗与淘汰制，以激发高校行政人员积极主动地履行职责。最后，需要将制裁手段和惩罚措施落实到行政人员个人身上，以减少大学官僚制造成的伦理自主压力。在监督制度方面，第一，要完善非行政主导的社会监督与问责制度，完善社会监

① 董建新：《解析行政伦理》，《暨南学报》2004 年第 3 期。

督与问责的具体形式、渠道和便利措施。第二，在高校内部要落实民主评估与问责的机制，通过360度的民主评估来取代行政化的传统评估机制，同时增加同级、下级和顾客的话语权，实际上从不同向度增加了责任履行的压力。第三，加强对高校的国有资产、财政收支预算、重大经济活动的资金使用的监查审计，并追究相关经济责任人的责任。总之，一方面通过健全法治与责任体系、新型大学治理机制等制度和信息披露、民主行政、竞争与制衡、新型人力资源管理制度等保障机制，实现制度自动自发地监督与问责；另一方面通过内外部控制和激励，实现高校行政主体通过汇报、通报、述职、发布会积极主动地接受监督与“报告”责任，主动地证明自身的责任履行情况和绩效。

四、将行政伦理转型与建设付诸实施

行政伦理转型与建设绝不能停留和局限于行政精神弘扬和伦理制度建设的层面，还必须加强高校行政人员的道德修养和责任意识培养，最终必须通过看得见、摸得着的行为及物质形态表现出来，组织范围内持久的、连贯的、一致的行为才能逐渐形成文化传统和伦理规范。其中，最关键的就是行政民主运动和行政服务运动。

（一）培养高校行政人员的责任意识，加强道德修养

行政责任的实现首先依赖于行政主体的责任意识，行政人员所承担的外在制度安排都要通过内化为道德责任意识，从而支配他们的行政行为。何况，现有的行政伦理制度既不完备也不能自发地监督、制约。因此，应将培养个人责任感作为公共服务伦理学的最后防线，因为当组织目标严重偏离了法律的要求且公众利益也被私人利益取代时，最后捍卫民主、反对腐败和违法行为的就是公务员个人的负责任的行为①。行政责任意识的存在，决定了行政人员履行责任的道德自觉性，从而使行政责任得以实现。行政责任意识主要来源于高校行政

① Terry L. Cooper, *The Responsible Administrator*: *An Approach to Ethics for the Administrative Role* (5th edition), New York: John Wiley & Sons, Inc, 2006, pp. 228 – 244.

人员所具备的良心、责任感、道德水平，必须通过组织系统学习、责任道德教育、作风建设等具体途径来培养。

一是加强对高校现役行政人员的知识学习，包括高校行政管理知识学习和跟业务实践相关的专业知识学习。高校管理是一门综合性的应用科学，然而行政人员的专业五花八门，却没有像教师那样被重视继续教育与培训。因此，包括“双肩挑”在内的绝大多数行政人员都没有接受过系统的行政管理知识学习，对高校运行和管理的规律缺乏科学的认识，对现代行政的服务本质缺乏深刻的领悟，对高校行政的价值和使命缺乏深入的理解，其后果是可想而知的。二是要面向未来，把握好高校行政人员的流动关。在高校行政人员的招聘与选拔、绩效考核与晋升、调岗等方面，通过信息公开、民主程序注重考察其民主作风、道德责任和服务意识等综合素质。三是注重高校廉洁高效、公正民主、服务为本的行政文化转型与建设，通过典型事例和人物的宣传，以及创造与提供与之匹配的物质环境，以此教育、熏陶、感化一代又一代的高校行政人员，使之接受高校新型行政文化的社会化。四是广泛开展高校行政人员的自省自查工作，通过自我管理、自我激励、自我改造达到自我实现的较高道德境界。将高校行政人员的道德修养培养与具体工作实践紧密连接，及时纠正工作中的错误倾向与不正之风，尽力排除影响伦理自主的压力和威胁因素。五是高校领导干部要以身作则、身体力行，发挥好模范带头作用。这一点十分关键，因为高校领导的人格与作风作为高校行政文化的源头，容易成为高校行政文化转型的风向标。

（二）广泛、深入、持久地开展民主运动

高校行政民主是建立现代大学制度的前提之一，是高校推动社会民主化进程、履行社会责任的条件，也是高校弘扬民主价值和民主意识的短板。前文也较大篇幅地论述了高校行政民主的重要地位及其制度安排，这里仅从实施层面进行补充。高校开展行政民主运动，第一，需要从改变衙门式的行政方式和领导的官僚习气入手。高校衙门式行政模式和官僚作风的典型特征是：自上而下的指挥与层层节制，“官大一级压死人”；自下而上的请示、汇报，办事拖沓，“是领导要求这么做的”成为行政人员的口头禅；成天文山会海，却难入正题、不求效率；越是最高的领导越是最后到，好像领导等下属很没权威，迟到时间与级别成正比；领导出行讲排场，前呼后拥；专制独裁，暗中操纵，排除异己，山头政治，发展裙带关系；接待领导讲规格，大操大办；行政系统二天一小宴三天一大宴、歌舞升平；办公环境与条件配套的优越性与行政级别成正比，不少高校的科长都有自己的独立办公室，但教授、博士却没有。衙门式行政模式和官僚作风的扭转，将具有重大的震慑力和影响力，是民主运动最强有力的发动信号。因此民主运动应该从这些看得见的行为、态度和物质环境的变革开始。第二，根据高校行政的职责，按有限行政的原则，在行政与学术之间合理分权，在行政系统内部合理授权，充分调动学术人员和中下层行政人员的积极性。第三，完善决策参与的方式与途径，健全投票选举机制，确保参与型管理中的平等协商与对话。第四，促进高校党政人员（尤其在二级学院和党委系统）能进能出、能上能下的流动和调岗，完善其任职周期与换届选举制度、任职回避与决策回避制度。第五，有效执行国家有关高校信息公开的法律、政策要求，陆续实行“三公”经费的开支信息公开，确保监督者的知情权；切实完善校外社会监督与校内民主监督的具体途径、渠道和形式，为其监督、评估与问责提供便利条件；不断完善、落实高校利益相关方的权益诉求机制，当面临行政争议或行政侵权时，由高校内部的权威机构、民主管理机构或学术机构与当事人的协商来代替行政单方面的指挥、控制，基于谈判、协商、信任来进行调解、复议、仲裁，以回应各方的权益。第六，高校行政领导风格的转型，要切实做到以人为本，关心和爱护下属，要多倾听民意，重视来自中基层的声音，卓有成效地全面开展服务运动。

（三）卓有成效地全面开展服务运动

高校行政因服务需要而存在并在服务中实现价值，可以说服务性是高校行政的本质特征。但高校行政普遍缺乏服务规范、服务条例与服务质量要求，而且更加缺乏的是服务精神、服务信念、服务的心态和对服务的承诺行动。因此，在高校行政系统全面开展服务运动之前，要解决两个基本问题：一是服务宪章，即建立高校行政服务的制度规范、质量要求和实施细则，使行政服务也有法制保障；二是建立健全行政服务激励机制，并通过对行政服务的宣传与动员、教育与培训，不断培育高校行政服务的价值观、信念的态度。卓有成效地全面开展服务运动就是要形成这样一种行政服务格局：行政服务学术，上级服务下级，教师服务学生，学校服务社会，从而全面履行服务职责；人人是服务员，人人能提供满意服务，人人又能从服务中受益的高校服务型行政文化。以下是对高校开展行政服务运动的几条建议：一是以民主制度为保障，并与民主运动相结合，在全校范围内开展民主服务运动的大讨论，通过集思广益、民主建议，探讨、健全与创新高校行政服务的形式、渠道与便利条件；二是通过宣传动员和对服务经验、教训的总结学习，始终弘扬主动服务、柔性服务、及时服务、动态服务的精神，灌输在服务中尊重他人并以此得到他人尊重的行政服务价值观，以及提供多元化与个性化服务，在服务中不断互动与反馈、学习与提升的服务态度；三是通过行政服务组织和业务流程再造，既精简服务流程、等待时间和服务成本，又增强服务的响应度和柔性化，积极运用信息技术和管理信息系统，整合门户网站、高校政务信息系统和其他职能系统的功能和结构，实行电子服务之间及其与人工服务的无缝链接，切实解决好高校存在已久的电子系统与手工系统分工与并存、回转与衔接的问题，同时还要尽力实现物理环境与网络环境中的一站式办公、人性化服务；四是通过开展服务竞争与淘汰、服务检查与监督、服务评价与评比运动，行政人员任职时实行服务承诺与保障，而任期满或年度考核期进行述职，确保服务责任的履行；最后，以民主、高效的方式完成对行政服务的监督、调查和评估，如网络评价与满意度调查，并能根据服务宪章的奖惩制度落实对高校行政服务的奖励与处罚。

五、结语：兼论伦理途径的前提与改革方式

高校要引领社会的发展，要挽救社会伦理道德的颓势和民主精神的沦丧，必先挽救自身的行政伦理扭曲，即“欲救社会，先救自

己”。重塑高校行政的精神最为根本，但最为艰难；健全新型的高校行政伦理制度是保障，但官僚制内部不会自动出现反官僚制的伦理；加强道德修养、开展民主运动和服务运动，是必不可少的促进伦理转型的务实行动，但也存在动力不足的问题，也很难走出高校行政伦理的困境。因此，高校去行政化的伦理途径必须有个动力前提。

一是具有高校行政精神的教育家担当校长，成为改革的发起者，即靠大学精神、大学信念来驱动改革。但如何识别教育家，如何使教育家成为校长，就需要突破现有的高等教育人事政策；而且现实中很难靠一个又一个的教育家校长分别改造各自所在的大学。二是依靠广大的高校师生员工（主要是学术系统，因为行政系统是利益既得者）的改革呼声和利益诉求拉动伦理转型和去行政化改革。这个前提的前提是，学术系统有合法的、强大的利益诉求权力和组织来扭转行政控制学术并主导一切的伦理。因此，还是需要国家高等教育法律和政策的调整，以提升高校学术组织的地位和权力。在权力力量对比发生重大转折的情况下，再通过利益诱导、高校文化重塑与培育来逐渐实现高校行政伦理的转型。两个动力前提意味着两种改革。前者依靠信仰价值推动，后者依靠权力结构变迁后的利益诱导拉动；都是以诱致性变迁为主，但都以强制性变迁为前提；前者是在高校行政系统内部寻求突破，后者是在高校行政系统外部谋求动力；前者的变革主要从点开始，在高校内部是自上而下的变革，后者的变革主要从面开始，在高校内部是自下而上的改造。但两者并不冲突，因为学术的利益符合大学精神的价值，因此可以整合大学精神的力量和组织制度调整后的利益驱动力，双管齐下实施改革。可能有人认为，直接通过国家强制性变迁，来实现行政伦理的转型岂不更直接有效？但笔者认为，强制性变迁对精神、价值观、信念的变革十分有限。两种改革方式有个共同点，其实都是高校行政文化的重塑。前者是从弘扬行政精神文化开始，后者是从转型行政制度文化出发，最终是异曲同工、殊途同归。

最后，必须指出的是，伦理途径尽管被认为是最经济、最可靠、最持久的根本性控制形式，但短期内无能为力。因为高校行政文化及其伦理的转型是漫长的、渐进的，不可能起到立竿见影的效果，而且伦理的转型效果一时难以衡量。正如前文所论述的那样，高校去行政化的伦理途径实际上需要很多前提条件和匹配途径共同发生作用。因此，要认识到伦理途径难以单独发挥作用，必须同政治与法律途径、经济与市场途径、组织与人事途径等进行整合，必须采取多元综合主义的改革方法论，即从多个视角、多个变量、多种方式、多种途径去解决高校去行政化改革的复杂难题，最终建立负责任、伦理化的高校行政模式，回归大学的应有之义和高校行政的本来面目。

第二节　高校问责行政化：现状、困境及不利影响

一、高校行政化问责制的现状

问责是以追究责任的方式确定责任履行的过程，上级行政机关对下级行政机关的问责是重要的行政控制手段之一。作为高校行政化的延伸和具体表现，高校行政化问责制是指高校沿袭政府对下级行政机关的问责模式，具体包括三个方面：一是政府委托的行政事业机构或高校主管的政府部门对高校教育政策落实、办学水平、教育质量、资源配置和经费使用等方面的监督、评估和责任追究，问责对象是高校及其主要负责人，问责的方式主要是常规的，如，5 年一次的本科评估，对校长和书记的年度绩效评估和换届前的考察，也有非常规的方式，包括校长、书记在调职前的考察；当出现重大事故时，由教育部或者地方教育最高领导层启动问责制对责任官员进行问责，这是我国高校干部人事制度的特点。二是高校的行政机构及其负责人对下级行政部门（二级学院也常被视为行政部门）及下属行政人员执行高校内部行政决策、绩效表现、履行岗位职责及其违章违纪等方面的问责，以绩效评估、岗位等级评定、人事调整、行政处罚和预算拨款为主要形式。三是高校的行政机构及其委托机构对校内的教学机构及人员、科研机构及人员的问责，主要有职称评定、岗位等级评定、教学与科研项目的评优与获奖、教学与科研的绩效考评与获奖、教学与科

研项目的预算拨款、教学与科研负责人的人事调整等形式。

高校问责制行政化是有法律源头的，并遵循了制度变迁逻辑。我国《高等教育法》第五条、第三十一条、第四十四条等条款，指出高校作为独立的办学机构——问责客体，应承担高等教育教学、科研和社会服务等职能，必须接受政府及其委托部门对办学水平、教育质量、资源配置和经费使用等方面的监督和评估。新中国成立之初，在高度集中的计划经济体制下，我国高校全部变为公有财产，由国家举办和管理。对高校工作情况的监督检查自然成为政府职能部门的事，形成一种行政运作模式；政府教育主管部门制定政策、设置指标，作为下级的高校被动应对，接受上级的检查和评判，社会无权参与。这种初始状态为高等教育领域的政府问责奠定了基调。我国高校问责制度变迁经历了三个阶段：高校“无权”状态下内部检查式的问责阶段，落实高校办学自主权状况下逐步规范化的政府问责阶段，以政府为主、社会逐步有限参与的问责阶段。一直以来，正是在较高的制度构建成本、学习效应、合作效应、适应性预期、市场不完备、利益以及信念等因素的作用下，我国高校问责制在行政模式的轨道上逐步演进①。

高校行政化的问责具有一系列的局限性。行政问责在操作中又简化为“上问下责”，而“上问下责”表现为引咎辞职，引咎辞职又主要局限于“事故”，如高校重大伤亡事故、高校建筑重大质量问题等，其结果主要表现为学校领导的“下课”。现实中的问责主要表现为：同体问责多，异体问责少；行政问责多，其他问责少；行政和道义责任追究多，政治和法律责任追究少；分管领导被问责多，一把手被问责少；被迫辞职多，主动“引咎”少；一问则止的多，一问到底的少。尤其是对下级干部的选拔任用、监督防范等重大人事问题和高校财务领域等重点问责领域往往被忽视②。有学者对中美大学问责

① 周湘林：《中国高校问责制 60 年：新制度主义视角的透视》，《现代大学教育》2010 年第 1 期。

② 朱生营：《当前我国高校问责制的不足与改进》，《煤炭高等教育》2006 年第 6 期。

制比较后发现，美国大学问责的目的是大学证实自己履行职责和实现了绩效以获得利益相关者的支持，而我国大学问责的目的主要是对领导人的责任追究。不同的大学问责目的决定了中美大学问责对象、特征和类型的不同：我国更关注的是对高校管理者个体层面而非组织层面的问责；我国的大学问责多是事后的被动式问责而非主动的预防性的问责，往往是大学管理暴露出问题后，相关部门才对负责人进行问责；问责运用到我国教育领域的时间较晚，问责模式单一，多以科层问责和法律问责为主，而在美国，市场、政府和社会组织三种力量运用了多种问责手段对大学进行问责，涵盖市场问责、科层问责、法律问责、专业问责、政治问责等多种类型的问责模式①。

此外，还由于高校问责法理与权责体系不完善、高校单位制困境、高校官僚制与管理政治、高校管理民主的沦陷、责任意识与问责文化的缺失、高校信息披露不到位造成的信息不对称、问责的动力不足等诸多方面的问题，造成高校行政化的问责制的实施效果不够理想。

二、高校行政化的问责制存在的困境

（一）高校问责法律与内部权责体系不完善

大家知道，问责的前提是有法可依、有责可问，但如果法律不健全、权责不明确，就会给高校问责带来困境。一方面是高校问责与自治的矛盾，由于当前的问责主要是政府问责，政府问责得越多、问责权力越大，高校就越难以实现自治；而高校越倾向于自治，就越是抵制接受问责，越是缺乏被问责的积极性，问责的效果就越差。现实是，法律既有高校问责的规定，也有大学自治的条款，但法律的不完备，政府以问责之由或凭借问责的权力对高校干预过多。另一方面是高校问责和自治的共同前提是完善的高校内部权责体系，但转型期我国高校管理中往往党政权力不分，关系不顺，大学内部权力与学术权力之间的失衡以及相互错位发展，使高校内部权力无序，直接影响学

① 王淑娟：《中美大学问责异同分析》，《清华大学教育研究》2010 年第 5 期。

校绩效、资源使用、成果创造以及课程和各种服务的质量，难以满足相关利益者对高等教育办学的公平、效率、效益、质量和效果的利益诉求。其结果是，法人的权责不对等，高校自治主体不明确，容易产生权力的泛化和责任的边缘化，最终难以落实高校问责。而且，除政府之外的高校其他利益相关主体法律地位的缺失，使其利益诉求和问责权力难以得到保障①。于是，政府问责法律的不完善和实施的不规范，容易造成与高校自治的冲突，而高校内部不完善的权责体系导致高校无法实现“良治”，就更容易成为政府干预和问责的口实。最后，高校其他利益相关主体法律地位的缺失使得走出同体问责的困境更加困难。

（二）高校“单位制”的挑战

我国的“单位”既是公共产品提供的场所，也是其成员全面依赖于国家的福利组织，而且倾向于遵从既有的制度安排和以习惯作为行为准则。长期以来，我国公立高校作为事业单位存在，基本遵从单位组织的逻辑。首先，大学的基层学术组织不仅是教学、科研组织，也是基层行政组织，承担着类似福利组织的一些责任；其次，基于单位逻辑对秩序、稳定归属关系的强调，大学对资源实施严密的组织控制，从而易产生编制固定、人身依附、资源独占等现象；再次，生产要素主体之间呈不完全契约关系，基层教学科研人员缺少自由度，流动性差，资源共享程度低。这种计划经济时代的组织管理逻辑，封闭自足而严重缺乏创新、变革意识，与我国大学基层组织僵化、缺乏创造等弊端是直接相关的②。据此，高校单位制给问责带来的挑战体现在：单位利益就是个人的终身利益所在，容易造成高校本位主义和管理政治，高校内部“上下同心”共同应对政府的问责；由于高校内部行政权力间缺乏竞争、学术权力对行政权力的依赖以及员工流动的

① 吴景松、程宜康：《我国高校问责制之现实困境及其治理路径》，《江苏高教》2007年第1期。

② 郑晓齐：《我国研究型大学基层学术组织的逻辑基础》，《教育研究》2008年第3期。

困难，使得高校自下而上的问责、同级问责与学术机构对行政机构的问责无从谈起并导致管理民主沦陷；单位意识将高校理解为一般意义上的福利组织，从而导致大学人丧失责任感，被动接受高校管理和服从既有的制度安排，乃至整个高校缺乏问责文化。

（三）高校的官僚制与管理政治

对高校的问责多是正式的结构化问责，即问责的主体、客体、流程、方式和时间安排等政策都很清楚，因此高校一般都有充足的对策准备甚至“表演”准备。即便是突击式的检查，也一定会事先得到内部消息，以便“临时抱佛脚”。在官僚等级组织中，成功的高层官员往往会建立外部信息资源的整体非正式网络；而且向上传播给高层官员的信息经常被扭曲，以使得更加符合其偏好①。第一，高校官僚制和问责的“同体”性导致问责信息的管理政治：高校在问责前会得到问责“内线”消息和问责主体的偏好；根据内线消息和问责主体的“偏好”，高校向问责主体提供的信息是有精心准备的且经过“加工”的。第二，高校中的管理政治还表现在政党政治在高校的全面延伸。我国高校是党委领导，校长负责，高校党委负什么责任及如何接受问责，谁也难以说清。例如，我国高校内部的纪检部门，隶属于校党委领导，难以对学校党政负责人实施有效监督，更不用说其他下级部门和人员的监督。第三，高校的管理政治表现在高校内部严格的行政控制和集权。图洛克认为，处于严格政治关系中的典型政府雇员，只能寄希望于通过取悦上级得到提升，如果他使上级不悦，他的升迁机会就十分渺茫。大多数公务员，都把投上级所好当作份内的工作，而且抱着希望这么做，期望上级以后会用晋级来奖励这类行为②。高校行政人员就是这种典型的政府雇员，依赖行政主管并为之忠实地服务，即使是学术人员也得讨好、取悦行政人员，以便取得有关资源

① ［美］安东尼·唐斯：《官僚制内幕》，郭小聪等译，中国人民大学出版社2006年版，第288—289页。

② ［美］戈登·图洛克：《官僚体制的政治》，柏克、郑景胜译，商务印书馆2010年版，第13—14页。

和奖励，因此他们都无法监督、评估行政主管。高校单位制亦不允许如此。于是，大学人被单位制高校俘获，高校被党政俘获，高校学术人员被行政部门俘获。最终，问责主体，无论是外部的政府机构及其委托机构，还是内部的行政人员或是学术人员，都被高校党政机构及其领导俘获。

（四）高校管理民主的沦陷

管理民主＝宪政制约＋流动自由＋投票选举＋分权与权力制衡＋决策参与＋信息公开＋多元利益相关方的利益诉求机制＋民主问责。高校的管理民主也应包括这些方面。高校的宪政是宪法、教育法律法规和大学章程的综合，是高校运行和管理的总规范和制度约束。然而大学自治与法治没能完全实现，大学章程和现代大学制度正在探索之中，计划经济时代的集权、人治、指令式管理仍然延续。流动自由实际上是人身自由，是最基本的人权——民主的前提，大学里不是没有人员流动，而是流动较困难。学术人员的流动受到户籍制、官僚制、单位制的阻碍。最严重的是，不少高校规定，教师的评优获奖和职称评定以在本单位的工龄和以本单位署名的学术成果作为依据（一旦调换高校，意味着失去资本和产权，需从头开始），即使没有明文规定的，因为信息不对称也可能成为流动陷阱。高校的行政人员也难以流动，要么由政府任命，要么由高校行政任命，很少对外直接聘任行政人员，而是对内提拔，所以高校行政人员要么辞职不干，要么取悦上级。人员难以自由流动的后果是绝大多数人都要在高校单位中老老实实待一辈子，必须接受单位的俘获和行政俘获，他们不可能和高层行政人员平等，他们的权利保障、安全需求甚至是言论自由都受到影响。人身自由都受影响，投票自由更不用说，高校内很少投票选举。即使有，也是先指定候选人，再投票选举。这里再次体现官僚政治，如指定的候选人之间实力悬殊或选举比例过小。高校中政治和行政权力独大，教育问题、学术问题的决策，各项资源的配置，基本上通过党政系统来进行决策。高校内部对权力尤其是行政权力的倚重和追逐，行政权力被抬高到本不该有的高度，学术权力被弱化并常常受到行政权力的干预，以及由此必然形成的缺乏民主的管理模式，缺乏充分的民主意味着对自由的限制和剥夺，不适于以知识和创造为基本逻辑的创造性的大学生活①。高校中的民主机构、学术机构，如工会、教代会、教学委员会、学术委员会几乎形同虚设或没有实质决策权，教学、科研人员的评优获奖，教学、科研有关项目的申报、评定都受到行政的干预甚至是直接控制。高校行政也掌握着信息权力，公开哪些信息、公开到什么程度受到官僚制的困扰，取决于行政部门及其主管的利益与偏好。约束制度不完善，没有选举权、决策参与权、知情权，利益诉求自然难以保证。即使利益遭到侵犯，没有内部的民主评估、申诉与问责，打官司的成本很高，又难以走人，只能忍气吞声。所以很少有人站出来对行政控制说不，即使有，那一定是学术牛人或想从此远离高校。总之，高校管理民主的沦陷，使现行体制下高校的民主问责难以实现。

（五）责任意识淡薄与问责文化缺失

责任意识淡薄与问责文化缺失与以下几个因素有关：一是集体决策带来责任交错，党委领导下的校长负责制是一种集体决策体制，实行少数服从多数原则，如果决策失误，则难以追究责任；二是高等教育责任本身的模糊性，教育本身有很多难以界定、难以定量，如学生质量、教育目的、学术氛围、教学科研水平等都很难量化，利益相关者的多元性决定了问责内容的模糊性，教育的周期性和管理效能滞后导致社会效益难以立即显现，管理失误难以即时暴露②；三是高校中主要高层领导由政府任命（他们甚至来自政府官员），本着“谁任命对谁负责”的文化传统，这些领导通过回避责任和风险来保证“无大过”，实现对上负责并保住自己的位子；四是由于行政集权、管理政治与官僚制，下级行政人员就更没责任意识，责任很轻松地推到上级那里。此外，高校问责和评估走形式，权责体系不完善，管理不规

① 张继明、王洪才：《问责制视角下的大学管理制度变革》，《国家教育行政学院学报》2008年第10期。

② 袁祖望、蒋轶菁：《论高校领导干部问责的特殊性》，《复旦教育论坛》2010年第2期。

范与制度不健全，缺少竞争，信息不透明等，都不利于培育责任意识和问责文化。我国几千年的封建文化遗留下来权力崇拜、官本位与臣民意识导致公民维权思想与问责意识淡薄，“人治”观念浓厚，而高校行政领导则认为自己高高在上，没有把自己放在为社会服务的位置上，也没有树立问责意识。

（六）信息不对称

高校问责存在着另一种悖论：信息知晓度越高的问责主体越缺乏客观公正性，而信息知晓度越低的问责主体的问责效果越差。信息知晓度越高的内部知情人，要么陷入官僚政治体制和单位制，失去问责动机，做不到问责的客观公正性，要么由于高校管理民主的沦陷而无权、无法问责。信息知晓度越低的外部问责主体，难以解决信息不完全、不对称造成的委托代理问题。有学者认为教育问责的实质是基于信息披露与传递的责任落实过程，当前影响我国建立高校问责制度的首要因素在于信息不对称。我国高校与其利益相关者之间存在着严重的双向信息不对称问题，既包括利益相关者不了解高校基本运行情况，也包括高校对利益相关者的需求和要求不了解。信息不对称损害了问责者的信息知情权，导致问责者无从问起，进而导致失去问责动机和能力，最终导致问责制度建立不起来或流于形式①。

（七）高校问责的动力不足

动力以个人意识和文化（社会与组织意识）为根基，来自于人们不同层次的利益需求和信念，前者包括物质、安全、权力、尊严与成就感的需求，后者则是一种更高层次的价值观，如对大学自治、学术自由、公平正义的崇尚。高校的单位制、官僚制和管理政治使问责主体被物质利益所俘获，集权与层级节制使得权力追逐的唯一方式便是讨好上级。自由流动的困难、隐私保护不力与高校管理民主的沦陷使得内部的民主问责与举报、投诉、申诉不够“安全”。现行问责制强

① 李平：《教育问责视野下的信息不对称与高校信息披露研究》，《中国地质大学学报》（社会科学版）2009年第4期。

调惩罚机制，忽视激励机制，问责无法带来尊严和成就感。政府干预与高校行政控制和大学精神的衰退，使得崇高的教育理想摇摇欲坠。最后，维权意识、责任意识的淡薄与问责文化的缺失，从根本上动摇了高校问责的根基。

综上所述，我国高校传统的行政化问责存在如下困境：问责的前提——权责体系不完善，问责的依据——相关法律不够健全，问责的制度环境——官僚制与单位制，问责过程——流于形式并存在信息不对称，问责的根基——责任意识与问责文化淡薄，问责的保障机制之一——管理民主沦陷，问责动力——利益与信仰出现危机。从根本上说，我国高校行政化问责制受制于宏观的深层制度结构，包括计划经济时代的思维惯性、集权与人治管理模式、官本位与单位制的文化观念等。而且由于锁入效应所致的制度惯性、回报递增所致的路径依赖和新制度的构建成本、学习成本与不确定性最终导致高校问责制的制度变迁任重而道远。

三、高校问责制行政化的不利影响

尽管高校行政化的问责制可以凭借政府和高校的行政权威、组织资源具有便于组织实施、资源保障得力、问责结果权威、问责客体接受度高等优点，对高校及其领导人的责任履行、教学质量的提高有一定的推动作用，但同时也暴露出诸多不利的影响：

第一，政府对高校的问责进一步强化了政府对高校的影响力与控制权，客观上为政府干预高校提供了“理由”和便利。因此，除了财政拨款、人事任免、规范制约、行政许可等方面的权力和利益关系，问责与评估成为政府驱动高校行政化的又一重大动力，推动着高校行政体制与系统同政府的对接。由于高校官僚政治及其利益的驱使，运动式的评估和寻租浪费了高校大量的财力、人力资源。实地评估者在环境的压力下屈服，从而无法把持问责者的角色。同时，从宏观上来讲，也不利于调整政社关系与政府社会职能的转型。

第二，高校内部行政系统主导对教学、科研机构及其人员的问责和评估，强化了行政系统对学术系统的控制和干预，驱动着高校内部的行政化和官僚化，进一步导致学术权力与行政权力的失衡。行政权力成为高校资源配置的指挥棒，高校中过多的资源流入行政系统及其领导那里，对高校的发展极其不利。谁也无法否认，高校中教学科研人员是实现大学使命和责任的中坚力量，资源投入不足，利益分配不公平，必然影响高校智力资本的投资。因为人力资本的“所有权限于体现它的人”，如果没有一个合理的激励性合约安排，就会导致人力资本的产权“残缺”，其结果必然是人力资本所有者“关闭”自己的投资，从而使这一部分资产立即贬值或丧失（Rosen，1985）。因此，直接关系到核心竞争力的提升、高校的科学发展和高校使命的履行。此外，行政主导的问责制使高校的民主管理风气日趋淡漠，教授与院长、学校领导的冲突加剧，高校问题层出不穷。在人才引进与职称评聘中，行政力量过分干涉，导致聘用、晋升无法按照学术标准实施。在学校学术研究与教育教学中，行政力量有着资源配置权，导致权力寻租问题普遍存在，在课题申报、学术奖励评审等方面，学术道德、学术诚信问题频发。

第三，管理主义导向的高校问责主要缺点还在于经常导致不利的比较和不良的竞争，问责对象往往将焦点局限在结果指标上，甚至在对报酬的期望和惩罚的威胁下以欺骗的手段达到正面的评估结果①。以2003—2008年的第一轮本科教学评估为例，由于评估中出现的造假、铺张浪费、过度行政化、主体缺失、没有考虑和回应公众的需求、评估结果全部合格且优秀率过高等现象而令人难以置信，从而招致一些批评。另外，管理者作为问责主体而不是问责客体，使他们往往拒绝自省，难以接受批评。

第四，高校行政化的问责制由于缺乏广泛的利益相关者参与，因此无法综合权衡各利益相关方的权益。尤其是忽视了作为高校使命实现主体的教师和高校的顾客及“活产品”——学生等核心利益相关方

① Daniel L. Stufflebiam 等：《评估模型》，苏锦丽等译，北京大学出版社2007年版，第52页。

的权益，不利于高校和谐、健康和稳定地发展。高校内部行政系统作为高校的实际控制者，不利于作为公共组织或非营利组织的高校的委托代理问题的解决和高校治理机制的完善，最终不利于高校公共利益的实现。

总之，由于政治、行政制度与法律依据，我国高校问责制在行政模式的轨道上运行，表现出了问责目的偏差、问责模式单一、问责过程形式化和问责效果不佳的现状，并陷入高校问责法理与权责体系不完善、高校单位制困境、高校官僚制与管理政治、高校管理民主的沦陷、责任意识与问责文化的缺失、高校信息披露不到位造成的信息不对称、问责的动力不足等诸多困境，同时受制于宏观的深层制度结构。高校问责制行政化增强了政府对高校的干预和高校内部行政系统对学术系统的控制，成为高校行政化的驱动力量，不仅导致高校资源配置低效，而且进一步导致高校学术和行政权力的失衡和核心利益相关方的权益难以得到保证，最根本的是不利于高校的科学发展和现代大学制度的建立，最终影响大学使命和公共利益的实现。因此，高校问责制非行政化改革势在必行。

第三节　高校问责制去行政化探讨

由于政治、行政制度、法律依据和制度变迁逻辑，我国高校问责制在行政模式的轨道上运行，表现出了问责目的偏差、问责过程形式化和问责效果不佳的现状，并陷入高校问责法理与权责体系不完善、高校官僚制与单位制、高校管理民主的沦陷、责任意识与问责文化的缺失、信息不对称、问责的动力不足等诸多困境。高校问责制行政化增强了政府对高校的干预和高校内部行政系统对学术系统的控制，成为高校行政化的驱动力量，不仅导致高校资源配置低效，而且进一步导致高校学术和行政权力的失衡和核心利益相关方的权益难以得到保证，最根本的是不利于高校的科学发展和现代大学制度的建立，最终影响大学使命和公共利益的实现。因此，高校问责制去行政化改革势在必行。

一、高校问责的逻辑假设

逻辑假设是逻辑推理和论证的基础，涉及对基本概念和判断的澄清，是对范式和方法论的反思。高校问责的逻辑假设是高校问责理论与实践的基本假设和心智模式，是高校问责去行政化改革必须探讨清楚的最根本的共识问题。如高校问责是什么以及为什么的问题，高校责任实现途径及其与问责的关系，高校问责是基于内部控制还是外部控制，是依赖法治还是人治。

（一）高校问责：what 和 why

关于什么是高校问责，定义不下十种，可谓仁者见仁，智者见智。有的将其理解为责任追究过程，有的将其理解为责任履行方法，有的从系统论来界定，也有的从制度主义视角来诠释。有学者将这些内涵划分为：权力—监督说，监督和工作改进说和职责—责任说①。虽然笔者认为这种划分仍不能穷尽其理解，但并不打算给高校问责下一个精准且普遍认可的定义，而是反思其定义的前提和价值观导向是什么。因而必然涉及对高校性质和使命的理解，而且这方面的共识要相对多一点。众所周知，高校是创造知识、培养人才、推动社会进步的知识密集型组织，即通常所说的以科研、教学和社会服务为自己的三大使命。无论私立还是公立或被认为是第三部门，大学都要提供这些公共服务和公共价值，都是由利益相关者的产权构成的集合体。大学必须借助于实现利益相关者的权益来实现最终的公共价值和核心使命。任何组织，无论其战略还是战术，无论是制度还是运营，都要紧紧围绕其核心使命，高校及其问责亦不例外。高校问责的不同目的决定了问责主体、对象、特征、类型和方式的不同，也影响了责任履行的向度和程度。因此，高校问责必须紧紧围绕着大学的核心学术使命和大学精神，更有效地促进大学使命的完成和高校行为主体的责任履行，突出强调大学的学术为本与学术自由、高校行政的服务本质和多

① 周湘林：《从政府问责到社会问责：中国高校问责制的内涵、类型与变革》，《高等教育研究》2010 年第 1 期。

元相关利益方的权益。

（二）高校责任的实现途径及其与问责的关系

高校责任的实现机制和途径与高校问责密切相关，首先，高校问责必须依赖和借助于这些途径和渠道，否则问责无法进行，问责本身就是一种综合的责任实现途径；其次，高校问责必然涉及对这些责任实现机制与途径的调查、检验和责任审查；最后，高校问责其实是要使高校责任的实现机制与途径更有效、更顺利地发挥作用。因此，明确高校责任的实现途径也是高校问责的逻辑前提之一。盖伊·彼得斯认为责任实现的途径包括：组织途径，又分为内部纪律和包括信息公开、参与决策和协商民主等在内的公开途径；市场控制，包括外部市场和内部市场，通过顾客满意和内部竞争等市场信号自主地发挥作用；团体和公共压力，即压力集团的活动和公共舆论，其中培育顾客组织和授权顾客团体是控制官僚机构的重要举措；控制的政治措施，通过立法（如责任立法、预算拨款、立法调查和监查官制度、议员服务、监督官僚机构制定的法律、事后的财务审计）、司法（行政诉讼）、行政（公务员制度与人事安排控制权力空间、调查、机构重组、层级控制、委托机构控制、政府财政）等途径实现；伦理约束，是官僚机构和官僚个人内部形成的机制，被认为是最经济、最可靠的根本性控制形式，但短期内无能为力①。

同样地，高校责任的实现途径理论上、事实上也应该包括组织途径（如大学章程、信息披露、参与决策和管理民主）、市场途径（结果导向、竞争上岗、顾客评价）、立法和司法途径（通过法律明确政府与高校、高校校长与书记、高校行政与学术机构的权责关系，行政诉讼、申诉与复议）、行政途径（高校绩效预算，培育高校管理与问责中介，高校组织结构与业务流程再造，高校内部权力制衡机制，高校行政人员的招聘、选拔、培训、晋升、绩效管理等）和伦理途径（大学精神与文化建设、保持伦理自主的教育与培训），而且责任实

---

① ［美］盖伊·彼得斯：《官僚政治》，聂露等译，中国人民大学出版社2006年版，第319—344页。

现途径的具体举措对高校责任的实现机制和高校问责方式都有重要的借鉴启发作用。根据高校责任的实现途径及其与问责的关系，高校问责的途径也应该相应地向多元化发展，如市场问责、民主问责、法律问责、社会问责等。

（三）高校问责：基于内部控制还是外部控制

责任的实现是基于内部控制还是外部控制成为公共行政学百年争论的一个话题，虽然争论发生在20世纪30年代，但争论所代表的基本观点在今天仍然流行。弗雷德里克奇主张内部控制十分重要，因为现实的心理因素可以使任何组织预先倾向于采取负责任的行为，还因为行政人员越来越多地被卷入专业性和高度技术性的决策中，以至于政治家和公众都不能有效地对其行为进行监督和控制①。而芬纳则主张外部控制更重要，认为责任以惩罚性的外部控制为基础，只有法律和制度控制被用在管理中才能产生负责任的行为，行政人员的责任就是服从外部控制，因为依赖行政人员的良知或主观道德责任总会导致权力滥用②。从公共行政的发展史来看，除了20世纪70年代的“新公共行政”时期内部控制思想占主导地位，其他时期似乎是更加看好外部控制。但随着争论的明朗化，把两者结合起来的学者更多。例如，威廉·格姆雷（1989）把强化行政责任的途径描述为“强制与规劝”两种基本策略，强制涉及使用权力，意味着使用法律和政治手段，强制正确的行为或惩罚不法行为；规劝涉及对公务员进行道德劝诫，或者对其正确行为进行积极的激励，鉴于规劝更多依赖于对公共机构的多数人提高整体的伦理和公共利益的价值观念，所以认为规劝的途径更为有效。

库珀充分考虑了内外部控制都有自己的利弊，认为两者并非完

① Friedrich, C. J., “Responsible Government Service Under the American Constitution” In Friedrich, C. J. and others (eds.), *Problems of the American Public Service*, New York: Mcgraw-Hill, 1935, pp. 320 – 322.

② Finer, H., “Better Government Personnel”, *Politics Science Quarerly*, Vol. 51, No. 4, 1936.

全对立，需要整合这两种途径作为实现行政责任的基本途径[①]。笔者与库珀的主张基本一致，但是在众多的文献中看到中国学者几乎无一例外地将芬纳的“责任以外部控制为基础”作为高校问责的理论基础，较少考虑内部控制，即责任主体的责任意识、自主伦理和道德准则，觉得有失偏颇，因为即使芬纳本人也一定程度上承认内部控制的某些作用。根据辩证唯物主义，外因必须通过内因起作用。

因此，除了制度、规则和结构等外部控制因素，还可通过鼓励个人伦理自主来支持个人负责任的行为。尤其是在高校这个知识工作者云集的组织中，通过行为主体的内部控制来履行责任具有较强的可行性。但必须尽力消除或减少大学官僚制中对伦理自主产生的压力和威胁因素：官僚政治控制、团队合作的伦理困境、官僚制道德准则困境与代理转换困境。通过组织救济有助于克服这些威胁，如保护检举人的合法行为是最具有建设性的做法。培养个人责任感应作为公共服务伦理学的最后防线，尽管组织安排、设计和制度对于日常责任行为的维护来说，是必要的。然而，当组织目标严重偏离了法律的要求而且公众利益也被私人利益取代时，最后捍卫民主、反对腐败和违法行为的就是公务员个人的负责任的行为[②]。

（四）高校问责：法治还是人治

我国高校行政化问责制受制于宏观的深层制度结构，包括计划经济时代的思维惯性、集权与人治管理模式、官本位与单位制的文化观念等。我国大学自治与法治没能完全实现，大学章程和现代大学制度正在探索之中，使得高校行政集权、人治、指令式管理仍然延续，高校问责常常表现出大操大办式的问责运动、行政问责的单一模式、强烈的人治色彩与问责的被动性。因此，必须深刻反思高校问责的人治模式。

---

① Terry L. Cooper, *The Responsible Administrator: An Approach to Ethics for the Administrative Role* (5th edition), New York: John Wiley & Sons, Inc, 2006, pp. 181 - 182.

② Ibid., pp. 228 - 244.

根据科斯定理，产权是最基本的经济制度，是其他制度安排的基础，产权与其他制度共同界定了行为主体的行为规范、权力和收益分配；交易成本是达成契约和保证签约执行的费用，在交易成本为正的情况下，不同制度安排的资源配置效率是不同的。诺斯认为，制度在社会中具有更为基本性的作用，制度框架限定了组织的最大化机会，它们是决定长期经济绩效的根本因素；正式规则和非正式制度决定了我们的大部分行为，内置于制度框架中的各种激励在形塑有效的技能和知识方面，起着决定性的作用；还认为，政治机构制定并实施经济规则，因而产权极少有效，即使能设计有效的产权，其监督和实施成本通常十分高昂，所以需通过非正式约束以减轻这些抑制性因素①。因此，进行合理的制度安排与制度创新，培育高校的问责文化，有效地控制与减少交易成本，是高校问责的关键。以健全的法治与责任体系、新型的大学治理与决策机制为高校问责的制度前提，以信息制度、民主制度、竞争与制衡机制为保障机制，重视制度自动自发地"问"而非人治式的"问"，实现高校及其行为主体积极主动地接受问责与"报告"责任，是今后努力的方向。

二、高校问责制去行政化改革的理论基础与合法性

（一）高校问责制去行政化改革的理论基础

1. 第四代评估理论

由于传统评估都有一套只符合评估者和委托者目的的赞美之辞，而很少注意其他利益相关者的合法权益，不关心其他相关群体提出的问题和争论，仅仅反映他们自己的价值观。在批判吸收前三代评估——测量、描述、判断经验教训的基础上，第四代评估是一种采取响应式的聚焦方式和建构主义方法论，以利益相关者的主张、焦虑和争议作为组织评估焦点决定所需信息为基础的评估形式。第四代评估通过全面考虑不同的价值观和不同的关联，能够给予利益相关者能力

---

① Douglass C. North, *Institution*, *Institutional Change and Economic Performance*, London: Cambridge University Press, 1990, pp. 107 -112、150 -152.

和权力，能够将评估行为和后续工作融合为一个不可分割的整体，它使所有利益相关者在政治和理念上都享有充分的平等，因而具有充分的参与性，以此来共同建构评估的信息、过程、结果及后续行为。第四代评估理论还认为评估是一个带有社会政治色彩的共同合作和共享责任的过程，大众化的相对主义胜于狭隘的专制主义、共享责任胜于责任性、授权胜于剥夺、理解和欣赏胜于无知、行动胜于无动于衷，要求评估者从控制着的角色转变为合作者，担任教与学的角色，从被动观察着的角色中跳出来接受变化媒介的角色①。

2. 公共治理理论

公共治理是在市场失灵和政府失灵的基础上提出来的，是利益相关各方以共同利益为目标的社会合作过程，具有参与、协商、平等、协作等主要特征。随着民主、公民权的兴起，以及社会关系相互依存的程度日益加深，治理成为解决公共问题的基本途径。公共治理意味着公共管理权威的主体由单中心向多中心转变，公共治理的权力运行由单向度向多向度转变。因而有助于促进政府构建和强化自身的责任性和问责机制，而且为公众参与公共管理、进行监督提供了新的机制和渠道。治理视野中，作为公共组织或承担公共职责的非营利组织，无论是公立大学还是私立大学，都是典型的利益相关者组织，不同的利益相关者都有自己的权利和需求，任何个人或组织都不具备对大学的单独控制权，而只能由利益相关者共同治理。因而应当设置由大学内外部利益相关者组成的问责主体对高校的绩效和责任承担主体进行监督、评估和问责，以便促进高校的善治。

3. 社会问责理论

社会问责一般指公民或公民社会组织等外部主体进行的问责。世界银行将其定义为：一种依靠公民参与来加强行政问责的问责途径，它通过普通的市民或公民社会组织，以直接或间接的方式来推进行政

① ［美］埃贡·G. 古贝、伊冯娜·S. 林肯：《第四代评估》，秦霖等译，中国人民大学出版社 2008 年版，第 186—192 页。

问责[①]。而威廉姆·耐特认为来自高校外部主体的关注都是社会问责，包括联邦政府报告、州政府报告系统、自愿式社会问责体系、项目审批、大学指南、认证、媒体质询等[②]。社会问责有利于保证纳税人、外部利益相关方权益和公共利益的实现，具有客观、公正、民主和监督的广泛性等特点，越来越受到民主社会的欢迎。

4. 新制度经济学

新制度经济学以产权和交易成本作为分析工具。其中产权是最基本的经济制度，是其他制度安排的基础，产权与其他制度共同界定了行为主体的行为规范、权力和收益分配。交易成本是达成契约和保证签约执行的费用，在交易成本为正的情况下，不同制度安排的资源配置效率是不同的。交易成本与交易的收益率成反比，这就要求进行合理的制度安排和制度创新，有效地控制与减少交易成本，提高经济活动的内在效率。可以通过以下途径降低交易（某种意义上问责也是一种交易过程）成本：明晰产权、制度规则和责任体系；通过信息披露和信号发送，降低信息不对称和不完全；降低资产专业性；减少寻租和腐败。这些都是构建高校问责制度的重要理论依据。因此，应当建构和运行经过交易成本的考量的高校问责制度，使之成为高校科学管理的杠杆、驱动力和制衡器。同时还需要相关的制度安排和政策体系，使高校利益相关方对高校及其责任主体的监督、问责成本达到最小，以提高问责制度的实施效率。

（二）高校问责制去行政化改革的合法依据

《高等教育法》（1998年）、《面向21世纪教育振兴行动计划》（1998年）等政策法规指出，我国实行教育督导制度和学校及其他教育机构的教育评估制度，高等学校的办学水平、教育质量，接受教育行政部门的监督和由其组织的评估；同时，要进一步发挥非政府行业

---

① 世界银行专家组：《公共部门的社会问责：理念探讨及模式分析》，中国人民大学出版社2007年版，第21页。

② ［美］威廉姆·耐特：《院校研究与质量保证——以美国高等教育为例》，刘智勇译，《高等教育研究》2008年第8期。

协会组织和社会中介机构的作用……逐步形成对学校办学行为和教育质量的社会监督机制以及评价体系，完善高等学校自我约束、自我管理机制。这些教育法律、政策并未表明政府作为高校问责主体的唯一性和主导性，从而为高校问责制去行政化改革提供了法律空间。《纲要》指出“随着国家事业单位分类改革推进，探索建立符合学校特点的管理制度和配套政策，克服行政化倾向，取消实际存在的行政级别和行政化管理模式”。《纲要》为高校问责制去行政化改革提供了政策依据。此外，改革符合意识形态的合法性。首先是政治意识形态合法，高校问责制去行政化改革符合邓小平理论和三个代表的指导思想，符合行政体制改革和政府职能转变的趋势。其次是社会意识形态合法，表现为合理即合法，高校问责制去行政化改革有利于大学的科学发展和使命的实现，反映了主要利益相关方和广大社会的期望。例如，2010 年两会前后，学界、政界对高校行政化和去行政化改革进行了广泛、热烈的讨论，期间，温家宝总理和袁贵仁部长均已公开表示取消大学行政级别的意见。

三、高校问责的动力问题

没有动力，事物就会处于静止；同样，没有动力，高校问责也难以运行。业内不少人士和学者已经意识到高校问责的动力缺失问题及其影响，然而未能进行系统、深入的分析。动力是由合力综合作用产生的运动力量，表现为方向、方式、强度和持久性等几个维度。动力方向关系到高校问责的价值取向，动力方式关系到高校问责的途径，动力强度关系到高校问责的效率，动力持久性关系到高校问责的长效。根据力场的来源范围，可以将动力分为内力和外力，进一步可分为内、外部需求带来的拉力和内、外部供给造成的压力和推力。供给动力要素主要包括：制度供给（如社会主流意识和价值观、问责法律、权责体系与规章、问责的组织与形式）和资源供给（如问责所需的财力、人力、信息、技术与问责的渠道、途径）。需求动力因素主要是指利益诉求（包括个人与组织的生存与发展需求）和价值导向。从方向上来划分动力，一般可分为驱动力

(狭义动力）和抑制力（阻力)，又可细分为来自个人还是组织。高校问责动力既包括主体的问责动力，又包括问责客体接受、配合问责的动力。

个人驱动力以个人意识和文化（社会与组织意识）为根基，来自于人们不同层次的利益诉求和信念，前者包括物质、安全、权力、尊严与成就感的需求；后者建立在价值和信念基础上，可用“精神”来概括，这些价值和信念包括：追求公共价值与利益、公正与平等、经济与高效、诚信与负责。公共行政的精神与爱国主义和乐善好施的伦理联系在一起，没有高尚的伦理，公共行政的精神就会消亡[①]。具体到大学人和高校行政，则表现为对大学自治、学术自由、服务行政的认识。此外，问责精神也可成为高校问责动力的一个具体来源。因为责信（问责）提供了组织学习的一个工具，借由对方案执行绩效的测量和检视，不仅证明能力；更要能锁定核心问题，进而对症下药加以改善，这才是问责最终极的精神和目的所在[②]。如果利益因素、信念和精神是“激励因素”（真正的驱动因素)，那么动力的发生也离不开“保健因素”(即这些因素的存在不会产生驱动力量，但这些因素的缺失却无法产生动力)。这些保健因素包括：差距识别与紧张感（如意识到高校及其行为主体的失责或中外高校实力的差距并迫切要求改进)，表现机会（如举报、投诉、维权的制度保障和渠道平台）与成功可能性（即对客体履行责任、改进绩效产生实质影响的可能性)，权力范围与能力（在权力范围内，且有行为能力)，时间紧迫性（行动而不是观望)，成本的权衡（包括行动的直接生产成本和争取支持、化解阻力、信息收集、协商等交易成本)，支持力量和资源保障（问责需要投入较多的人力、财力、物力资源)，行为的安全保障（即问责主体的安全需要，如消除遭到打击、报复、威胁和不

① H. George Frederickson, *The Spirit of Public Administration*, San Francisco: Jossey-Bass Inc., 1997, p. 15, p. 235.

② 官有垣、陈锦棠、陆宛苹：《第三部门评估与责信》，北京大学出版社 2008 年版，第 288—289 页。

被组织认可的可能性，可通过司法保护、组织救济、隐私保护或自由流动等途径解决)，环境氛围与文化传统（同事和组织的默许或赞同）等。

组织驱动力根源于组织的使命和组织文化，主要来源于三大“激励”因素：组织自身对存在和发展的需求，组织外部的利益相关者对组织的预算、地位、形象、生存和发展带来的压力和威胁，以及组织中领导者个人、变革倡导者和权威人士动机的推动（即受前述个人动力的影响)。组织动力与组织的行业性质（如公共性程度)、规模和垄断程度（一般来说，规模和垄断程度越高，生存和发展受到的威胁越小，其动力越小)，问责结果的应用程度及其对组织产生的影响密切相关，受到组织所处的竞争环境、管制环境和压力集团力量等因素的极大影响。此外，组织动力还受到组织自治权力、组织学习力、组织的决策机制、组织文化、组织结构、支持者与反对者的权力博弈、组织资源、成本权衡等“保健”因素的影响。

驱动力的反面就是抑制力，因此所有的动力因素皆可成为阻力因素。例如，上文中把信念、认知、精神作为驱动力，但这些因素也可能转化为阻力，表现为意识形态刚性、思维惯性、保守主义、官僚意识形态。因此，对上述驱动力的反面不再一一述说。需要补充的是，制度供给中的路径依赖、锁入效应和变革的不确定性成为高校问责制度变迁的重要抑制力量；问责结果的正或负外部性，导致问责主体搭便车；责任文化、意识薄弱与紧迫感的缺失，导致利益相关方的观望状态；高校内部权责模糊、信息披露不到位、问责中的寻租与俘获导致问责的交易成本高昂；高校管理不够民主、行政与学术权力失衡、单位制与官僚政治困扰导致高校内部的民主问责有心无力。高校问责动力系统详见表 5－2。从表中可以看出，我国高校问责存在诸多的抑制性力量，高校内部问责与主动接受问责的动力都比较匮乏。笔者认为，通过制度变迁供给新型的问责制度及其保障机制，通过伦理途径培育问责文化、责信精神和大学精神，以及降低问责的交易成本，是增强高校问责动力的三条根本途径。

表 5－2　高校问责动力系统

		内部		外部	
		组织	个人	组织	个人
驱动力	需求	证实绩效、提高形象与地位、发展需要	物质与权力诉求、尊严与成就需要	追求公共价值、自身合法性需要或组织使命	热爱教育事业、权益诉求或从问责中牟取利益
驱动力	供给	权责体系不完善、渠道不健全	岗位职责、责任意识与高尚伦理	问责法律与信息公开政策、评估组织、组织职责	公民精神、责信精神或岗位职责
抑制力	需求	绩效与预算不挂钩、高校半官方垄断、单位制利益困扰、高校行政化的利益驱动	大学精神衰退、责任意识与民主意识淡薄、问责不够“安全”	缺乏财力支持、实施成本高昂、问责的公信力下降	问责主体被俘获、利益不相关、公民精神缺失
抑制力	供给	官僚制困境、责任文化与民主制度缺失、忽视问责激励制度	官僚政治、搭便车、外部性、主体地位缺失、信息不透明	问责产权不清、社会问责的主体地位缺失与组织不健全	信息不对称、搭便车、无制度供给导致交易成本高昂

四、高校问责制去行政化：内涵与意义

（一）高校问责制去行政化的内涵

作为高校行政化的延伸和具体表现，高校问责制行政化是指高校沿袭政府对下级行政机关的问责模式，是行政部门主导的自上而下的封闭式问责，包括政府部门对高校及其主要领导的问责、高校的行政机构对下级部门及人员的问责、高校行政机构对学术机构及其人员的问责。高校问责制去行政化与高校去行政化改革有着相同的目的和基本思想，首先就要打破外部行政机关对高校的直接指挥和控制，实行高校的自治化和高校治理的法治化；推动教育评估和高校问责的社会化和市场化；取消高校内部问责模式的行政化，实行问责机制和方式的去官僚化、民主化改革。具体来说，高校问责制去行政化是针对高校问责制行政化的种种弊端和困境提出来的，是非行政主导的法治问责、社会问责与民主问责相结合的综合问责模式，是基于契约与法治、信息透明与数据支持、竞争与权力制衡、民主与伦理规范的责任履行过程与责任实现机制。

高校非行政化的问责制也是为了更有效地促进大学使命的完成和高校行为主体的责任履行，但更加突出强调大学的学术为本与学术自由、高校行政的服务本质与管理民主和高校多元利益方的权益。针对高校问责制行政化的种种弊端和困境，其基本思想包括：

一是法治问责、社会问责与民主问责相结合。高校外部以社会问责为主，内部以民主问责为主，但都遵循法治的问责范式，即主要依据相关法律、责任制度与契约合同来问，而不是大搞问责运动，前者使问责长效、有序，甚至是静悄悄地进行，而后者则流于形式、劳民伤财。

二是基于信息透明与数据支持。信息本身就是一种权力，信息公开与透明实际是对问责权力的自动赋予和问责客体权力的削弱。以数据来说话，依据结果和绩效来进行问责，无疑增加问责的公正公平。信息、数据既来自于问责客体的主动披露，也来自于高等教育监控系统和绩效评估系统。

三是市场化促竞争、竞争促问责的思想。市场化的核心特征是人、财、物等资源在价格的指挥下、契约的保护下实现自愿交易、自由流动、公平竞争，从而实现资源的最优配置。通过产出结果导向与绩效工资、员工流动自由与合同聘用制、竞争上岗与淘汰制、招投标以及政治市场的投票选举、民主评议与回避制等市场化方式来提高问责主体的权力、提供问责的动力，并且有利于直接促进责任的履行。

四是权力制衡为问责保驾护航。权力垄断不利于竞争、创新与高效和问责的公平、公正，权力制衡，主要是内部学术权力和行政权力的制衡（通过大学章程、组织结构、决策机制来保障）和高校与外部问责主体的权力平衡（主要通过教育法律法规来保障），有利于保障问责主客体权力的平等，提供问责的安全感和问责的公正性，促进权力的竞争和相互监督，确保责任的履行与各方权益及公共利益的实现。

五是民主问责的思想。民主问责有助于监督主体的多元化与监督的广泛性，并提高高校内部权力的相互依赖性，有利于高校利益相关方的权益实现，最终促进高校的和谐发展。民主问责本身也是一种权力制衡机制，有利于提升高校行政体系的服务质量，确保高校行政系统为学术系统服务的责任履行。

六是注重培育责任意识和问责文化。通过健全问责法律与权责体系、完善高校问责的保障机制，如信息制度、民主制度、竞争与制衡机制，并通过高校行政人员的招聘、选拔、培训、晋升、绩效考评等人力资源管理和高校学术组织的健全、决策参与，将高校问责结果与对问责客体的经济支持、政治支持结合起来，不断注入问责动力，实现外部控制以伦理规范与“利润”驱动（即主动履责有利可图）的内部控制为基础，诱导高校及其行为主体积极主动地接受问责、配合问责，自发的披露信息与“报告”责任。

综上所述，高校非行政化的问责制具有如下几个特点：非行政主导的问责主体；法治问责、社会问责与民主问责相结合的综合性问责；不搞大操大办式问责运动；内、外部控制相结合，以市场化、竞争与问责文化作为高校问责的外部驱动力量，以责任主体的责任意识、伦理规范和个人权益作为内部驱动因素，实现高校及其行为主体积极主动地接受问责与“报告”责任；以健全的法治体系、责任体系、新型的大学治理与决策机制为问责的制度前提，以信息制度、民主制度、竞争与制衡机制、新型人力资源管理制度为保障机制，重视制度自动自发地“问”而非人治式的“问”。

（二）高校问责制去行政化的意义

根据上述内涵与基本思想，高校问责制去行政化紧紧围绕着大学的核心学术使命和大学精神，致力于建设现代大学制度，以大学自治与学术为本、学者治学与学术自由、服务型行政与民主管理为价值导向，其意义具体包括：

采取多元、综合式的、法治取向的问责模式，有助于培育高校的问责文化及相关责任主体的责任意识、绩效意识和竞争意识；具有多元利益相关者共同治理与参与问责的优点，使得问责结果更加公正、公平、客观，信度和效度大大提高，有助于保障高校利益相关者的多元权益诉求，有助于推动高校的管理民主和和谐发展；通过搭建问责的制度前提和保障机制，有助于克服高校问责的目的偏差、问责模式单一、问责过程形式化和问责效果不佳的现状，有助于走出高校问责法理与权责体系不完善、单位制困境、高校官僚政治、高校管理民主的沦陷、信息不对称、问责的动力不足等诸多困境；有助于提升高校学术价值和学术系统的权益，扭转高校行政系统与学术系统权力失衡的局面，减少行政权力对学术权力的干预，破除高校的官僚主义、形式主义作风，防止高校的进一步行政化倾向。

总之，高校非行政主导的问责制有助于高校及其责任主体认清大学的本质和使命并切实履行职责与改进绩效，同时有利于高校的组织结构、权责分配和资源配置科学合理，最终建立完善现代大学制度，实现高校的善治和科学发展。

最后，高校问责制去行政化作为高校去行政化改革的重要组成部分，也是高校去行政化改革实施的关键途径之一，与高校去行政化改革有着相同的根本目的。法治问责、社会问责与民主问责相结合的综合性问责必然成为高校去行政化改革的推动力量，将一定程度上遏制高校行政化的动力与高校行政权力的膨胀，因此，高校问责制去行政化必然成为高校去行政化改革的重要契机和突破口。同时，高校问责去行政化改革建立起来的制度基础、保障机制和监督问责机制规范、制约了高校的行政行为，有利于保证高校去行政化改革的各项措施落到实处和改革责任的履行，因而有助于推动高校去行政化改革的顺利进行。

五、高校非行政化问责制的制度框架

高校问责制去行政化涉及高校问责范式的变迁和大学治理模式的变革，也必然要求相应的多元支撑和保障机制的跟进。为了研究的便利，这里将支撑高校问责制去行政化改革、由政府教育部门制定的制度基础称为“元制度”，即高等教育发展的法律制度和宏观政策；而将可由高校自行制定的高校问责制去行政化改革的配置制度、措施统称为“保障机制”。

（一）高校非行政化问责制的元制度

高校问责制去行政化的元制度是高校自主制定运行制度的制度，

是高校问责制去行政化改革保障制度的制度前提和依据，主要包括：明确高校社会问责的主体地位及其问责形式与渠道，包括独立的学术评估中介机构；完善高校的治理法规，合理划分高校党、政与董事会的权责与监督机制；以法律形式健全高校学术组织结构，并明确其参与管理和相关决策的权力与职责体系；基于监控与评估对良好治理的极大贡献和国际经验，建立国家对高校的监控与评估系统（涵盖就业与校友贡献、教学质量、科研水平、师资力量、专业建设、财务、国有资产、基础设施建设、高校后勤等主要方面），以此实现基于证据的政策制定、管理和问责，并可用于支持反腐败、民主参与、确定高校教育质量与社会服务标准、高校人事制度改革和利用绩效信息支持财政预算[①]；完善高校人事制度法规，实施校长选聘制，保护、促进学术人员的流动，规范行政人员的招聘与选举、选拔与晋升、绩效管理与考评，规范学术与行政人员的交叉任职；健全高校的民主管理法律，规范相关利益方的利益诉求机制与渠道、决策参与形式与渠道，确定高校行政主管和学术负责人的投票选举、民主推荐、民主评议制度，对揭发、检举、投诉提供法律保护。

（二）高校非行政化问责制的保障制度

高校问责制去行政化的保障机制是“元制度”的细化与具体配套措施。这些保障机制通过大学章程、部门和岗位职责体系来体现，通过科学管理、民主管理与学术为本、服务行政、民主公正的文化建设来实现。保障机制具体包括：完善社会问责的具体形式、渠道和便利措施；部门和岗位职责体系；健全学术组织，明确其决策权力和决策机制；完善学术组织、民主组织参与管理的形式、渠道与便利措施；完善高校信息公开的执行规范；高校服务行政准则和实施办法；完善高校内部的竞争上岗与淘汰制、决策与问责回避制；落实民主问责的形式、渠道和便利措施，为相关利益方的权益诉求、合理建议提供便利机制。

---

① ［澳］凯思·麦基：《建设更好的政府：建立监控与评估系统》，丁煌译，中国人民大学出版社 2009 年版，第 12—15 页。

（三）高校非行政化的多元问责制度

高校及其行为主体的责任与责任履行方式的多样性决定了问责类型的多元化，不同的划分依据可以有不同的问责类型。为了方便研究，这里采用主体属性、责任属性和问责方式相结合的综合划分方法（见表5-3）。

表5-3　高校非行政化的多元问责制结构体系

问责制度	价值取向	问责主体	问责对象	问责内容	问责方式
社会问责①	公共价值、多元利益	媒体、校友、家长、捐助者、用人单位	整个高校及负责人	办学方针与重大决策、人才质量、资金使用	汇报、舆论监督、信息公开备查、调查、考察、评价
政治问责	公共价值、合法、有效	教育主管部门、立法与司法部门	整个高校及负责人	教育法律政策落实、办学质量	宏观调控、教育督导、责令整改、司法监查与公诉
经济问责	公共利益、经济效率	国家审计部门或委托会计事务所	相关经济责任人	财政预算审计及资金使用监督	国有资产清查、财务审计、拨款
专业问责	学术至上、问责中立	教育评估与研究机构、教育协会	整个高校及相关负责人	科研水平、教育质量、专业建设	科研统计、教育评估、专业评估
民主问责②	管理民主、权力制衡、服务行政	教代会、工会、下属对上级	所有管理部门和岗位	部门职责和岗位职责	参与决策、质询、举报、申诉、述职、对上考评、建议
科层问责	管理科学有效、执行力	董事会、行政主管	行政机构及人员	办学方针、行政决策及日常运行	自上而下的监督、考评、检查
政党问责	廉洁守纪、民主、公平、决策科学	党委会、纪委、支部及党员；民主党派	党政领导	党内民主、干部廉洁奉公	民主评议、审查监督、党纪处分、组织处理
学术问责	学术为本、学术自治	学术、学位、教学委员会	学术机构及人员	学术决策及日常运作	学术评估、审查、复议、处罚
学生问责	顾客服务	学生维权委员会、学生会、学生	学生管理者、教师	行政服务与教学质量	学生座谈、网上评教、维权申诉

① 这里取狭义，广义的社会问责还包括专业问责、经济问责、政治问责。

② 这里取狭义，广义的民主问责还包括政党问责、学术问责、学生问责。

（四）高校非行政化问责的实施机制

上述高校非行政化的多元问责制度结构体系划分了不同类型的问责模式，并明确了各自的价值取向、问责主体、问责对象、问责内容、问责方式等维度，在“元制度”和“保障制度”的作用下，匹配、补充非行政化问责的实施机制，即不同问责类型的操作方式、方法，使之成为高校问责制非行政化的运行与实现平台，就可形成完整的高校非行政化的问责制度框架（见图5－1）。

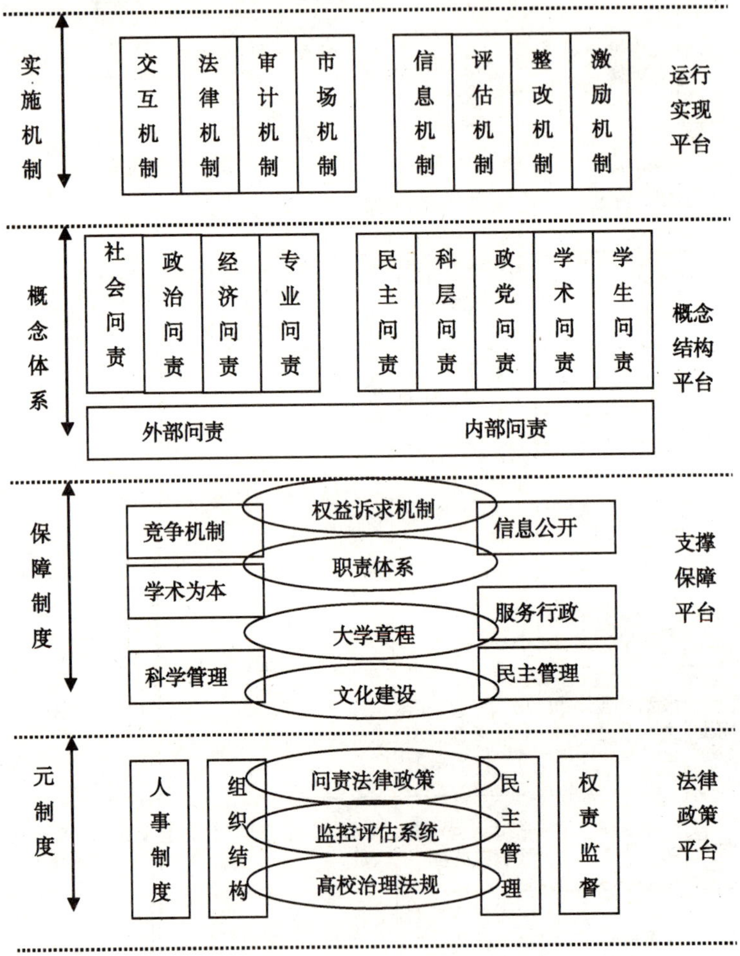

图5－1　高校非行政化的问责制总框架

这些实施机制包括：

回应与交互机制：指为了响应、配合问责主体的需要和保障问责的顺利实施，问责主体和问责对象之间对接、互动的具体形式、渠道与方法。

法律机制：一是听证检查与抗辩程序途径，指问责的主客体通过提出事实程序来证明问责结果的公正、合理，由独立、公正的仲裁者（一般指教育主管部门或教育中介机构，情节严重的可交由政府监查部门来检查或司法部门来诉讼）对抗辩双方的陈述进行衡量或通过听证检查来主动厘清事实真相，最后做出公正的裁决，其目的是最大限度地保护个人的权利，防止高校行政权利对学术机构和人员的干预或“非法”侵害①。二是替代性争议解决途径，其意图是不经过上述烦琐的听证与抗辩途径，而由高校内部的权威机构或民主管理机构与当事人的协商来代替指挥、控制，基于谈判、协商、信任来进行调解、复议、仲裁，以回应各方的权益。

审计机制：主要指经济问责的实施机制，由国家审计部门或委托会计事务所对高校的国有资产、财政收支预算、重大经济活动的资金使用进行的监查、审计，并追究相关经济责任人的责任。

市场机制：一是经济市场机制，通过国家的高校监控评估系统中提供的关于高校在教育市场、人才市场和新老顾客中的统计数据，形成“看不见”的自动问责；二是政治市场机制，通过竞争上岗与淘汰、绩效或责任合同、权力制衡、政治民主与代表性、授权与参与来实现自发的问责。

信息披露机制：是在高校信息公开的相关法律、政策框架下，高校及其责任主体更加积极地“发送信号”，除了以网络媒体为主公开职责、程序和结果外，还通过汇报、通报、述职、发布会，主动地证明自身的责任履行情况和绩效。信息公开本身也是一种自动自发的监督和问责机制，因为在交易成本为零的情况下，无论有没有问责及谁

① ［美］戴维·H. 罗森布鲁姆、罗伯特·S. 克拉夫丘克：《公共行政学：管理、政治与法律的途径》，张成福等译，中国人民大学出版社2002年版，第37—38，463页。

来问责，都将无关紧要（即都将有助于责任的履行）。

评估机制：问责以评估为基础，通过360度的全面、民主评估来取代行政化的传统评估机制，可以提高问责的信度和效度，同时增加同级、下级和顾客的话语权，实际上从不同向度增加了责任履行的压力。

整改机制：高校问责不仅是为了追究责任，当通过评估发现问题后，必须责令纠错、整改，通过教训总结、相关培训、整改计划、整改追踪与检查，来最终保证责任的履行和优良的绩效，使问责作为改革和绩效改进的一种驱动力量。

激励机制：问责、接受问责与责任履行都是需要激励动机的。一般指外在的激励与惩罚，包括各种形式的正强化——绩效预算与金钱奖励、精神奖励与职业晋升、授予权责和各种惩罚作为负强化。

六、补充与结语

高校问责制的去行政化改革不仅是要建立一种新型的问责制度，同时也是要建立负责任的行政模式，前者只是后者的必要条件。负责任的行政模式反映了公务员对组织和国家的二重责任，后者是首要的、根本的义务。负责任行政模式是对负责任行为的构成要素（包括个人道德品质、组织结构、组织文化和社会期望）与个人伦理自主的构成要素的综合，必须尽力消除腐败、专制、自私等威胁因素。责任既可通过改变组织、改变控制组织运行的条例和法律，也可以通过去寻求改变组织中作为责任主体的个人来实现，责任行为是在限制、要求、界限、标准和制裁中获得的（即外部控制），也是在培训、教育、劝导、文化熏陶与感化中寻求的（即内部控制）。上述高校问责制非行政化的制度框架主要以外部控制为主，较少考虑内部控制，即责任主体的责任意识、自主伦理和道德准则。根据辩证唯物主义，外因必须通过内因起作用。因此，还可通过鼓励伦理自主来支持个人负责任的行为。其方式包括：有意识地限定自己对所供职的组织的忠诚度，并培养组织范围之外的多种身份认同；对个人权利和个人意识提高法律和制度保护，拥有伦理意识；培养道德原则性思考[①]。

在高校这个知识工作者云集的组织中，通过行为主体的内部控制来履行责任有较强的可行性，但必须尽力消除或减少大学官僚制对伦理自主产生的压力和威胁因素。例如，官僚政治控制：个人的职业生涯、收入、安全感都将受到影响；团队合作的伦理困境：伦理自主被视为对团队的不忠和组织的威胁，因为在公共组织中，保持良好的印象被认为是最重要的事情；官僚制道德准则困境：经过多年努力才爬到重要岗位的很难反对上级权威部门的非法的、不适当的行为及权力滥用；代理转换：是权威人士而不是我选择了行为方式，所以责任由权威人士来承担，即官僚制委托代理关系中的独裁统治和工具理性开脱了代理人的罪行。通过组织救济，如保护检举人的合法行为是最具有建设性的做法。此外，制裁手段只有落实到个人才能被有效地实施。培养个人责任感应作为公共服务伦理学的最后防线，尽管组织安排、设计和制度对于日常责任行为的维护来说，是必要的。然而，当组织目标严重偏离了法律的要求而且公众利益也被私人利益取代时，最后捍卫民主、反对腐败和违法行为的就是公务员个人的负责任的行为[②]。

综上所述，完全可以认为高校问责制去行政化改革的实质就是发动一场深入持久的包括治理机制和责任文化在内的制度和文化变革。推动高校去行政化改革，就是要变革传统的行政型的官本文化，向高校法治、学术独立与自由以及管理民主与柔性化的人本文化转变。其中，对大学使命和大学精神的理念认知是文化变革的先导，以培育责任意识和问责文化为着眼点，以上述"元制度"、"保障制度"和"实施机制"等制度变迁作为文化变革的基础。由于我国政治挂帅的基本"政情"，当前可考虑将重构民主的党内问责制作为高校问责制改革的突破口之一。

---

① Terry L. Cooper, *The Responsible Administrator: An Approach to Ethics for the Administrative Role* (5th edition), New York: John Wiley & Sons, Inc, 2006, pp. 287 - 230.

② Ibid., pp. 228 - 244.

第六章

高校去行政化改革：其他多元路径

第一节 我国高校去行政化改革的政治空间与政治进路

如上文所述，我国高校去行政化改革具有政治属性。作为政治问题的高等教育体制改革，需要我们以中国的政治国情为出发点，以政治与行政的视角分析、设计高等教育管理及其体制改革，还需要我们具体分析我国高等教育政治与行政机制、政治结构等政治空间要素对于高等教育体制改革的具体作用与实际影响，以明确高校去行政化改革的政治合法性、政治进路及其可行性。高校去行政化改革的政治进路必定需要拓展当前狭隘的政治空间。

一、政治空间的提出及其意义

“政治空间”一般指行为主体进行政治活动的范围、规则和态势。可以从多个方面来具体理解改革的政治空间：一是理解为改革的政治资源与政治能力构成的约束条件集合，表现为改革的政治倾向性和政治可行性，该约束条件集合界定了改革的政治进路和改革战略的选择空间；二是理解为法定的正式权力和政治文化传统中形成的非正式权力构成的权力结构网络，权力主体是政治空间中的节点，权力结构是政治空间的核心，权力机制决定了政治空间的结构和秩序，决定了多元改革主体权利和行为的活动场域，是政治主体互动行动及其博弈的领域空间；三是理解为改革在当前条件下面临的政治态势，政治态势是一种动态性、过程性的描述，其构成要素包括政治文化及意识形态、政治制度及结构、政治权力及政治行为、政治程序及政治逻辑等，政治空间是由这些多重要素有机统一构成的共同体。

综上所述，政治空间界定了改革的政治约束条件集合和改革主体的权利及行动场域，受到政治传统与政治文化、政治制度惯性、政治发展趋势的影响，权力结构和机制从根本上决定了改革的政治空间和政治进路。政治空间往往具有一定的边界，其边界具有一定的伸缩性、抽象性、多样性、复杂性和秩序性。改革的政治进路总是同政治空间的扩张或者萎缩紧密相关。因此，政治空间提供了分析改革所处政治形势的工具性框架。

我国高校去行政化改革的政治空间正是基于上述多维的理解，高等教育体制改革从根本上受制于深层的政治结构及其决定的狭隘的政治空间。政治空间决定着我国高校去行政化改革的范围与广度、改革的层次及程度，也深刻影响着改革的目标、突破口、重点、方式及路径。因此，分析高校去行政化改革的政治空间，有助于认识改革牵涉的政治权力结构及其变迁路径，有助于认识我国高等教育政治运行的机制和改革的不同政治主体间复杂、互动的关系，有助于厘清政府与高校、执政党与高校、高校内部党委与行政及党政与学术之间的空间边界，还有助于加深对高校去行政化改革的政治属性和政治势态的理解，从而系统、科学、理性地认识高等教育体制改革的艰巨性、复杂性与长期性，最终为改革动力系统的重构、改革主体的确立、改革的政治进路设计增添政治可行性。

二、我国高校去行政化改革的政治空间

根据政治空间的理解，多重政治要素形成的网络结构构建了我国高校去行政化改革的政治空间。下面主要分析这些政治要素，包括：政治意识形态，政治体制、教育行政及法律制度，改革动力与阻力构成的政治张力，改革主体的动机与能力，改革的政治权力调整过程、风险及其政治后果。

（一）政治意识形态

在政治空间的分析框架中，政治权力及其结构与运行过程，往往

通过权力主体的政治意识倾向表现出来。高校行政化与党政化从某种意义上说，是政治与行政意识形态作用的结果，是国家政治文化在高校的表现形态。因此可以说，执政党的意识形态支配着改革的范围、方向、速度和形式，即思想解放与意识形态松绑的政治进程引导着改革与发展的历史进程。没有政治意识形态的支持，就意味着名不正、言不顺，体制改革就会障碍重重、步履维艰。同样，政党与行政意识形态没有发生实质性的变化，我国高校去行政化改革也会困难重重，难以有实质性的突破。因此，中国高等教育管理体制改革的最难以逾越的问题就是政治意识形态的问题。改革的困境就在于，在当前的政治意识形态下，高校去行政化改革难以突破原有的体制而取得实质的进展，而政治文化与意识形态的转型则是更加艰难的复杂过程。

现代国家的政府体制必定是一个法治、民主的政治体制。但是，我国的政党——国家意识形态与法治、民主政治关系显然处于紧张状态。原因在于中国处在一个革命意识形态与建设意识形态的交错关系结构之中。一方面，通过反复强调革命的光辉历程和崇高的革命意识形态，以强调论证我国政治体制的合法性，并实现政党——国家意识形态的自我维持。“稳定压倒一切”的政治意识形态在高等教育政治与行政体制中，就表现为控制与服从、等级与秩序，并不断强调这是坚持社会主义方向。革命意识形态，诸如“只有共产党才能救中国”，自然就转化为建设时期的“只有共产党才能领导中国”，党对高校全方位的领导就是其具体表现之一；共产党在革命时期的光辉历程与伟大形象，演变为建设时期“党可以领导一切”，成为无所不能的执政党，进一步演变为全能的无限政府，在高校则相应演变为功能齐备的党政系统及对高校所有事务的全面控制；经济、社会、文化领域的公有制是社会主义的重大标志，党和政府对教育事业的领导和控制则意味着坚持社会主义方向。自然，这种意识形态及其发展倾向，很容易成为建设时期改革与发展的障碍；而超越意识形态的改革，其正当性则受到质疑。于是，另一方面，为了绕开这些障碍和质疑，国家的政治、经济、社会、文化的实践和体制改革尽力在回避意识形态问题的前提条件下展开。然而，越是回避意识形态问题，体制改革就难以获得突破，其成效就越小。中国共产党逐渐发现，革命的意识形态逻辑与执政的意识形态逻辑具有难以协调的对峙性。论证其一致，使执政党无法更为有效地聚集改革的思想资源；论证其对立，又无法为其执政的合法性提供依据。国家意识形态的资源短缺，不得不在国家核心价值的名义下探讨超越于革命意识形态的国家价值理念①。或者以“中国特色”名义来补给意识形态资源的短缺，于是“特色主义”便成为这一矛盾的说辞和应对大众质疑的台阶。改革开放以来我国政治意识形态的摇摆，使得教育体制改革的政治空间充满不确定性和动态性。

（二）国家权力结构及体制

中国的国家权力是由执政党的政治权力和立法、行政、司法等权力分割构成的权力体系，有分割，但法律未能明确分割的界限；有分割，但未能形成权力间的相互制衡与监督。因此，这种扭曲的权力结构形成了国家政权体系中的党政不分、以党代政，并延伸到高等教育行政领域的党政不分和党委领导体制。党的宗旨是全心全意为人民服务，社会主义就是要坚持党的领导。因此，行政、立法、司法均要接受党的领导，统一于为人民服务的抽象原则，否则就是背离社会主义方向，与人民作对。政府的行政权力必须服从行政化的政党意志，成为执政党的执行权力，而主导国家权力结构日常运行的是包括政府主要领导成员在内的政治局、各级党委及其常委。尽管宪法规定，全国人民代表大会是我国的最高权力机关，但其机构设置和权力运作具有明显的政治依附性。事实上，既不具备能够形成对行政和司法制衡的独立性，也不具备对政府和政党选举与监督的最高权力。由于党管干部原则，人大对于国家机构人员的选拔、任用、晋升、罢免也往往流于形式。传统中，人大的很多领导是退居二线的前行政与政党要人，他们的政治处境、为官心态和下降的行政能力都不足以保证人大权力之作为国家权力的权威性（蔡定剑，1992）。人大的“橡皮图章”形象显然无法为中国行政体制和教育体制提供可靠的法律保障。最后是

① 任剑涛：《中国政府体制改革的政治空间》，《江苏行政学院学报》2009年第2期。

司法权，也要接受执政党的领导。现实中，司法权对执政党和政府要人的调查往往是在执政党内部的纪委调查之后。可见，司法也表现出对政治的依附性而难以独立运作。总之，整个国家，无论是行政、立法还是司法，或是政治、国有经济、文化、教育等领域，都要接受一个政党的全方位支配，民族国家演变为党国。

立党建国的历史决定了中国执政党以党治国的根本政治体制以及执政党的全能性质。受意识形态指导的执政党自然要建立与政党理念一致的国家，建国后必然也会处处展现出意识形态挂帅的垄断姿态。政党权力也天然具有自我扩张性，扩张之道就是借助具有暴力潜能的行政力量和行政化倾向实现对国家各类权力机构的不断渗透、介入和控制。最后表现为宪法和国家基本法律对执政党权力的超越性规定，也表现为执政党对于政府决策的全面干预，甚至是替代，还表现为执政党对于国家关键资源的全面控制，以及对国家精神生活的全面支配①。高等教育自然也不能例外，因为现代社会，最为重要的学术成果和主流文化几乎都产生于高等学校中的知识精英群体。执政党和政府需要对本国的学术发展方向和社会主流文化走势进行精微的把握和良好的操控，而实现这种掌控，最为简单、直接、有效的方式就是通过传统行政手段对高等学校进行全方位的管理。高等教育行政化正是为了契合这种治理需求而作出的选择，行政化有利于党和国家意志对学术界实现直接的渗透和影响，从而把握前沿学术乃至社会主流文化的发展方向②。

不管是出于对政治敏感的回避，还是对执政党代表人民并服务于人民的认可，人们往往将教育领域的问题，如行政化，归结为政府行政体制的问题，因此把政府教育行政体制改革作为高校去行政化改革的前提。但是，政府的行政权力实际上来源于执政党的授权，而不是通过人民代表大会进行的立法规范。表面上看，超越法律限制的政府

① 任剑涛：《中国政府体制改革的政治空间》，《江苏行政学院学报》2009 年第 2 期。

② 熊文钊、郑毅：《高等教育去行政化的基本问题及其对策——以法律规制为核心对策的视角》，《北京行政学院学报》2011 年第 3 期。

具有相当大的权力，可以频频推出教育改革政策，但事实上难以逃脱枝节改良的命运。30 多年的高等教育体制的改革历史却使当前的高校行政化、党政化登峰造极就是极好的证明。即便是首次提出的高校去行政化改革的政策性文件《纲要》也反复提出完善党委的领导体制，而根本不提如何规范党委与行政、党委与学术间的权力，更不会提出如何摆正高校党委的位置，如何规范、制约党委的权力并防治其权力的滥用。即，执政党权力无论多大、无论怎样行使，都默认为正当的、合法的。因为执政党的领导干部尽管受到法律、纪律的约束，而执政党的组织权力没有明文规范，核心领导在集权的政党体制下以党组织的名义任意行使权力。因此，这将意味着政府体制改革与教育体制改革都要在承认执政党权力正当的框架下进行。政党—国家体制造成了政府体制改革空间的逼仄，也从根本上限定了高等教育体制改革的空间。因此，不解决政府权力来源和高校行政权力来源的正当性问题，不明确提出支持政府教育行政体制改革的政治条件问题，不通过中国政治体制的改革来深化政府体制改革，中国的所有体制改革问题都不可能具有足够大的政治空间。

（三）力量对比中的政治张力

体制改革是具有不同力量的相关利益方之间相互作用的政治过程，实际上是动力和阻力相互博弈的过程，只有动力超过阻力一定阈值，制度才会向着占支配地位的力场方向重新安排。在高校行政化的逻辑中，最直接、最大的受益者是高校内部的党政系统及其中高层管理人员，理所当然成为高校体制改革的重大阻力源。官僚制内部不会自发产生抑制官僚制的力量，其结构和权力只会不断膨胀，控制力量只会不断得到加强。强调秩序的稳定与统一、控制与服从的高校传统行政价值观和官员至上、集权专制的行政意识形态，一时难以转型。因此，改革只能从外部政治力量中寻求突破。

毋庸置疑，中国的党政权力在高等教育和高校的政治市场中处于绝对垄断地位，党政权力的垄断性越强，越是希望维护这种稳定的既定局面和利益，因此对改革的呼声越是麻木。除非不改革会使政党的政治支持度明显下降或权威、声誉明显受损，而且这些损失要超过改革投入的学习成本和导致的社会摩擦成本及其风险。由于我国的执政党实行的是集权体制，体制改革的议程需要在政党最高层提出。当存在高度集权的政体和不完善的政治市场时，那些潜在或公开获得社会多数成员支持的制度变迁在现有政治秩序下稳定推进，是以掌握最高决策权的核心领导者的偏好及其利益与制度变迁的基本取向二者之间的平衡为前提的。即体制改革要以核心领导者的效用最大化为前提，如政治权威和地位得到巩固，社会支持度提高或政治反对力量减弱①。因此，最高领导人的改革决心与能力和社会公众对国家党政权力的影响力十分关键，前者主要由体制决定，后者则关系到党政权力的社会支持度。社会支持度取决于社会精英参与和影响决策的渠道和机会。现代国家建设的关键是依靠开放的进入机制，在政治和经济领域对所有的潜在精英开放。开放的机制意味着机会均等的政治参与。因为社会精英参与和影响决策的渠道和机会有限，中国的社会改革经验表明，这些被排斥在政治过程外的不同社会群体，有造成社会改革的延误和福利品供给不足的趋势。改革者尚未找到新的方法来整合新的社会力量并组织他们成为推动改革的动力②。

因此，尽管教育战线的人士和社会舆论频频抨击高校行政化的弊端，在民心向背和道义上支援了高校的去行政化改革，并在政界产生了一定的影响，例如，2010 年“两会”前后，政界、学界对高校行政化和去行政化改革进行了广泛、热烈的讨论，温家宝总理和教育部袁贵仁部长均已公开表示取消大学行政级别的意见。但由于社会精英参政议政的机会及影响力有限，对改革议程的影响也是有限的。从其影响的结果来看，随后国务院教育部出台了《纲要》。尽管《纲要》指出“随着国家事业单位分类改革推进，探索建立符合学校特点的管理制度和配套政策，克服行政化倾向，取消实际存在的行政级别和行

① 胡汝银：《中国改革的政治经济学》，载盛洪《中国的过渡经济学》，上海格致出版社 2009 年版，第 67—68 页。

② 郑永年、黄彦杰：《中国社会改革的政治动力》，《吉林大学社会科学学报》2011 年第 1 期。

政化管理模式”，但《纲要》既没有经过中央政治局讨论、颁布，也没有全国人大颁布实施，而是停留在政府单一部委的层面，是政府回应“两会”代表的声音，为实现政治支持最大化而提出的改革议程。且先不说《纲要》并没有具体的改革方案和时间表，政府单一部委层面改革议案又会陷入枝节改良的命运，即高校去行政化很可能停留在高校内部的去官僚化的技术改进，而不能真正打破高等教育的政治体制与法律造成的障碍。例如，《高等教育法》规定政府是公立高校的主要举办者，高校必须接受政府及其委托部门对办学水平、教育质量、资源配置和经费使用等方面的监督和评估；还规定高校的主要领导由主管政府直接任命与考核；政府对公立高校直接拨款；高校实行党委领导下的校长负责制，等等。这些法律制度构成了高等教育体制的主要方面，成为高校外部行政化、党政化的法律源头，教育行政部门自身怎么可能存在去行政化改革的广阔空间？

此外，改革的政治空间的大小和清晰度受到一系列改革政策之间的连贯性、一致性及已有改革政策的效果的影响。由于规模报酬和制度惯性降低了学习成本和不确定性，已有改革政策的效果越好，或拟发起的改革与已有的改革政策越连贯、越是一致，拟发起的改革政策的政治空间就越大。但是，当前的高校，同时进行着发展与改革委员会、人力资源与社会保障部指导的绩效工资制改革与前人事部、教育部指导的高等学校岗位设置管理改革，不仅这些政策还需消化、深入落实，而且岗位等级设置本身就是进一步的行政化与等级化，与去行政化存在某些冲突，三大政策不仅存在政策冲突，而且容易造成改革疲劳，最忌讳的是改革造成的潜在社会摩擦成本累计起来可能十分高昂。因为毕竟三大政策都直接牵涉高校中权力和利益的重新分配，改革的阻力和成本是影响是否改革的重要影响因素。而且由于高校去行政化改革环境、改革方式与进程的复杂性、不确定性，改革的程度、周期及其影响难以驾驭，改革需要投入巨大的学习成本、试错成本，甚至是政治风险。因此，改革的政治资源的有限性可能导致并在事实上已经导致高校去行政化改革一时搁浅，而转向其他更容易、社会关注度和政治优先度更高的改革领域，如社会保障体制或住房体制改革。

最后，改革的政治空间取决于成功改革在政治现实中的可行性。制度变迁的成功依赖于是否与特定时空中具有力量优势的社会群体对制度安排的需求相一致。在没有足够的需求和足够的支持的情况下，再好的产品或方案也会受到冷落，也会在政治等方面缺乏实际的可行性。所以，要设计出切实可行的改革路径，就必须深刻把握中国改革过程的基本机制，深刻地把握具有力量优势的社会主体集合对特定制度安排的需求，深刻把握实际力量对比关系及其变动的方向、规模和范围，根据实际和潜在的社会需求来决定改革方案的供给①。

综上所述，政治空间是一种相对的政治态势，具有潜在的可扩展性，不同的改革主体的相对政治空间具有异质性。因此，尽管当前我国高校去行政化改革面临的阻力重重，既有政治空间十分逼仄，但政治空间并未静态的定格，而是存在很大的不确定性。因为，主导一切的执政党既可能使体制改革毫无政治空间，也可能成为体制改革最强有力的支持者或领导者。

三、高校去行政化改革的政治进路

政治空间的可拓展性和不同改革主体的政治空间异质性，对于高校去行政化改革的政治进路的选择具有十分重要的意义。改革不仅要在不确定性的政治空间中艰难前进，而且也要把政治空间的拓展作为改革的重要前提和政治进路。下文将从意识形态与政治文化、政治与行政体制、教育法律、政策议程等方面讨论高校去行政化改革的政治进路。

（一）高校去行政化改革政治进路的基本框架

高校去行政化改革要在既有的政治意识形态与体制、教育行政与法律的夹缝中前行，必须优先进行思想解放，给意识形态松绑，逐渐实现由革命型的政治文化与意识形态向建设型的政治文化与意识形态

---

① 胡汝银：《中国改革的政治经济学》，载盛洪《中国的过渡经济学》，上海格致出版社2009年版，第88页。

转变。否则，贸然进行高校去行政化改革，会被扣上诸如“背离社会主义方向”、“反对共产党的领导”这样的“大帽子”，谁也不敢冒这种“上纲上线”的政治风险，历史的惨痛教训谁也不敢忘记。政治文化转型要求从革命时期对民主、自由的理想主义的价值认知，转型、创新为改革时期对民主、自由的现实主义的科学认知。所谓理想主义的价值认知，是以理想主义的眼光，从价值的意义或角度认识、理解民主和自由。所谓现实主义的科学认知，是以现实主义的眼光，从科学的意义或角度认识、理解民主和自由。在革命时期，民主、自由只是作为一种价值理想鼓舞人民为争取它而进行推翻反动统治的斗争。在改革时期，建设民主，实现自由，已成为现实的任务摆在我们面前，光有理想主义的眼光和价值认知是不够的，还要有现实主义的眼光，科学地认知民主和自由。实际上，民主往往只是一种纠错机制，自由也需要纪律来规范①。因此，民主和法治是政治文化转型的基本要求，也是体制改革的基本目标，同时也是体制改革的最基本的政治进路，最后还是维护体制改革成果的根本原则。

从我国改革开放的历史来看，无论是政治、经济还是社会体制改革，都是意识形态先行。在这些改革中，经济体制改革是最为成功的，取得了“中国的经济奇迹”而享誉世界。下面就来回顾一下我国经济体制改革的政治进路与政治空间的拓展，期望从中可以获得某些借鉴和启示。对这段历史稍有知晓的人都知道，改革开放前期，思想上抱守“两个凡是”，“资本主义是市场经济，社会主义就是计划经济”，公有制是社会主义的重要标志，而且这些意识形态在宪法和法律中予以确定，市场经济体制改革的政治体制、经济体制束缚可想而知。因此，每当人们提起改革开放，就把对真理标准问题的大讨论，即把实事求是、解放思想作为市场经济体制改革的序幕。大讨论之后不久，改革提出要发挥价值规律的计划经济（1978 年）；1979 年明确提出“以计划经济为主，市场调节为辅”；1984 年提出有计划

① 吕元礼：《从革命到改革的政治文化转型与创新》，《中国党政干部论坛》1996 年第 5 期。

的商品经济；1984 年进一步指出“国家调节市场，市场调节企业”；1989 年认为“计划经济与市场调节有机结合”；1990 年后干脆不提计划经济，而是要建设有中国特色的社会主义市场经济；1999 年修改宪法，确认非公有制是社会主义市场经济的重要组成部分。期间，邓小平生动形象地用“白猫黑猫”比喻计划经济体制与市场经济体制，成为意识形态转变的经典故事。

由此可见，思想的解放和意识形态的转型不是一蹴而就的，而是充满艰难和曲折的循序渐进过程。历史会永远记住这一幕，我们也要从中汲取经验。有学者总结指出，中国改革的进程是与一次又一次的思想解放紧密联系的，改革的阶段与经济周期和政治周期紧密相连，每一阶段的改革都是以执政党在意识形态领域上的理论突破而开始的；问题的关键在于如何使崭新的思想和模式“在政治上”植入中国的传统社会，最终创造出经济“奇迹”①。

当然，市场经济体制改革的成功经验不仅在于执政党的意识形态转变，还包括：无论是强制性变迁还是诱致性变迁，都要实行渐进的改革路径，这样既可以减少改革的阻力，也降低了改革的成本，还有利于实现改革的局部均衡和相对稳定的过渡；意识形态的松绑和转型需要在适当的时候以法律和正式的制度、政策的形式予以确认，同时废弃、调整不合时宜的法律、制度和政策，通过把思想解放的成果正式化、书面化，从而上升为国家的法律、制度；先易后难、双轨制、增量改革、补偿等改革方法和策略成功地化解了体制改革的阻力；最后，我们不能忘记的是，邓小平在这次改革设计中的伟大功勋，思想解放和重大体制的改革离不开国家最权威的政治家的领导。市场经济体制改革的这些政治经验，也基本奠定了高等教育体制改革的政治进路架构：意识形态先行、法律制度跟进、渐进强制的改革过程；注重方式和策略以化解阻力和风险；政治领导挂帅。

（二）高校去行政化改革的政治路径

与市场经济体制改革稍有不同的是，中国的高等教育体制改革牵

① 盛斌：《中国经济改革的政治经济学分析》，《开发时代》2001 年第 12 期。

涉政治体制改革，政治体制改革还必然触及政党制度及执政党的定位转换。因为，只有执政党的而不是革命党的政党定位成为中国共产党的政党定位之后，中国政党制度才具有支持中国政府体制改革的功能。换言之，中国共产党自身的有效改革决定了中国政府体制改革的前途与命运①。近年来，我国官员的腐败越来越严重，原因就在于独大的权力还没有得到有效的约束，“绝对的权力导致绝对的腐败”。这一独大的权力不是人大、政协，也不是政府行政权，更不是司法权力，而是执政党的党权。只有将政党制度解决好，使国家与政党的关系问题不再困扰人们，政治体制、行政体制和包括教育在内的社会体制改革中的权力结构调整才能得以进行，否则，一切关于体制改革的设想与举措，都会在一个独大的权力面前畏缩不前。唯有党内民主和党外宪政制约及权力制衡，才是政党制度建设的根本出路，也是体制改革的根本路径。党内的民主和党外的法治都需要落实选举制改革，民主选举制是一切民主制度中最关键的制度安排，是政治制度是否民主的最重要指标。在国家政治层面上完善人民民主选举，切实落实全国人民代表大会的最高权力地位，不仅使人民有权选择政府，而且使党的领导接受人民群众的监督，形成国家权力的科学配置和权力之间的有效制衡，最终使国家的党政权力在民主、法治的轨道上运行。

体制改革的关键是重新界定权力，以此实现相应利益的调整。作为非帕累托改进性质的改革，高校去行政化改革必须通过权力结构的调整来实现。高校内部存在的主要问题是行政权力与学术权力的失衡，致使行政集权专制，资源配置低效。更严重的是，行政不仅没能尽到服务学术的本质使命，而且干预、控制学术事务，导致学术与行政的权益冲突，严重影响了高校功能和学术使命的实现。因此，必须使高校内部的权益重新分配以解决权益的冲突。这里有两种策略：一是政府自上而下地强制高校改革，直接削减高校内部党政系统的权力，即强制性变迁迅速、直接、有力地推动高校去行政化改革，强制

① 王邦佐等：《中国政党制度的社会生态分析》，上海人民出版社2000年版，第87—92页。

性变迁以法律、政策、行政命令的引入强制推动高校的改革；二是直接提高学术系统的权力，事实上也意味着党政系统部分权力的丧失，因为高校内部的二元权力博弈类似零和博弈，这样高校内部的学术和民主力量迫使高校改革，或者高校行政系统出于形势所迫，主动让出部分权利，才能避免损失更大。“让利”看起来像诱致性制度变迁，实际上以强制性制度变迁引致的权力结构调整为前提，使学术系统有合法的、强大的权益诉求机制来扭转行政控制学术与主导一切的局面。很显然，高校内部权力结构的调整，是以政治意识形态的转型和国家权力体系结构的调整为前提的。

必须指出的是，强制性变迁并不总是意味着激进性改革，也可渐进地、分阶段地实施，尤其是政治意识形态的转型和国家权力体系结构的重构都是一个比较漫长的过程，这也是我国经济体制改革的重大经验。由于改革往往充满着不确定性，在确保国家政治总体稳定的大前提下，体制改革常采取“摸着石头过河”的改革探索模式，但摸着“石头”并不意味着总是顺着“石头”，必要的时候还要绕开“石头”，时机成熟的时候还要挪开“石头”。最后，由于高校去行政化改革涉及深层的政治、行政体制改革和多元权益结构的重大调整，任何个人和组织对于发动高校去行政化改革都不敢掉以轻心，同时考虑到高校过去面临的改革疲劳和政策冲突，建议去行政化改革由国务院牵头统一规划与部署，由中央组织部、发展与改革委员会、教育部、人力资源与社会保障部等部委联合组成改革的领导机构，这将显示出改革的重大决心和能力。当然，要组建这样的改革联合领导机构，以政治途径获得国家核心领导人的领导与支持将十分关键。

（三）高校去行政化改革的法治途径

在高校去行政化改革的进程中，以法律的形式对改革的既有成果予以确认，既提供了改革的合法性保障，也可以避免改革政策的反复。但单一的法制建设路径并不能保证高校去行政化改革目标的实现，可能面临被教育政策和官僚政治架空的危险。因为在人治的、专制的政治文化传统中，总存在超越法律的力量，不完备、缺少强制力的法律在与政治的博弈中总显得滞后或力不从心，政策的频频出台不仅可以扭曲法律的原意，甚至凌驾于法律之上，细读我国的宪法和教育法，便可找到不少例证。因此，高校去行政化改革的相关法制建设必不可少，但须同政治路径相结合，使之作为政治体制改革的继续深入和成果保障机制。

我国的教育法律法规是高校行政化的重要源头，为高校的行政化提供了合法性，并成为高校去行政化改革的重大障碍。一方面，高校的民事法律主体使高校具有自主的资源配置权，似乎具备与政府平等的法律地位；另一方面，高校作为特殊的行政主体资格，以行政相对人的身份与政府形成了行政隶属关系，其权力来自政府的授权。高校法律主体地位的模糊性，不仅为政府对高校的干预提供了法律空间，而且为高校对教师、学生权益的侵犯设置了司法解决的难题。受政治与行政意识形态的影响，与高校的民事主体资格相比，教育法律更倾向于政府对高校的有效控制，而不是对高校其他利益相关方权益的保护，更不是对党政权力的限制与规范。依据《教育法》、《高等教育法》，在高等教育发展过程中政府的主要权利有：（1）行政立法权；（2）行政决定权；（3）行政命令权；（4）行政处罚权；（5）行政执行权；（6）行政监督权；（7）行政奖励权；（8）物质帮助权；（9）行政复议权等。高校作为相对人的权利有：（1）排除违法行政的请求权和行政介入权；（2）参与教育法规或教育计划的权利；（3）听证权利。[①] 高校的人、财、物等资源配置大权均直接掌握在政府手中，其办学水平与教育质量还要接受政府的直接监督和评估。很显然，这种附属的、不平等的权利安排只能导致高校必须按照政府的指令行事，高校的自治权无从谈起。

因此，高校去行政化改革与现代大学制度建设，必须以法律的途径确保高校的法治与自治。其基本途径就是通过对《教育法》、《高等教育法》的修订，进一步明确高校的特殊公法人地位及其职能范围，厘清与政府的权力边界，对高校的涉外民事权力与行政权力和对

---

① 陈鹏、祁占勇：《教育法学的理论与实践》，中国社会科学出版社 2006 年版，第 251 页。

内的学术权力与行政管理职权予以明确、具体的规范，既从根本上扭转传统上高校作为政府附属事业单位与政府行政隶属关系，通过赋予公立高校的公务法人地位取得与作为公法人的政府平等法律地位，抵制来自于政府的行政干预，使高校在法律规定的自治范围内自由、自律、自责发展；又使高校内部的权力分工合理，避免高校行政系统对学术的干预和控制。为此，政府必须更新观念，转变职能，简政放权，由对高校的直接管理转变为通过立法、行政、司法监督的间接管理①。

具体来说，高校的学术使命和学术本位必须依靠学术事务的自治和法治机制来保证；而高校行政的服务本位必须依靠权力制衡机制和民主机制来实现，并通过法治来保障。前者要求，以法律形式健全高校学术组织结构与运行机制，切实提高和保证其学术决策的主导权力，并明确其参与管理和相关决策的权力与职责体系。后者则要求，合理划分高校党、政与董事会的权责与监督机制；完善高校人事制度法规，实施校长选聘制，规范行政人员的招聘与选举、选拔与晋升、绩效管理与考评；规范学术与行政人员的交叉任职，推动行政人员的职业化，约束“双肩挑”人员的权力垄断；健全高校的民主管理法律，规范相关利益方的利益诉求机制与渠道、决策参与形式与渠道，确定高校行政主管和学术负责人的投票选举、民主推荐、民主评议制度；完善高校内部的组织救济制度，以提高大学人的伦理自主程度和约束高校的行政管理权力，因而需要对高校内部的行政申诉、投诉、揭发、检举行为提供组织渠道和形式，并在大学章程中提供“法律”保护。大学章程是高校内部运行的最高准则和法典，一方面对国家的教育法律、政策起到补充与具体细化的作用；另一方面是对高校自治的“法律”诠释和对高校行政的“宪政”制约。要发挥这样的功能，大学章程的制定要以民主的方式，在高校内部民主组织和学术组织的主导下公开讨论、论证、起草，广泛听取各相关利益方的权益诉求，

① 陈鹏：《高校行政化的法理解读与法律重构》，《陕西师范大学学报》（哲学社会科学版）2010年第6期。

并接受媒体的监督和政府、社会的合法性审查。最后需要提醒的是，大学章程的制定是以高等教育体制的改革为前提，因为当前体制下，高校的学术力量和民主力量缺乏自主的权力空间，大学章程必然遭遇大学官僚政治的侵袭。因此，必须结合高等教育体制改革的进程，把握好大学章程的制定时机，否则无法实现其“宪政”、民主和保障学术本位的根本使命。

（四）高校去行政化改革的政策议程触发机制

金登教授认为，议程的设立可以看作是三个相互独立的活动流组成，它们是问题流、建议流和政治流，它们有时会聚合起来开辟一个政策窗口，从而使一些事物得以进入政府议程。问题流是由政府内部或外部的政策玩家期望政府采取行动的事务组成的。例如在高等教育领域，人们期望的是学术的自由与自治、资源分配的公平与公正。政策建议流是由解决问题的可能性方案所组成，政治与行政人员、专家学者、团体代表均可提出政策建议。政治流包括这样一些事项，如政府或政府首脑换届、民意变化、压力集团的活动，等等。议程的建立是一个竞争过程，某个问题被提上议事日程取决于很多因素，包括正在争论的问题是如何界定的及一系列议程触发因素：政治领导、政府官员、议员、利益集团代表、政府实体、危机事件、抗议活动、传媒曝光、统计数字的变化①。

其中，政治领导极为重要，不管是出于政治利益、公共利益的考虑，还是出于对其个人声誉的考虑，政治领袖都会密切关注政策问题。在中国，政治领导是体制改革的最高决策者，改革不仅要符合其价值观偏好，更要符合其政治利益。“两会”代表（其中包括相当多的政府官员），权威的专家学者，如知名的教育家、著名大学的校长，都是政策议程的重要设立者。危机事件和抗议活动，常会使问题激化，增加了改革的紧迫感，并引起社会广泛的关注，同时引起政治领导和媒体的注意，常常成为改革的导火索，从而迫使政府对此做出

① ［美］詹姆斯·E. 安德森：《公共政策的制定》，谢明等译，中国人民大学出版社 2009 年版，第 105—111 页。

回应。

一些引起媒体关注的问题，通过媒体报道，也能转化为议程，而且不管新闻媒体的动机如何，作为舆论的重要制造者、吸引政治领导和政府当局眼球及影响民心向背的重要工具，传媒的持续曝光对政策议程的设立大有帮助。传媒曝光，有助于改革的利益相关方加深对高校行政化问题严重性的认识，增强改革主体的问题意识、责任意识和改革精神、改革决心，也有助于在全社会范围内寻求更广泛的支持力量及形成改革的良好氛围。遗憾的是，2010 年“两会”前后，新闻媒体对高校去行政化给予了高度的关注和广泛的报道，对政府的议程触发也起到了很大的促动作用，但还需要深入、持续地跟进，因为那些已经成为议程事项的问题通过媒体持续、深度的关注才能取得更为积极的结果。

新一轮的政府机构改革或公务员改革、政府或政府首脑的换届、民意的变化、压力集团的活动也都是高等教育体制改革的重要时机或触发因子。例如，教育家的集体请愿，教育界和新闻界利用“两会”的机遇联合抨击高校行政化或与国家最高领导人的对话，学术力量合法的、有组织的游行，学术权威人士大肆控诉高校行政侵权或大力宣传、揭露高校行政内幕丑闻。在不太民主的体制和文化传统中，触及面越广的体制改革，越需要政治高层发动；而越需要惊动高层出面，就需要影响力越大的政治危机或“闹大”事件。这似乎已成为出台新政屡试不爽的政治潜规则。政治危机与“闹大”事件，发送了民心向背及社会舆论的主流信号，关系到领导人的政治支持度，形成了对领导人社会问责和停职、降级等人事调动的风险。因此，容易成为加快改革政策议程设立、推动高校去行政化改革加速的重要动力和路径。统计数字的变化，例如高校的行政人员腐败案的攀升、行政与学术人员比例的严重失衡、巨额并不断膨胀的行政开支等，容易形成高校去行政化改革政策的问题流，不仅能够加深人们对高校行政化问题的认识，还能一定程度上营造高校去行政化改革的紧张感。显然，多触发因素组合产生的综合作用，必定对改革议程的触发更为迅速、有力。

第二节　高校去行政化的组织变革路径

组织是在特定的社会环境中，以分工协作为基础，为达到一定目标而组建，由人员、目标、职能、机构、职位、权责、流程、制度、资源等要素组成，随着内部、外部环境的不断变化而自动调试和主动变革，并具有特定文化特征的开放系统。随着高校管理环境的改变和发展战略的调整，建立在官僚制基础上的、行政控制导向的高校组织难以适应改革和发展的需要，必须从组织管理模式、职能重心、结构设置、规章制度、权力体系、活动流程、组织文化等方面进行重大的变革。

一、组织变革途径概述

（一）组织变革途径在高校去行政化改革中的地位与作用

组织是高校运作与发展的载体，是划分高校内外社会关系的单位，也是高校秩序形成与秩序变革的必经之路。以治理模式自治化与法治化、运作模式社会化与市场化、管理模式去官僚化与民主化及管理方式人性化与柔性化为主要内容层次的高校去行政化改革体系，必然涉及高校与政府、高校与社会之间外部关系的转变，也一定会触及高校行政系统内部要素之间、行政与学术系统之间关系的调整，还要求形成高校全新的秩序和文化风气。因此，政府在高等教育领域的组织职能的调整是高校去行政化改革的重要前提，高校组织结构的变革是去行政化改革的基本内容和重要途径，也是推动、落实高校行政化改革深入发展的执行力量和组织保障，在高校去行政化改革系统中起着基础性作用。

（二）高校的组织结构及其特点

我国高校沿袭了计划经济体制下作为教育行政部门或其他政府部门的行政下属的制度惯例，其内部组织管理活动也依据政府的组织方式与管理模式，行政结构上是条块分割的直线职能制模式，学术组织结构上以“校—院—系”三级结构为基本类别，带有浓重的经验性、行政性特征①。目前，我国高校组织模式出现了如下总体特征：行政化倾向、官僚化色彩浓重，民主法制不健全，以行政效率和秩序控制为职能重心，党政权力与学术权力严重失衡，等级意识严重，资源配置行政主导化，组织僵化及行政机构的服务流程不顺畅，学术精神黯然失色。在组织结构方面，最根本、最典型的特性体现在以下两个方面：

一是呈现出从官僚制到官本位的组织异化特征。官僚制的理性化、效率化价值取向促进了大学管理的制度化、规范化，但也伴生了新的问题。官僚制过分强调规范、秩序和非人格化，因而不适合于从事以创造和革新为重点的非常规的学术组织活动。官僚制本应服务于大学，现在却作为一种异己力量反过来奴役大学、折磨大学，这完全符合“异化”概念的内在规定性。在中国特定背景条件下，官僚制不但未能克服自身缺陷，反而更加强调级别、权力，将自身局限性发扬光大、推向极致，致使官僚制逐渐异化为官本位，大学的学术发展受到严重损害。

二是组织结构的非学术化。大学是培养高级人才和研究高深学问的地方，其性质和使命决定了学术性是它的本质属性。这种属性要求大学在进行组织机构设计时，要紧紧围绕学术主体，在人才培养的数量和质量、科学研究的水平和对社会的贡献等方面考核组织绩效。然而，深层的制度约束和利益的驱动，造成了组织结构的非学术化倾向：不以学术为导向和价值判断标准，轻视、贬低甚或压制、践踏学术，主要表现在：非学术性组织比例偏大，大学组织建制非学术化；学术组织成员主业非学术化，学术组织中“双肩挑”人员较多；学术组织运转非学术化——行政权力的干预②。

大学组织结构的官本位和非学术化倾向，引发的后果主要体现在：

---

① 杨东平：《治理教育行政化弊端的思考》，《教育发展研究》2010 年第 19 期。

② 王宾齐：《中国大学组织结构非学术化的新制度主义分析》，《国家教育行政学院学报》2010 年第 11 期。

第一，行政等级与学术本位的冲突。官僚制组织是一个等级实体，具有等级与权力一致的特征，形成自上而下、逐层控制的金字塔式组织体系，上下级之间体现为命令与服从关系。而学术机构则不同，学者作为知识的拥有者，享有从事学术研究的平等与自由，通过传播知识、探究真理获得某一领域的知识权威，而非依职位高低显示其学术地位；大学不像行政组织那样表现为一个等级森严的结构体系，“它不是一个政治团体，其职责不是行政管理，而是发现、发表和讲授高深学问。它的管理不是根据人数或少数服从多数的原则，而应当以知识为基础”①。

第二，工具理性与价值理性的冲突。官僚制的诞生是工具理性的产物，其核心就是最大限度地追求效率，追求秩序的稳定和权益最大化。依据工具理性原则建立起来的官僚制体系，强调管理过程的非人格化。而科研的本质是创造，科研活动需要宽容，需要降低组织化、程序化、形式化、数字化程度，给学者以较大支配空间。用工具理性的一套管理学术活动，必然违背大学运行规律，与大学本应奉行的价值理性产生冲突②。

第三，高昂的管理交易、政治交易成本。层级繁多、结构复杂的高校组织结构在两方面增加了交易成本：一方面，众多行政机构增加了管理成本，我国高校中行政人员比重在30%以上，庞大的行政机构造成职能交叉、多头指挥、效率低下等问题；另一方面，科层制的组织结构使得层级繁多，增加了信息沟通成本，高校内部信息传递不畅，导致决策不民主和低效率。而且高校的组织文化压抑着创新③。此外，学校职能部门与政府部门的对接，以及高校的权力、预算资源来自主管政府部门的批准、授予、干预与划拨，直接增加了高校与政府间的政治交易成本，甚至是寻租和腐败的成本。

---

① ［美］布鲁贝克：《高等教育哲学》，王承绪等译，浙江教育出版社1987年版，第39页。

② 袁祖望、付佳：《从官僚制到官本位：大学组织异化剖析》，《现代大学教育》2010年第6期。

③ 全力：《高校组织模式存在的问题及其重构》，《教育发展研究》2011年第3期。

总而言之，大学组织结构的特征直接造成大学学术氛围淡化、学术水平下降和非学术因素干扰增强、资源浪费等现象，最终引起学术精神缺失，学术使命意识淡薄，大学宗旨偏向等大学变质的严重后果。

（三）高校组织模式调整的总体思路

为了克服高校组织模式扭曲及其产生的后果，更好地顺应和推动高校去行政化改革的需要，高校必须从组织管理模式、职能重心、结构设置、规章制度、权力体系、活动流程、组织文化等方面进行重大的变革。调整的总体思路是：组织管理的基本模式由行政控制转向合作共治；组织职能由管理本位回归学术本位，在职能重心上追求学术质量和学术竞争力而非高校级别、规模、预算资源的最大化或静态的稳定秩序；组织结构从垂直到扁平、从纵向一体化到网络化，组织形式从僵化到柔性，组织边界从封闭到开放；权力配置从集权到分权、从失衡到平衡、从行政权力主宰到学术权力主导，相应地，资源配置由行政主导到学术绩效导向；组织流程由孤立、割裂转向整合、协同；组织文化由官僚主义、人治集权、控制取向、官本位到人本主义、民主法治、服务至上、学术为本转型。其中，组织管理模式的调整最为根本，合作共治的理念更新是前提，不仅涉及治理理念的更新，而且涉及高校组织管理其他要素的跟进调整，因此是高校去行政化改革的前提之一，是建立现代大学制度的基本要求；高校组织职能重心的转移是核心，学术职能重心是履行大学宗旨、实现学术使命的根本途径。

治理模式的转型和职能重心的转移只有落实到机构设置、权责体系、规章制度、活动流程和组织文化的变革上才能真正实现，因此五者十分关键。结构、制度和流程的变革是显性的，是高校去行政化改革的重要标志性工程，也是改革的三大基本载体，高校去行政化改革的目标最终也要依靠新的结构、制度和流程去贯彻落实。下面将简述这三大载体的变革。

高校在行政结构设置上，应该精简行政机构数量和人员编制，实现组织结构的扁平化、矩阵化、柔性化，赋予学者和基层行政人员更多的决策权力，只有这样才能充分调动组织成员的自主性，更好地为教学、科研服务。将各行政职能部门改为服务中心，取消“长官”头衔和称谓，代之以办事员、服务员、协理员或主任、责任人，突出岗位的服务责任。此外，高校也没有必要设置与政府对口或重复的职能部门，可将这些职能部门及其业务推向社会或市场，从而推动高校的自治化、社会化与市场化改革。

在高校行政活动流程方面，实行业务流程的再造和优化。业务流程重组是以作业流程为中心、打破传统的金字塔形组织结构，组织结构向扁平化发展。高校的业务流程是旨在为学术系统带来满意度、为高校创造效益及相互关联的一组活动。业务流程再造就要彻底改革无效的、不创造价值的“流程”，这要求以行政流程的服务顾客——学术体系为中心，重组流程的目的在于通过提高顾客的满意度，增加高校的竞争能力。在重组流程的过程中，始终要从推动行政服务效率和效益提高的角度出发，深入发现阻碍效率的关键因素，并加以克服。具体来说，首先需要将行政服务流程根据教师、学生等主体的需要进行分类、整合、优化，建立基于流程的服务中心（服务程序和大部门的综合体），实行一站式服务；然后通过工作分析、动线设计并借助管理信息系统等信息技术，进行流程优化，不断增强流程的顺畅性、透明性、规范性、公平性，从而提高流程的服务效率和满意度。

在规章制度方面，大学章程的建设最为根本，但并不迫切。因为只有解除了高校外部行政化之后，而且高校内部的学术组织和学术权力体系得以健全，才能在高校学术力量的主导下推动大学章程建设。只有在这样的条件和时机成熟后，才能进行大学章程建设。否则，大学章程建设也避免不了行政化的厄运。当然，大学章程的建设，需要教育法律和宏观教育政策在建设依据、主体、程序、方向等方面进行“元制度”的统一指导和规范。针对目前高校内“拜官文化”和学术异化等现象，首先，在制度上应该将学术自由精神具体体现在制度层面，强化独立意识，建立一种行政与学术权威相互牵制的制度，把学术权力和行政权力分割，行政权力服务于学术权力；其次，应改变急功近利的学术评价方式，对不同学术思想兼容并包，尊重学者的独立人格，在学术评价上，坚持以质为本，而非以量取胜，以长期的考核替代短期的绩效考核①。

笔者认为，权责体系的调整及相应的结构设置是高校去行政化改革的重要突破口，组织文化的变革则能发挥整体性、稳定性、持久性的总体功效，二者的变革是重中之重，因此下文将重点论述。

二、高校学术权力体系的重构

（一）高校去行政化改革需要重构学术权力体系

高校去行政化改革不仅仅是针对行政系统的，我们不是为了遏制行政化或官僚化而进行改革，也就是说，不能是为了去行政化而进行去行政化改革。改革的终极使命只有一个，那就是始终致力于高校学术使命的维护和学术价值的实现，还大学的本来面目，也就是通常说的秉承大学理念，崇尚大学精神，学术使命为本。从这个意义上讲，针对行政系统的高校去行政化改革的目的和改革的方式都是间接的，只是改革对象的一个方面。改革的真正目的，是要保证学术活动的正常进行，推动学术的发展，而这些主要靠学术权力体系去完成。因此，高校去行政化不仅涉及行政职权、制度的调整，也必然涉及学术权力体系的重构。后者的改革则更为直接，是前者不可或缺的必要补充。去行政化改革就是要使两大权力体系各归其位、各行其责，在各自的领域发挥应有的作用。如果仅仅做到了行政系统的去行政化，则仍然不能保证学术系统功能的有效发挥。

因此，可以说，从改革的目标达成而言，高校行政系统的去行政化只是必要条件，而高校学术权力体系的重构则是充分条件。现代大学制度的建立和以自治化、法治化为基本内容层次的去行政化改革，必须是以健全的学术组织及其权责体系为基础的。只要改革后高校的学术组织健全、学术权力体系完善、学术宗旨和责任很好地履行、学术创造力得以高效发挥、学术竞争力得以大大提升，改革就是成功的。所以，去行政化语境下高校学术权力体系的重构是不可回避的改

① 全力：《高校组织模式存在的问题及其重构》，《教育发展研究》2011 年第 3 期。

革对象和途径。同时，使学术权力回归本位，也形成了对行政权力系统的制衡、约束，对于推动更高层次的改革，如去官僚化与民主化、行政管理方式的人性化与柔性化改革，意义十分重大。

（二）高校学术权力体系及存在的问题

自大学诞生之日起，追求学术自由、学术自治、教授治校的权力就已经是大学内在发展逻辑所赋予的，并且对大学的科学发展起着支配作用的正是学术权力这一内在力量。对高深学问和知识的自由追求则是高校存在的根源和基本理由，也是学术权力自治的基础，同时也从根本上决定了学术权力对于维护高校学术自由的核心地位。学术权力对于一个高校维护其自身的学术自由、促进学术创新、培养高素质人才，履行其根本任务、实现其发展战略和发展目标，以及在当今高校和学术竞争中取得一席之地有着重要的不可或缺的历史意义和现实意义。学术权力是为着学术的权力，因学术而产生，为学术而存在，其根本目的就在于保证学术活动的正常进行，推动学术的发展①。

1. 高校学术权力体系构成

学术权力体系包括权力主体、权力客体和权力形式。主体是高校的学术人员和学术组织，其中，学术人员包括拥有学术职称或头衔的学者、教学或科研人员等，学术组织则指决定学术事务的组织，诸如学术委员会、学位评定委员会、成果评定委员会、职称评审委员会、教学指导委员会、课程评估委员会、教材评审委员会、科技规划委员会、专业评议委员会、学术协会、专业委员会、项目评审委员会等。鉴于我国目前高校的情况，二级学院同时拥有较高的行政权力和学术权力，因此高校中的二级学院以及其下属的各个系、教研室也属于学术组织的一员，但其负责人基本上拥有行政级别，并纳入组织部门的考核管理，这种权力混同的结构模式延续至今。学术组织的成员一般在某一学科、某一专业领域中学术造诣深、学术水平高或学术影响力大，他们大多是校内各学科的学术带头人，本应代表的是科学知识的

① 纪宝成、胡娟：《关于高等学校学术权力的几点思考》，《中国高教研究》2010年第1期。

权威性，但他们同时是某个院系的成员，有的成员还是行政职能部门的成员，因此现实中可能被部门利益、行政系统所俘获。

学术权力体系的客体是学术事务、学术活动和学术关系，其运作方式可以是行政命令式的，也可以是民主协商式的，它涉及学术组织的层次、学术权力机构的模式结构，以及组织层次、结构团体对学术管理的影响力[①]。大学的学术权力形式一般包括学术规范权、学术评价权和学术资源配置权等类型。大学学术组织的主要职能有：确立学术标准，制定学术政策；审议学术方向，评定学术成果；开展学术咨询，提出学术建议；参与学校管理，审议学校战略；监督决议执行，组织学术活动；维护学术道德，整饬学术伦理等。学术权力体系的重要职责是保证学术活动正常运行，是通过相关的学术机构和学术人员、辅助管理机构（如科研处、教务处）及其行政人员根据一定的制度、程序去落实。

2. 高校学术权力体系的运作现状

《高等教育法》明确规定在我国高校中要建立各种学术组织，虽然许多高校也遵照《高等教育法》设置了一些学术组织，但是并没有明确的制度或规章来具体规定学术组织的构成、权力、责任和运作程序。许多学术组织，如学位与职称委员会、二级学院及其下属的学科系等，都有“依附”于行政组织或者自身就是行政组织中的一员的情况。这些学术组织大部分还是通过行政的方式来决定其组成人员，又是采取行政的方式来决定由谁领导，以及来决定学术组织会议的召开和议程。这样的制度惯例使得学术权力不断被弱化，行政权力不断被加强，学术权力隶属于行政权力就是必然的，导致了学术组织经常形同虚设。会议是大学学术组织运作的主要形式之一，但会议形式是一种极为松散、组织成本高昂的工作方式，成员们相互协作十分有限，现实中学术会议的参与者、议题、时机及会议形式往往由行政管理部门说了算。所以在我国普遍的高校情况中，学术权力的体系结构处于“隐性”的地位，缺乏整体的、独

① 陈磊：《高等学校学术权力的反思与建构》，《高等教育研究》2002 年第 4 期。

立的结构脉络和系统性。

有学者分析认为高校学术权力体系的运作现状具有两个特征：一是学术组织成员主业非学术化——学术组织中“双肩挑”人员较多，他们在大学中既搞专业又当领导，既是学术带头人，又以行政领导身份出现；二是学术组织运转非学术化——行政权力的干预，行政干预成为最大的“干扰源”，干预时常发生，且是多方面的，如权力部门的干扰、学术组织内部成员非学术化的思维方式和行为模式、社会文化中的“官本位”思想等。由此得出结论：学术评价权和学术资源配置，基本上独掌于学校行政部门，学术组织没有权力可言①。还有学者的实证研究表明：学术组织中各委员会的成员资格与担任系主任以上职务或处级以上干部两者之间高度相关，即担任各级行政职务更容易成为各类学术权力机构成员；我国各高校的学术委员会等学术权力机构表面上看是由教授们组成，但若无行政背景实际很难进入，究其实质还是行政权力披上了学术面纱在进行控制和管理。该调查还发现：学术权力机构的设置随意性大，名称五花八门；各类学术权力机构中行政权力无孔不入，学术权力有名无实；高校各学术权力机构在实际运行中教授治学氛围不浓，民主程度有待加强②。

3. 高校学术权力体系存在的问题

在我国大学的运行现实中，由于“校长作为行政权力和学术权力的共同领导者”这一假设的存在，导致国内大学的技术结构在合法性基础和组织人事上都依附于行政权力而存在，大学技术结构空心化直接的结果就是学术权力在大学中失去强势代表者——学术管理流程基本由行政人员主导，从而为行政逻辑泛化到学术领域开启了制度化的大门；而且支持结构的职能范围失当：支持结构本应通过为教学、科研人员提供服务和支持获得存在的价值，但实际上掌握了大量学术相关事务决策权，使原本单纯的服务部门嬗变为具有一定学术决策权的

---

① 王宾齐：《中国大学组织结构非学术化的新制度主义分析》，《国家教育行政学院学报》2010 年第 11 期。

② 李海萍：《高校学术权力运行现状的实证研究》，《教育研究》2011 年第 10 期。

管理部门①。

此外，学术权力的合法性和可操作性由于缺少相关有力的制度保障，学术权力体系缺少自身的发展资源，从而使学术人员或学术组织投向行政权力体系为自身发展谋求资源和机会。学术权力体系衰微，行政权力便顺理成章地蚕食了本属于学术系统的权力。已经政治化了的学校行政权力通过掌握公共资源的分配权，逐步成为高校的绝对主宰者。“当政府部门垄断着资源分配时，学术权力作为‘在学术场域中制定规则和分配资源的话语权力’的权威地位，就不得不让位于行政权力”，于是，“行政权力指挥学术力量，行政逻辑优于学术逻辑，‘民主制’被‘集中制’取代，当学术权力不能独立地行使自己的‘话语权’时，学术资本对行政权力的依附与追逐也就很难避免了”②。因此，在高校中，虽然是以学术活动为主，但是学术人员和学术组织都在一种被行政权力体系包围的状态下进行学术活动。

4. 高校学术权力体系不健全的后果

综上所述，高校学术权力体系很不健全。一方面表现在学术权力与行政权力的失衡，另一方面表现在高校学术权力体系自身的异化。二者互为因果、相互促进，使得高校学术权力体系积重难返，大刀阔斧的改革势在必行。

高校受计划体制和政治行政体制的影响，设立的机构和部门臃肿繁多，与高校正常教学、科研活动无关的人员膨胀，直接也从根本上导致高校学术权力与行政权力的失衡局面，不但增加了办学成本，而且使很多可以用在教师和科研活动上的资源都被繁多的机构和部门所占用。学术权力与行政权力失衡会造成高校内部的管理重心出现主体错位，致使高校行政人员从服务者变成了管理者、主宰者，主体错位激化了高校内部的权利矛盾，严重影响高校的和谐氛围，降低了教师的学术积极性，更使教师的价值观扭曲。最后，学术权力与行政权力

① 郑毅等：《组织结构视角下的中国大学行政权力泛化》，《高等教育研究》2012年第6期。

② 冯向东：《大学学术权力的实践逻辑》，《高等教育研究》2010年第4期。

失衡导致在管理决策中，行政意志过于突出，忽视了高校的学术规律，制约了高校的学术创新能力，严重影响高校的办学质量。

我国高校学术权力自身的异化现象主要分为三类：一是学术权力的行政化，其特征与后果是压抑、扭曲了学术权力的正常发挥和行使，妨碍了学术自由、学术民主和学术平等；二是学术权力的市场化，使得一些地方大学把创收作为办学的主要目标，利益至上，学术权力成为市场交易的工具，学术的崇高性被淡忘甚至完全被置于脑后，教学科研质量完全得不到保障，从而严重地影响了社会对大学的期待和评价方式，使得社会对大学的评价、大学对自己的评价、大学对学术的评价都进入了一个急功近利的浮躁时期；三是学术权力的庸俗化，这些现象导致人们对学术不端行为产生精神麻木，这样的精神麻木和缺乏是非观在很大程度上纵容和助长了学术不良风气，它所造成的学术权力的堕落将从根本上挑战学术权力，让社会质疑学术权力存在的必要①。

（三）高校学术权力体系重构的总体设想

《纲要》提出要“充分发挥学术委员会在学科建设、学术评价、学术发展中的重要作用，探索教授治学的有效途径，充分发挥教授在教学、学术研究和学校管理中的作用”。虽然《纲要》原则性地强调学术组织及其人员的“重要”作用，但如何发挥，“重要”到什么程度，是发挥辅助和（或）执行学术决策的“重要”作用，还是实现其在学术领域的主导性、决策性作用，并无具体规定，所以难以触动高校学术权力体系改革，毕竟当前学术委员会发挥的部分作用难以替代、也很“重要”。

我国高校行政化弊端源于其权力结构的不合理，政治权力和行政权力过分强势，垄断了高校的各类权力，并压抑着学术权力和市场权力的正常诉求。要革除中国高校行政化弊端，必须首先将被政治和行政权力垄断的高校各类权力进行合理分权，让政治权力、行

① 纪宝成、胡娟：《关于高等学校学术权力的几点思考》，《中国高教研究》2010 年第 1 期。

政权力、学术权力各司其职，各尽其责。理顺高校各类权力的职与责，而且将各类权责系统以高等教育法律法规和高校内部大学章程等法制形式确立下来，是去行政化语境下高校学术权力体系重构的基本要求。

重构学术权力体系，不是抢班夺权或简单地把行政权力体系从高校中剔除，而是要改变学术权力与行政权力失衡的现状，从权责制度、组织结构、运作程序等方面科学地划分出两者的界限，明确两者的权责及作用范围，使学术权力系统重新掌握高校学术领域的决策主导权，树立高校学术委员会权威，使行政权力更好地服务于学术权力。因此，改革的总体思路如下：按照蔡元培先生提出的“教授治学，民主治校，兼容并包，学术自由”的大学办学思想，将学术管理民主化、学术研究自由化作为学术权力体系重构的出发点，体现高校办学的独立性、自主性，实现民主、自由的学术氛围；以树立学术委员会权威，实现其在学术领域的最高决策权、主导权为改革的方向；制度的完善才能有力保障学术权力体系的独立性与有效性，必须以高校内外部法制形式改革和健全学术权责体系，作为改革的基本途径；构建权责明确、分工合理、机构健全的学术权力组织结构和科学规范、民主高效的学术权力运行机制作为改革的突破口，以树立学术权力体系的主导地位，明确其权力范围、内容、程序和方式为直接目标；以发展学术为宗旨，注重权力中心适当下移，以学术权力的下放为主，行政权力下放为辅，充分发挥院、系（部）和基层学术组织在学校学术事务决策中的作用，使其享有更大的自主权；重构学术权力体系还要注意在学术领域坚持去行政化，不能按行政逻辑和体制来建构学术权力体系，而要建立健全决策机制和监督机制，防止学术“霸权”和学术“行政化”的倾向。

（四）高校学术权力体系重构的具体建议

根据上述指导思想，从职权、机构、制度、程序等方面提出高校学术权力体系重构的如下具体建议：

一是扩大学术委员会的职能，切实落实教育法规定的职能审议学科、专业的设置，教学、科学研究计划方案，评定教学、科学研究成果等有关学术事项，同时还应该拥有教师招聘、考核、评价、晋升的标准制定与具体实施的权力，拥有独立接受对教师学术不端的检举并展开调查、组织听证的权力，使其成为名副其实的学术评议、审议、论证和决策的最高学术权力机构①。

二是在高校最高决策机构中，如校务委员会、董事会或理事会中，增加学术人员的比例，提高其代表性，增加发言权、表决权，恢复学术权力系统在最高决策权力机构中的主导权，毕竟高校的“最高”决策理应是与学术有关的决策，学术人员最有发言权。

三是厘清学术权力体系自身的整体脉络，恢复其系统性。具体包括：健全由学术权威成员参加的多种形式的评议会、教授会、学术委员会等学术组织机构；健全校级和基层单位学术委员会，突出大学基层学术组织的管理重心地位；增设独立的、常设性的学术委员会办事机构，要有编制，改变其挂靠在科研处或某个职能部门之下，而没有独立人事权和财政权的现状。

四是提高学术委员的独立性，合理解决“双肩挑”问题。禁止高校的各级党政领导以及所谓的“双肩挑”人员参加学术委员会，例如复旦大学、吉林大学等知名高校的学术委员会章程都规定，学校领导和职能部门负责人不担任各级学术委员会委员职务。

五是提高学术权力行使的科学性和民主性。具体包括：凡是涉及学术事务的任何决策均要实行无记名投票制，每人一票，并且超过2/3票才可以通过；完善学术委员会的会议制度，定期会议和不定期会议相结合，提高其决策的应变性；通过匿名评审、回避程序、任期与换届规定、外聘部分学术委员等流程设计，提高学术权力行使的客观性、公正性、科学性和民主性。

六是健全高校行政系统对学术系统负责、为学术服务的责任和问责制度，例如，由学术机构、学术人员民主选任科研、教学和二级学院的领导职务，在行政人员绩效考核体系中，增设学术人员作为评估

---

① 陈邓海：《树立高校学术委员会权威：我国高校去行政化改革路径》，《中国劳动关系学院学报》2012 年第 4 期。

主体，增加学术服务考核指标，提高行政的学术服务性指标的权重。

三、高校的组织文化变革

从组织文化的视角来剖析，高校去行政化改革的实质是由传统的行政型的官本文化向高校自治与法治型、学术独立与自由型以及管理民主与柔性化的人本文化转变。因此，高校去行政化改革即是要发动一场秉承大学理念、崇尚大学精神的精神革命以及相关的制度文化变革与物质文化变革。

（一）大学的精神革命——精神文化变革

精神文化是大学文化的核心层，表现为价值观、信仰等理念，体现了大学的运营哲学、宗旨与目标等。因此，加强大学精神文化建设必须围绕大学理念展开。近一个世纪前，科学管理之父泰勒宣称，科学管理在实质上包含着要求从事工业或在任何一个具体的机构中工作的个人，也要求管理部门及其管理人员进行一场全面精神革命——要求他们在对待工作、同伴或雇主的义务上进行一场全面的精神革命①。没有这种全面的精神革命，科学管理就不存在，这是科学管理的精神内涵，也是管理哲学。要树立以学术为本位，以教育和服务为两翼的大学理念，也必须来一场全面的精神革命，来实现摒弃官僚制文化的组织变革。

组织是有精神的，作为学术性组织，“大学的精神既是前进的动力，也是大学发展所积淀的精髓和灵魂。……从普遍的意义来看，大学的精神主义体现为自由精神、民主精神、科学精神、创新精神和民族精神”②。因此，大学的精神革命要求大学的师生员工在对待工作、对待其他师生员工、对待大学和国家的义务上，恪守一切为了学术、一切服务于学术，最终服务于学校和国家的价值理念。这是去行政化改革的精神内涵和管理哲学，没有这种精神革命，高校的行政体制改革只能以失败告终。尽管精神革命需要一代又一代大学人的努力、一

---

① 转引自郭咸纲《西方管理思想史》，经济管理出版社2004年版，第89页。

② 肖海涛：《大学的理想与文化素质教育》，《高等教育研究》1998年第5期。

系列的制度规范和校园里的物质形态来实现和表现出来，但当前精神革命的重心在于破除行政色彩浓厚的官本位文化和各种无效率的形式主义文化，建立崇尚科学、学术本位的氛围。

（二）大学的制度文化变革

制度文化是大学文化的中间层，即管理制度体系，包括政策、规章、规定、准则等内容。大学的制度化运作，使大学的师生员工对于什么是恰当的行为，什么是有意义的行为，有了共同的理解。因此，制度文化是文化变革的前奏，制度变革是高校去行政化改革的核心内容。当今中国大学的制度文化变革应当在以下几个方面进行：

（1）按照学术逻辑来构建大学的制度体系，以大学自治为基本原则，强化大学人的主体意识，克服“官本位”倾向，树立学术本位观念及管理为教学、科研、学生竭诚服务的思想，并形成制度加以保障。

（2）建立民主管理的制度文化体系，尤其要注重建立学术人员参与大学事务决策和管理的机制，赋予学术人员对学校事务“说了算”的实权，要通过建立健全大学教授委员会和基层的学术委员会等学术性组织形成大学权力的知识性制衡力量，改变目前大学以党代政、以政代学、学术虚空的管理模式。

（3）提高管理效率，建立共享机制和制度，不但要实现大学物质资源共享，提高资源利用率和完好率，降低运行成本，而且要实现大学人力资源合理调配机制和信息资源共享机制，以学科建设为突破口，提高大学的核心竞争力。

（4）要根据大学组织“学术在基层”的特点，实行分权管理模式，扩大学院、系、研究所在人力资源管理、学科建设，日常教学管理、科研管理等方面的自主权。

（5）要形成有利于学术人员脱颖而出和行政人员提高服务意识的激励机制。构造一种由学术界和广大学人来评价学术成果价值的机制，不断完善学术工作制度；对行政职务的高层与中低层分别实行平衡记分卡和民主、服务导向的绩效评价机制。

（三）大学的物质文化变革

物质文化是大学文化的外围层，即大学文化呈现出来的物质形态，如校容校貌、办公布局和一些具体的行为做法等。物质文化是精神文化和制度文化的表现形式，具有形象性、生动性、多样性等特征。物质文化变革是看得见、摸得着的改变，能给人留下深刻的印象，引起人的反思，因此物质文化是大学文化变革的起点。

物质文化的改变需要通过各种方式传递给高校师生员工，要达到这样的效果才算成功：让他们知道行政化的理念、制度和做法正在悄悄改变，如果自己跟着改变，就能适应环境、融入组织，甚至是获得奖励和晋升；如果自己抵制，就会带来麻烦和不安，甚至遭到惩罚或出局。具体来说，可以通过故事，如造成轰动的某件奖励或惩罚的事情来支持制度文化或精神文化上的变革；可以通过仪式，如行政领导班子就职时的服务目标宣誓、会议程序变革等表现出来；也可通过物质形象的改变来折射，如同时提高学术人员与降低行政人员的出差标准；分配给教师单间办公室，而让行政人员在大厅或办公室隔间实行一站式、集中式办公；改变对行政部门及其官员头衔的名称；还可以通过大学校园内部的一些特定术语、提法、口号等，让大学的师生感受到某些观念的变化，试图慢慢地接纳、融入新的组织文化。

总之，大学物质文化建设与变革要抓住各种机会和场合，既要不落俗套、不走形式，又要丰富校园健康生活，促进和落实大学制度文化和精神文化方面的变革，为我国高校去行政化改革发信号、做导引。

第三节　高校去行政化：人事与预算体制改革路径

高校去行政化的人事改革途径和预算改革途径牵涉人的问题和利益分配的问题，是高等教育体制改革中最敏感、最棘手的问题，阻力必然很大，因此需要系统分析、顶层设计。但切中的是高校行政化的要害，不改不行。这两种路径有助于从根本上走出高校行政化的困境，同时对于推动其他途径的改革十分重要。

一、高校去行政化的人事改革路径

人事关系是高校组织内部的重要方面，高校的行政化在人事管理方面也有突出的表现。人事关系以岗位为基础，岗位则涉及职责和权限的划分，同组织内的权力配置密切相关；高校内部各类型的职位（如领导者、管理者、行政职员、教师等）的责任体系和职权配置，实际上已构成支持高校内部与外部治理结构的组织基础。因此，人事制度改革是高校去行政化改革的基本路径之一，甚至有学者视其为改革的突破口。

（一）改革的必要性与总体设想

我国高校的行政化，在人事方面集中地表现为大学校长的“官员”身份、管制思维，还明显体现在行政职能部门的“衙门化”和行政人员的官僚化倾向与等级意识。理应为学术服务的高校行政部门与行政人员凭借其在决策权、执行权、资源分配权、监督权等强势权力体系以及官僚体制自身的优势和便利，在官本位思想的支配下和自利动机的驱使下，逐渐背离为学术活动提供服务保障的宗旨，逐渐演化为对学术领域进行管制、干预，甚至是侵夺，欲取而代之而后快。这些职能部门与行政人员的应然使命就是为师生服务、为学术服务。高校去行政化改革，就要改革原有的高度集权的直接人事管理，将其转变为合理分权的间接管理；管理模式由计划指令、行政干预转变为法制规范、民主导向、市场调节、绩效驱动。这既需要观念上的转变，更需要制度上的再设计。

在人事观念方面，树立人力资源管理思想，改变原来的纯行政事务型的管理运作方式，要始终把人看作资源和财富，把从单纯的人员调配发展到以挖掘和培养人的潜能为主的整体性人才资源开发工作上来，利用多种手段最大限度地调动人的积极性，激发人的创造性，实现人员结构的最优化、用人效益的最大化。此外，还须定期地对行政管理人员进行服务意识、服务技能的培训，而且要形成一个惯例，让行政人员深刻认识到本岗位的服务性和服务的重要性。

人事制度是指高校员工的录用、选拔、调配、考核、奖惩、升迁、离职及工资福利等方面的规章制度。制度以及必然嵌套其中的权利规则从根本上决定了大学人的行为及其绩效。因而，需要通过人事管理相关的制度变革和机制设计来深入解决高校行政管理扭曲、行政服务异化的问题。当前，需要在校长选拔、行政人员任用、绩效考核等重要环节打开突破口。

（二）改革的基础与目标

高校人事制度改革的前提是必须确保高校独立的人事权，绝不能像以前，高校的校长和书记由政府主管部门直接任命后空降，导致有些高校的校长和书记从市（县）长、市（县）委书记等职位调任过来。这是全能政府、万能书记的思想在作怪，是计划经济体制的延续，完全不顾高校与政府的本质区别，其后果可想而知。还有，就是党委组织部必须与原人事处的职责分清，即使是“两块牌子一套人马”，也要有合理分工。另外，高校二级组织的学院的院长已经不再是行政职务，而是学术职务，所以也不能由校人事部门任命，应该由学术组织“学术”地或民主地产生。

高校自身及其行政职能部门的行政级别应该一律取消，不再套用国家公务员的行政级别，使其还原于行政的执行功能、服务功能，弱化职位的权威性。废弃原来的处长、科长头衔，原来处于处级的部门大力精简后，部门领导采用通俗的称呼“主任”；原来由处于科级的科室变为小团队后，相关人员则为主管、助理（助管）或秘书。最基层的服务性岗位，如教务秘书、辅导员等，坚决不能评科长或其副职等职务，否则他就觉得自己是个“官”，就会时刻想着晋级，想着为挡在晋级道路上的“官”服务，但为师生的服务意识却烟消云散。有的地方性高校每隔两三年就会为基层的行政人员提升半个“官阶”，甚至无一例外地全部向上提干，所谓的选举程序简直就是“面子”把戏，直接导致行政管理基层官气十足，行政服务系统近乎瘫痪。

高校的人事制度改革有两个基本目标：一是提高行政管理人员的服务性，二是提高学术人员的创造性，其中第一个目标的实现是第二个目标实现的前提。著名高校，如北大、中大的管理人员的服务性都做得很好，因此他们的人事制度改革都集中在第二个目标上。但对于大多数高校，尤其是地方性高校，第一个目标都没有实现。如果集中目标只进行针对第二个目标的改革，虽然抓住了“本”，但最终因官僚人员及其体制的阻碍导致夭折，这样的实例发生过不少。所以针对第一个目标的改革，虽然不是根本，却十分关键，必须是大多数高校人事制度改革的必经之路。

（三）校长选拔科学化、民主化

我国《高等教育法》明确规定：校长全面负责本校的教学、科研和其他行政工作，并承担五个方面的重大职责。由此可知，我国的大学校长在法律上对大学的发展负有最高责任，而实际上接受党委的领导，高校的党委常委是最高领导机构和决策中枢。我国政府为了加强对大学的领导与管理，保证政府意志的贯彻执行，传统上一直采取大学校长和书记职务的政府委任制，突出表现为大学的校长、书记通常由上级行政主管部门来进行考察、选拔、任命与考核。即便改革开放三十多年了，委任制仍是我国公立大学校长、书记任用制度的主流。而从数十年的高等教育人事行政实践看，这种选拔机制固然有利于保证政府对大学领导权的优点，但其缺陷更不容忽视：这种任用机制既强化了大学的行政属性和行政化倾向，在某种程度上助长了大学校长“对上负责而不对下负责”的不良习气，又难以完全体现民意，且加大了用人不当的风险①。

在法理上，大学校长要负责大学的战略规划与决策、主导高校内部治理与资源配置、领导和组织教学科研等重大事项，以实现高校的学术使命和教育功能。蔡元培先生认为，大学作为教育系统中的学术机构，不仅有自身的发展规律和要求，而且对社会而言使命重大，自然应当“完全交与教育家”来领导。高等教育大众化阶段的高校由于规模庞大、管理复杂，大学校长不仅应是教育家，准确来说是懂管

① 季诚钧：《国内外大学校长选拔制度的比较分析》，《华东师范大学学报》（教育科学版）2007 年第 6 期。

理的教育家。

因此，从建立现代大学制度与促进高校科学发展的大局和高度来看，我国大学校长职务的传统政府委任制必须改革，通过校长选拔任用机制的改革来增强大学的独立性，使得改革既有利于摆正政府与高校的关系及各自的职能定位，实现高校去行政化改革的自治要求；还有助于遏制高校内部的行政化倾向和大学领导对上负责、唯上是从的官僚主义色彩，回归大学的学术本质。此外，从国际经验来看，国外知名大学校长的选拔，一般在校长遴选委员会的组织下，经公开海选，或与民选相结合，由校董事会或理事会聘任，而非由政府直接委派、任命，这样经过层层筛选的校长，机制、程序不仅科学、民主，更加符合高校核心利益相关方的期望，而不仅仅是政府的期望。

综上所述，我国高校校长的选任机制，应该是在民选、公选的基础上科学地选拔出懂管理的教育家体制，以“从根本上改变大学校长的责任属性，使其从唯上、唯官、唯权的思想桎梏中走出来，转而做到尊重学术、尊重师生、尊重教育规律，并通过广大师生对民选校长的监督和制约来推动大学内部行政权力与学术权力的清晰界定和有效运行”①。在大学校长的选拔和任用方面，不妨采取选任制的选拔、任用机制。至于具体的操作方式，可因校制宜，采用选举制、推选制、公选制等多种不同的遴选形式。特别需要指出的是，所谓“民选”，旨在强调校长人选的遴选应当在由大学的各利益相关方代表组成的遴选委员会主导下进行，而非在政府单一主体的主导下进行，党委组织部门和政府教育行政部门可以在其中发挥指导与监督等作用②。

（四）行政干部职员化、去官僚化

高校组织中的中、基层行政人员作为高校运作和行政服务的主干力量，不仅队伍庞大、来源庞杂，而且层级链条很长，最容易滋生官

① 卢荻秋：《“民选校长”是大学去行政化的突破口》，《中国青年报》2010 年 3 月 16 日。

② 陈金圣：《用人制度改革：高校“去行政化”的切入点》，《教育发展研究》2010 年第 11 期。

僚主义，是高校行政化的重灾区。因此，必须推动高校行政职务专业化、行政干部职员化、运行方式服务化、行政作风去官僚化，实现由官本位向服务本位的根本转向。当前，关键是要改革高校现有的干部人事管理体制，改变传统的选人、用人、晋升、考核等人事机制，以此防止行政人员的官僚化。

首先，在岗位设置方面，要遵循“因事设岗、因需设岗”的原则，杜绝人为地“因人设岗”。根据每个岗位的职责、权限、工作任务和工作标准等任职条件，按照公平、公正、公开原则和竞聘上岗基本思路，向全社会公开招聘专业的、专职的行政管理和服务人员，实行合同聘用制。最后根据竞聘人员的专业技能和服务意识，择优聘任。在实际操作中，要确保行政专职人员在本校的行政人员队伍中保持较高的比例，尤其要避免裙带关系造成的大量行政人员的引入。

其次，在干部提拔方面，改变传统的“学而优则仕”的做法，即让那些在学术上有所建树、在某研究领域有重要影响力的学者步入仕途。这些有学术造诣的教研人员一旦做了领导干部，不仅做学问的时间少了，精力分散了，学术水平下降了，而且还有几个后果：

其一是破坏了心理契约和组织文化，让人觉得当官比做学问更重要，行政权力比知识权威更高级，有权就意味着有一切，否则为什么要这样呢？如此一来，官本位的意识更加强化，许多学术上有建树的中青年人也趋“官”若鹜。

其二是容易破坏高校和谐，那些学而优的仕者既可以凭借过去的学术权威，同时还可以借助行政权力和官僚制度的多方优势，为自己谋求课题申报、评优获奖等方面的利益，形成“赢者通吃”的局面，直接形成了行政化的利益驱动力量，不利于中青年学术人员的成长，也影响了高校的和谐发展和大学竞争力的提升。

其三是容易带坏学术风气，通吃的“赢者”（往往指“双肩挑”人员）容易搞到学术资源、科研基金，却忙于应酬，做学问自然力不从心，于是分包、找人“代工”，甚至转包，这样的事情屡见不鲜，结果是学术氛围乌烟瘴气。

其四是实行“双肩挑”，一人多用，看似节省了人力资源，发挥了精英作用，实则容易陷入帕金森定律的困境。原因很简单，学问和仕途各有各的规律，学优不一定仕优，如果学优则仕，造成学者不胜任仕途，只会造成行政效率低下，引发帕金森病症，这在一定程度上解释了高校的机构膨胀和人员臃肿。

其五是让人最感到担心的，那些学优的仕者，还能真诚地、踏实地为其他学者、普通的师生提供服务吗？恐怕不要凌驾之上就不错了。综上所述，在干部的选拔、任用方面，要让搞学术的踏踏实实做学问，搞行政的老老实实服务好；学者顶多适合担任纯学术机构的委员或学术领域的带头人。

最后，在任职制度方面，把对高校行政管理人员的传统干部人事制度全部转为普通职员制度，不设官僚级别，不聘技术职务，完全依据职员职级进行任用。在高校中从事管理和服务工作的，均为行政职员，按照公开竞聘、择优录取、严格考核、绩效管理、合同管理、能进能出的原则，根据管理岗位层次、类别和服务能力、服务绩效，划分职级，并与薪酬待遇挂钩。实行职员制后，大学内部管理人员的身份不再是干部，而是职员，其所处的管理岗位不再是“官职”，而是一种职业，其管理工作的指向不再是“管理教师”，而是为教师服务①。因此，实行高校行政人员的职员化，有利于淡化高校的行政化色彩，遏制高校内部管理的官僚主义做派，还有利于破除高校行政系统的权力获利机制和行政与学术的竞争局面，从而有助于高校行政服务本性与大学组织学术本位的回归。

以上主要针对行政管理人员的行政化倾向提出了一些建议和措施，学术人员的聘任、考核，坚持同行评价的原则，由基层的学术委员会对其学术成果、教学水平进行评价，其教学态度（如上课的精神状态、考勤等）可由学生进行网上评价。

（五）非行政主导的绩效考核

绩效考核（评估）作为员工评价、选拔、激励工作的基础环节，一直是人事管理工作的重点和难点。长期以来，对高校行政管理人员

① 周光礼：《论公立高校与教育职员的关系》，《高等教育研究》2005 年第 9 期。

的绩效考核基本上沿用政府部门行政干部考核的标准和体系，未能体现出高校与一般政府行政部门的本质区别，不仅难以科学、公正地评价行政人员的绩效，而且构成了高校行政化的重要驱动力量之一。

行政主导的绩效考核驱动行政化，原因如下：第一，在考核主体方面，校级领导由政府主管部门负责考核，中基层行政人员主要由其行政主管来考核，典型的层级节制思想，难怪有人说“官大一级压死人”，行政人员的绩效及前途主要取决于上级主管的意思，直接助长了对上负责、唯上是从的官僚主义行为风格；第二，在考核指标方面，沿袭了政府部门干部考核的标准和体系，考核指标为德、能、勤、绩、廉五个方面，甚至对普通老师也是这些指标，不仅考核指标过于笼统，且没有权重区分，而且在意识形态上传递的是政府的那一套理念；第三，在考核过程和方法上，考核一阵风，走形式、搞运动，信息收集缺乏客观性，以主观评价为主，结果不公布，形式主义严重，官僚主义作风盛行；第四，在考核目的和考核结果应用方面，考核缺乏明确的目标导向，考核结果主要由主管说了算，不仅没有与晋升、选拔、培训、奖惩挂钩，而且难以反映其他利益相关方，尤其是服务对象的诉求；第五，在考核功能方面，绩效考核成为行政主管对下级、行政系统对学术系统施加影响、控制监督的砝码，成为行政系统确保执行力和达成稳定秩序的基本手段。因此，对行政人员和教师的绩效考核几乎成为高校行政系统内部的自圆自话和独角戏，只会增加行政专制的力量，加速了高校进一步的行政化。

绩效是个人对部门、部门对组织整体的贡献，员工工作和部门绩效的高低直接影响组织的整体效率和效益。绩效必定与组织目标有关，由于组织目标最终都会体现在各个职位上，因此与组织目标有关就直接表现为与职位的职责有关。绩效考核一般具有监督评价、辅助决策（如选拔、培训）、激励沟通等基本功能，其终极目的就是促进责任履行、提升组织绩效、实现组织目标，高校中的绩效考核也不例外。因此，高校绩效考核首先应明确考核的功能、目的等价值导向，紧扣高校的学术使命，充分调动学术创造性与提升学术竞争力。相应地，还应调动行政系统对学术系统的保障效率和服务积极性，提高资源的配置和使用效率。为此，有学者提出如下建议①：通过对行政管理干部的绩效考核来督促、引导大学行政管理部门真正为教学和科研服务是解决此类问题的一个重要途径；关键在于选择考核主体，以及不同考核主体在干部考核中的权重，使利益相关者能够发挥对干部工作的监督和评价作用，应加大部门服务对象的评价权重，引导管理部门强化服务意识，提高服务质量；可采用360度评价，力求让所有与管理部门有关的人员都参与考核过程，根据关联程度排序，而不是主要由主管领导来评价下属工作绩效的优劣；要通过考核真正建立“能者上、庸者下”和“人尽其才”的用人机制。

此外，要扭转行政主导的高校绩效考核及其引发的高校行政化倾向，必须围绕着高校的战略目标和使命，设置科学的、具体的、可测度的指标体系，完善信息收集的客观性、系统性，提高绩效考核过程的匿名性、民主性，克服官僚主义、形式主义作风。还需要对不同层次的行政人员采取不同的评价方法。对中低层的行政职务实行顾客导向的绩效评价机制，是诱导内部行政职能部门及行政人员实现民主化管理、满意型服务的关键。行政岗位的顾客是所有可能直接成为他们的服务对象的人。对高层行政职务可以考虑推行平衡记分卡（The Balanced Scorecard，BSC），如伯克利加州大学于1999年在它的行政服务系统的高层试行平衡记分卡，即把员工战略、流程战略、顾客战略和资源战略作为战略主题，并设计相应的衡量标准，作为绩效评估指标来跟踪监视战略目标的实施进程和衡量行政高层的业绩。重要的是，考核结果必须与聘任与晋升挂钩，对考核合格者按原职聘任，特别优秀者实行奖励和高聘，不合格者视情况实行试聘、低聘或转岗。

二、高校去行政化的预算改革路径

在高校行政化的基本动力因子中，主要有文化观念（如官本位意识），也有制度（如集权体制）和结构因素（学术组织相对于官僚组

① 鲍传友、毛亚庆、赵德成：《高校行政管理干部绩效考核指标体系的构建》，《国家教育行政学院学报》2010年第6期。

织的天然劣势）。其中，最根本的是制度掩盖下的权力和利益的追逐。可以说，趋利动机是高校行政化的最基本动力。经济基础决定上层建筑，正是高校的预算和收入分配等经济利益从根本上驱动着高校管理体制的行政化。

预算是一个涉及权力、权威、文化、协商一致和冲突的过程，在国家政治生活中占据重要地位①。预算也是一种讨价还价、相互妥协的政治过程，是高校内部达成共识的契约。预算项目反映了政治价值和官僚行动的方向，预算过程及其方式反映了权力的较量和权利的配置。难怪威尔达夫斯基说，如果你不能制定预算，你怎么治理?② 换言之，如果高校没有一个好的预算体制，如何实现善治？因此，高等教育预算体制和高校预算制度、收入分配制度改革理应成为高校去行政化改革的基本途径之一。

（一）高等教育财政预算体制改革

我国公立高校在办学经费方面，形成了以政府拨款为主的预算收入体制。我国当前的高等教育财政预算体制是政府干预高校的重要缘由和路径③，对政府财政投入过分依赖，也是推动高校外部行政化的制度动因之一。我国现行高等教育财政拨款方式主要有两种：一是“基数加增长”的拨款方式，即地方高校部门预算按“两大类”（基本支出、项目支出）、“三大块”（人员经费、日常公用经费和项目经费）进行编制。在此基础上，考虑当年事业发展与变化情况确定拨付的事业发展数额。二是“综合定额＋少量专项补助”的拨款方式，这是基于定员定额的原理，即按学生不同层次和专业折算的学生当量，以学校不同类型的生均定额标准核定高校正常经费，并设立少量专项资金。由上述财政拨款方式可以看出，学校实际得到的教育经费与学校的规模、办学层次紧密相连，地方高校唯有通过“扩张”带

---

① Aaron Wildavsky, *Budgeting*, Boston: Little, Brown and Co., 1975, p. xiii.

② ［美］阿伦·威尔达夫斯基、布莱登·斯瓦德洛：《预算与治理》，苟燕楠译，上海财经大学出版社2010年版，第302页。

③ 其他路径包括：人事任免与考核、政党领导体制、教育评估、重大项目审批与扶持政策，等等。

动发展①。

政府在财政预算方面干预高校表现在：确立投资规则，例如对高校内部的各种收费项目和标准进行审批、限制；对不同层次和科类的高校，实行不同的拨款方法和拨款标准，逐步实行基金制，并陆续设立“211”工程和“985”工程专项基金以及教学建设和改革专项基金；尤其是在近些年，政府对专项拨款的规定有了较大的弹性，对专项拨款的使用时间、使用领域并没有严格规定，以及由于提出预算和拨款到位之间存在较长的时间差，专项经费的年终预算、决算，什么时间批下来，什么时候到位都说不准，财政拨款严重滞后；还比如，高校编制人员的工资浮动机制，多久上涨、涨幅多大，也没有固定和明确，往往需要高校领导向政府主管部门交涉、谈判去解决。

政府对高等教育的财政拨款方式和财政干预表明，高等教育预算投入体制具有很大的自由裁量权，甚至有一些随意性，其财政预算带有很强的集权和人治色彩。以致有了“跑部钱进”、“校长的重要职责就是公关和要钱”等说法。依靠高校领导向政府行政主管部门的公关和索要，才有预算拨款，实在是高等教育的悲哀。这不仅造成高校的公关费用、公务接待费用的攀升和教育资源的极大浪费，而且成为政府和高校双寡头之间围绕着预算拨款进行交易和博弈——政府干预高校、高校俘获政府官员——的主要根源。在政治市场中，由于高校产出的非市场性质，以及信息不对称，政府与高校官僚机构处于双边垄断地位，为高校行政领导和主管政府官员都创造了谋求个人私利的机会和手段，成为高等教育领域寻租和腐败的多发地带。

尽管《教育法》规定了“两个逐步提高”和“三个增长”，从而在法律上保障了政府的高等教育投入。但由于预算的增长没有稳定、法定的浮动机制，为政府的行政干预留下了空间。这里对高等教育预算体制改革提出两点建议。

首先必须实施高等教育财政预算投入的政策立宪，形成与 GDP

① 夏再兴、刘毅群、杨红霞：《地方高校行政化与软预算约束研究》，《教育与经济》2010 年第 2 期。

和财政收入挂钩的高等教育刚性投资比例，并根据地区生活成本和物价指数制定稳定合理的浮动机制，根据高等教育领域可供信息监测的指标，如学生人数及就业率、教师数量和质量等指标，进行预算约束；并对高校的举债规模和比例相对于高校资产和预算收入做出限制。预算体制的相对刚性，保证了高校预算投入的可预期性，约束高等教育投入的自由裁量权，抑制政府和高校官员的个人作用，减少高校向政府的公关动力，因此意义重大。而且我国当前的经济发展水平适合于高等教育预算的政策立宪，我国从 2011 年开始进入中高收入水平国家。因为当人均 GNP 达到一个较高水平以后，在技术没有重大突破的条件下，教育经费在 GNP 中的比例趋于稳定，那时教育投资与 GNP 接近于同步增长①。

其次，由于不同“级别”的公立高校的投入经费来源不同，中央和地方的投入比例也不同，比例中较大部分来自于直接的主管政府部门，而没有形成统一的、全国性预算投入体制。虽然这样减轻了中央政府的负担，也考虑了各地的经济发展状况和教育投资成本分担的规律，但是造成了如下后果：驱动高校不断提高自身的“级别”，找到财政经费投入上更有保障的“老子”；中央和地方政府的教育投入落实情况无人监管、无力监管；各地高校投入的严重失衡。因此，建议把高等教育的财政预算单列，原来的买单者不变，但拨款账户统一由财政部或教育部下属的全国高校拨款委员会来直接管理、监督，及时公布、评估预算投入情况。通过统一的第三方监管，避免了政府主管部门对高校的直接财政干预以及“下属”高校不敢监管的局面。此外，建立健全独立、中立的社会机构的教育投资评价体系，基于不同区域、学校、项目和社会效益等不同维度的评价，不断完善预算效益评价机制和对预算违规的问责机制。

（二）高校内部的预算体制改革

在公共选择理论看来，官僚是由上级任命的执行人，是自利的经济人，追求自身效用的最大化，其效用函数包括如下变量：薪金、所

---

① 刘志民：《教育经济学》，北京大学出版社 2007 年版，第 152 页。

在机构或职员的规模、额外所得、权力和地位，而这些变量的大小又直接和预算拨款规模正相关。尼斯坎南认为，机构预算，包括定期拨款、资助，乃是高层官员的核心焦点，更多的预算在工资、额外补贴、声望、权力、任免权和机构产出等方面增加了他们的福利，没有利润指标，官僚只能追求预算收入和支出的最大化①。因此，追求最大预算规模成了高校行政部门的目标，不惜增加工作量、下属人数和资源浪费，也要实现规模扩张、预算增加和个人从中牟利。预算规模的增加不仅意味着更多的收益、报酬，还意味着更多的资源支配权，更容易用资源来创制额外的特权，以及官僚机构和职位的吸引力，引发人员增加、级别提高、规模扩张，诱致组织的官僚化。预算最大化动机引发的官僚化，不仅造成高校行政权力过度垄断和资源浪费，而且造成学术行政化、行政利益化、高校庸俗化的后果。

高校的教育浪费现象实际是由高校的预算软约束造成的，行政化的管理模式形成高校的财务权力与财务责任不匹配，使许多高校在办学上追求大规模和高层次，导致学校负债过度和教育资源浪费。我国高校的行政“晋升”制度也会形成软预算约束激励。我国现行的行政管理模式十分强调职级权威和行政权力，组织中成员的权力直接与其工资、地位、职称评定和其他待遇相联系②。因此，在这种行政管理模式下，高校管理者很容易将注意力集中到追求更高职位和行政权力上来，而职位的升迁通常又与高校管理者任期内的政绩有关。在高校财务管理和资金运作中，财务运行体系不够透明，行政领导行使的资源配制权和财权缺少监督、制约机制，财务问题上的违法乱纪现象屡禁不止。因此，高校内部的预算体制改革势在必行。

首先，匹配财务权力和财务责任，减少领导干部“寻租”和腐败行为，可将高校的一般性事务管理与财务管理分开，对财务由单独机

---

① Niskanen, *Bureaucracy and Representative Government*, Chicago: Aldine, Atherton, 1971, p. 8.

② 周雪光：《逆向软预算约束：一个政府行为的组织分析》，《中国社会科学》2005年第2期。

构（如学校董事会）进行单独管理和审核，完善绩效考核的约束机制，避免出现凡事“一把手”说了算的现象①。

其次，加强经济责任审计，由高校外部独立的审计机构对高校财务支出进行定期或不定期审计，审计结果实行公告和跟踪制度，强化教育经费使用监督，保证审计结果公正。

再次，破除高校行政部门预算的渐进主义逻辑，严格限制公车私用、公款旅游、公款吃喝等形式的在职消费，公示三公经费，启动校内预算报告制度和问责机制，对支出项目、程序分别进行相应地规制。

最后，强化官僚机构的解说责任和外在控制等民主、法治制度，在高校行政系统中引入竞争机制、公共品供给的市场机制、竞争性投标机制，树立结果为本、竞争导向的绩效预算制度，以民主、法治的手段，通过市场和社会的力量制约行政高度集权的预算体制。

（三）高校收入分配改革

在高等教育财政预算体制和高校内部的预算体制改革的基础上，通过收入分配改革，推动高校分配领域的和谐和公平，充分调动高校行政人员服务工作的积极性和学术人员教研工作的创造性。当前的高校收入分配体制掩盖了许多问题和矛盾，教师也默许高校的扩张和外部行政化的运作，因为高校教职工的收入相当部分来自教育拨款和收缴学费，学校的外部行政化和“扩张”对于全体教职工都有好处。此外，工资收入分配格局一定程度上也掩盖了高校学术系统与行政系统间的矛盾冲突，表面上看不同级别教师和相应级别行政人员的薪水相差不大。根据双因素理论，工资的相对公平，只是有助于消除不满意，但并不能真正提高学术人员的积极性——即成为激励因素。因为，高校中教师从事的本位性的、创造性的核心价值，而且其学术创造性与否具有不确定性，理应具有补偿性收入；而行政人员的工作是派生的、辅助性、服务性的。如果学术人员没有相对优厚的待遇以及

① 夏再兴、刘毅群、杨红霞：《地方高校行政化与软预算约束研究》，《教育与经济》2010 年第 2 期。

与价值、贡献相匹配的收入分配制度，是不可能真正起到激励作用的。

高校收入分配制度改革，首先必须改革收入分配的元制度，包括谁来制定分配政策，谁来执行，谁来监督等主体及其权力的划分。绝不能像过去那样，行政系统内部一言堂，权力缺少分工制衡，结果行政系统大权独揽，无力监督，形成了高校行政系统对资源和收入进行分配的绝对支配权。改革就是要实现收入分配等相关权力在科学和民主的分工基础上实现法治，降低集权和人治的程度。

其次，确定高校收入分配的原则和价值取向。必须按照效率优先、兼顾公平、多劳多得、优劳优酬的分配原则，彻底改变基于身份的分配机制和大锅饭现象，同时突出跟高校核心竞争力密切相关的学术价值。具体在工资待遇与级别设置方面，使得中层行政人员的工资不得高于基层学术人员，中高层行政人员的工资不得高于中级学术人员。依此类推，从而强调学术人员的核心地位和体现大学的学术本位价值，这是从根本上解决高校内部“趋官若鹜”现象的举措。

最后，将岗位管理和绩效管理相结合，将绩效考核与绩效奖励挂钩，根据职责完成情况和创造的价值贡献进行收入分配。明确部门目标和岗位责任，推动绩效考核体系的民主化、科学化与法治化建设，实行科学规范、公平合理的奖励制度，通过基于绩效的收入分配制度调动各类员工的工作积极性。具体来说，可以从以下几个方面改进：一是要建立与能力、绩效相适应的收入分配机制；二是建立与岗位相配套的奖惩体系，在收入分配中应坚持按岗定酬、以岗定薪、岗变薪变的具体原则，建立岗位工资与岗位津贴相结合的奖惩体系，实现工资管理由“身份工资”逐步转向“岗位绩效工资”；三是设立向优秀人才和关键岗位倾斜的奖励津贴。

第七章

高校去行政化改革后的治理

第一节　现代大学治理机制

高校不是为了去行政化而进行改革，而是为了更好地实现大学使命，提升组织绩效和履行大学责任。高校去行政化改革后，怎样的治理机制和责任机制有助于实现改革的宗旨呢？因此，有必要探讨高校去行政化改革后的内、外部治理机制和责任实现机制，寻求后改革时代的制度归宿和法制保障。

一、现代大学治理的实质及功能

治理机制实际上是为了解决利益相关方之间的委托代理问题以更好地实现共同利益而设计出来的权力结构体系和一套根本制度安排。大学的非营利组织属性和多层次的、较长的委托代理链条从根本上决定了多元利益相关方合作共治的网络格局。传统的以党政权力为中心的一元化治理和统治型、管制型的治理模式违背了高等教育办学的基本规律，背上了沉重的行政化弊端而深受社会诟病，必须向多中心合作共治的网络治理范式转换。以民主参与、合作协商、权力共享为核心的网络治理结构是现代大学制度的根基，是高校科学发展和学术绩效的制度保障，是推动高校自治化、法治化、民主化、社会化等去行政化改革内容后的动态秩序与和谐格局。有助于吸纳多元利益相关者的支持力量，同时还有助于解决具备独立法人地位的大学在面向社会和市场自主办学的过程中应对多元主体的观念冲突和权利矛盾，因此，以多中心网络治理为范式的现代大学治理实际上是要把大学的决策控制权合理地分布于不同的治理主体手里[①]。

现代大学治理的实质是多元化社会变化中重建力量平衡的一种重要的社会机制，包括建立价值平衡、利益平衡与权力平衡：一是平衡学术与政治、经济、法律的价值关系，二是平衡大学与政府、市场、社会的利益关系，三是平衡大学内部各种力量（特别是行政系统与学术系统）的权力关系，用一个较为和谐的共同目标去取代角力和纷争，使大学重新找回自己的重心，恢复其应有的绩效能力。它的精神指向是遵循大学内在逻辑并与现代社会相契合；它的主要使命是化解大学在外部多角关系与内部多角关系框架内所面临的失衡风险，重建大学变化中的力量平衡；它的价值内涵是在“冲突与多元利益”现象不断增强的当代社会背景下坚持学术自由，同时坚持“以社会为本”的原则，对公众所期许的价值诉求进行合理维护和有力保障[②]。

高校去行政化改革包括外部去行政化和内部去行政化两大部分，实质是大学外部和内部治理机制的变革。针对当前政府对高校行政干预过多、高校内部行政权力主宰的行政化问题，现代大学内部治理现实功能，是要建立起一种以学术权力为基础、以实现公共利益为目标、能够有效回应“冲突和多元利益”要求的内部决策权结构，避免决策权处于高度集中与过度紧张的状态，使大学不仅能够在“冲突和多元利益”状况下管理好自身的一般事务，更重要的是，最大限度地释放大学的教育生产力、学术创造力与思想磁场力。大学外部治理结构的现实功能，是要依照法律处理好作为独立法人的大学与政府、市场、社会的关系，让政府、市场、社会的合理价值诉求与有效资源顺畅进入大学，在使大学获得良好外部发展条件的同时，也让政府、市场、社会的利益在大学核心理念允许的范围内得到最大限度的实现[③]。

---

① 龚怡祖：《大学治理结构：现代大学制度的基石》，《教育研究》2009 年第 6 期。

② 龚怡祖：《大学治理结构：建立大学变化中的力量平衡》，《高等教育研究》2010 年第 12 期。

③ 同上。

二、网络化的多元治理机制

综上所述，现代大学网络治理机制，是要按照法治办学、自主管理、民主监督、社会参与的基本要求，通过规范高校各利益相关主体在权、责、利等关系上的制度安排，而将这些要求有机地结合。这些利益相关者主要包括举办主体、调控主体、办学主体、评估主体。合作网络的多元治理机制既要明确主要利益相关者的权利和责任，保障其利益，也要坚决取消利益相关者对高校的单独控制，保证高校的自主办学权和学术绩效，这是高校管理体制改革的宗旨。

（一）举办主体

根据我国法律，大学举办主体是指投资举办大学、提供必要办学条件、决定学校发展方向及人才培养规格、任命和聘任校长、对办学活动实施监督的各级政府、企事业组织、具有法人资格的社会团体和公民个人，它们可以单独举办，也可以联合举办。尽管在法律上确立了大学多元化举办主体的合法性，但反映在具体操作层面上，则需要进行改革：

（1）要进一步健全和完善多元化的投资办学体制，积极鼓励企业、行业组织、大学组织自身、社会个人等多元投资主体参与大学教育事业，允许大学使用各种金融工具和手段进行教育融资，建立“一主多元”的办学模式。

（2）消除对非公立大学的歧视，使非公立大学在办学规格、办学层次及教师服务等方面与公立大学处于同一平台上。

（3）借鉴国外大学管理经验，在一定范围内推行董事会管理体制，吸纳社会贤良和有识之士参与大学管理事务。也可以建立“混合型”大学，即政府所有但使用私人资金的大学，或私人所有但使用政府资金的大学。

在进行上述改革的同时，应本着“产权清晰，权责明确，政校分离，民主管理”的原则，分离大学的资产所有权和大学管理权，使大学举办者和管理者区别开来，真正让大学能够自治、自主办学：第一，应当以效率为原则，使大学在经费上更少依赖政府，对学生和社会的需求做出更积极的回应；第二，大学是学术性组织，在人事任免上，尤其是在大学领导者的确定上，应逐渐改变长期以来国家一直充当“安排者”的角色，消除“官本位”思想对大学的影响，还大学以学术机构的本来面目。

（二）宏观调控主体

从政府的社会管理职责看，大学应无一例外接受政府的指导和宏观调控，但从法律来看两者又处于平等的主体地位。因此政府应按照法定权限管理，变传统的直接管理为间接管理，淡出相当一部分举办和管理大学的职能，以宏观调控为主，主要负责统筹规划和宏观管理全国的或所管辖地区的高等教育工作。为避免与大学办学主体和举办主体之间的冲突，建立具有评估服务、监督管理、公证鉴定、社会沟通、信息咨询等职能的大学教育评估中介组织就成了最佳选择，后文将进一步论述高校的社会评估主体。

我国《高等教育法》还积极鼓励社会团体、企事业单位、科学研究机构等投资大学，显然，他们也兼具大学管理者主体的地位。企事业单位、科学研究机构和社会团体可以通过参与相应的管理机构，或与大学签订合作办学协议等方式来进行产、研、社之间的结合，或加入大学董事会，或加入由大学组成的联合实体，如大学联合会。

（三）办学主体

办学主体指具体从事学校办学活动的人及其办事机构，行使法律规定的办学权力，在专业设置、招生、就业指导、教学工作、科学研究、社会服务、筹措和使用经费、人事管理、职称评定、工资分配及对外交流等方面拥有法律规定的权力。当大学拥有了充分的办学自主权之后，弄清楚谁是大学的办学主体就成了大学发展的关键。

大学组织内部运行着三种权力，即学术权力、行政权力和党的权力组成的三元结构。从本质上说，大学属于学术性组织，学术活动是大学开展的主要活动，其他活动如行政工作，主要围绕学术工作来展开，为学术活动提供优质服务，以确保学术活动不断创新的活力。党的活动则保证和监督大学的社会主义办学方针在大学的落实。

首先，学术活动是一种开创性活动，在学科和知识越来越细化、越来越综合的情况下，只有学术造诣高深的学者，才能了解传承文明和发展知识的内在逻辑、客观联系和规律。因此，大学中的教师，特别是教授，是大学办学最重要的主体。

其次，大学中的各类管理人员也是不可或缺的。这些管理人员基本的目标是维持学校工作的公正、公平和效率。一方面可以为学者营造相对宽松、包容不同学术观点的学术环境；另一方面也可以对“学阀”起到制约作用，从而保证大学生命有机体的健康发展。因此各类管理人员也是大学的办学主体。

（四）社会化的评估主体

教育评价评估体制是高校办学行为和价值取向的主要诱致性因素，因此非行政主导的评估体制应该成为高校去行政化改革的突破口和制度归宿。长期以来，由教育行政主管部门主导的教育评估体制，不仅直接影响到高校自治的落实和学术发展的积极性，而且成为高校内部行政系统主导办学行为的外部动力，使得高校内部与外部的行政化循环实现了对接，共同导致了高校管理的行政化扭曲，激化了高校与政府、高校内部行政权力与学术权力之间的矛盾。矛盾的解决，需要政府将具体的办学权让渡给大学之后，政府对高等教育的服务职能也需要转移给一个中介组织，对高等教育事业的发展进行统一规划、组织、协调、监督、检查和服务，维护整个高等教育系统的和谐与公平。有专家认为，解决高校行政化最关键的问题是实现“官评办”相分离①。

为促进中立的教育中介评价机制，国务院（1994）《关于〈中国教育改革和发展纲要〉的实施意见》指出：“为保证政府职能的转变，使重大决策经过科学的研究论证，要建立健全社会中介组织，包括教育政策咨询研究机构、高等学校设置和学位评议与咨询机构、教育评估机构、教育考试机构、资格证书机构等，发挥社会各界参与教育决策和管理的作用。”高等教育中介组织的建立，在吸纳社会各界人士参与高等教育决策的同时，促进了高等教育管理的公共政策化，

① 张光慧：《高校去行政化问题研究》，《人民论坛》2010年第20期。

并在政府与学校之间起到了缓冲作用。

大学拥有了办学自主权后，衡量其行为是否规范，办学质量和水平及整体实力是一项科学性、学术性很强的工作。因此，在建立高校教育评估机构时应该注意以下几点：

第一，在指导思想上，应将教育评估机构的出现视为社会主义市场经济条件下政府与大学关系发展的必然趋势。在发展初期，政府应积极宣传、加强引导、全面扶持。

第二，在定位上，是介于政府、大学之间，以提供教育评估服务为主要形式，坚持多元价值取向或有价值主体广泛参与，辅助政府进行宏观管理，保障学校合法权益，加强高校与社会联系，促进教育质量和办学效益不断提高的一种相对独立的专业组织。因此教育评估机构不仅能提供专业性的“评估服务”，在评估服务中履行“沟通、协调、监督、公证”的基本职能，而且必须具有相对独立的地位，以及保持价值的中立性。这个定位非常关键。

第三，在机构设置方面，教育评估中介机构要避免行政化的倾向，保持相对的独立性，不应只是教育行政机构的附属机构，当前可以探讨建立三种类型的教育评估中介机构：一是联系政府与学校，作为政府宏观管理和缓解相互矛盾与冲突的监控和协调机构，这种机构基本上是受到政府资助的半官方机构；二是联系社会和学校，作为学校鉴定和社会公正的机构，这种机构往往依托于各种教育协会和教育联合会；三是由非官方也非教育界的社会机构主持的评估机构，其目的是向社会提供可供比较的数据和有关信息①。从现实的需求来看，这三种类型的教育评估机构都有必要建立。第一种类型的半官方机构目前较为流行，但在进行本科教学水平评估时常流于形式。

第四，在人员安排上，应由专业人士组成，而且社会知名人士和专家应占有相对多数比例，以强化机构的中立性和公信度，避免机构的行政化倾向。

仅仅建立中立的评估机构是不够的，还必须致力于建立新型的评

① 李东亚：《试论我国教育评估中介机构的构建》，《教育发展研究》2002 年第11 期。

价体系和科研衡量标准，使这些学术标准和规则成为人们心目中的共识，从而起到规范作用。首先，要打破过去那种重数量、轻质量的量化评价标准，根据不同院校、不同学科的特点，构建弹性化的评价机制；其次，要建立由专家为主导的同行评价制度，这有利于营造宽松的学术环境，有利于学术创新；再次，要建立学术重奖制度和惩处制度；最后，还要改革评审制度，在课题评审中要实行课题招标制，增加评审透明度，实现课题评审的申诉和听证制度，改变现行学术评审工作中申报者无法知道评审标准而只能听命于评委的结果的局面①。

总而言之，大学的举办主体、调控主体、办学主体、监督评估主体都具有多元化特点。就政府来说，随着“服务型”政府的建设，大学与政府间的“行政关系”正在淡化，代之以大学与政府之间关系的法律化，政府作为主要举办者、宏观管理主体而出现，但应退出办学者的角色。对于其他社会主体来说，通过投资等提供办学条件的行为而成为举办主体，通过法律协议、董事会或大学联合组织成为管理主体，但也不应介入具体的办学事务。现在可以清晰地得出结论，高校内部的管理人员和教师是真正的办学主体，而教授和主要由教授构成的组织才是最主要的办学主体。

三、非行政化的决策体制等内部管理体制的建立

在明确了高校非行政化的宏观治理机制后，如何建立高校内部非行政化的微观管理体制，尤其是非行政化的权力体制和决策机制，便成为高校去行政化改革后内部治理的制度保障和核心成果。在权力体制上，关键是摆正学术权力和行政权力两者之间的位置；在决策机制上，关键是建立学术主导的决策体制和非行政化的决策咨询机制。

就目前来看，将行政权力和管理目标定位为从属和服务的角度不仅是适当的，而且是必须的当务之急。因为学术管理是高等教育管理的核心，真正能够体现高等教育管理的特点和本质。高校应当把“学术权力”看成“绝对权力”，行政权力只是服从、服务于学术权力。

---

① 程勉中：《现代大学管理机制》，人民出版社 2006 年版，第 140—141 页。

学术权力的存在确保了大学教学、科研的基本属性，行政权力的作用则在于协调大学内部各部门之间的相互关系，从根本上说是要保障学术权利，促进学术繁荣。因此，一方面要强化学术权力，建立和健全各级学术组织，并将学术问题的决策权归还给学术组织；另一方面，行政不能过多干预学术事务，树立学术组织作为学术管理主体的权威，并对行政权力泛化予以必要的制衡和约束。

从服务实践出发，摆正行政部门在高校中的位置，彻底打破“官本位”思想，高校行政人员就要树立“管理就是服务”的核心理念。如何体现服务，是打破“官本位”，保障学术权力和行政权力位置的关键。大学组织中的行政权力只有在与专业权威不形成冲突的前提下，才有可能被认同并接纳，否则很难产生积极的效果①。要从根本上解决这一问题，就必须在制度上彻底改观。

第一，要充分发挥学术权力在高校决策中的作用。一是要充分认识到高校的基本属性，以及学术权力在高校中的地位和作用，摒弃传统的行政管理思维和方式；二是要在制度上为学术权力参与管理定位，并加以制度化和规范化，学术权力参与决策管理，不只是停留在过去的提建议或意见，而是直接参与到咨询、决策、审议、监督、保证等主要环节；三是要找到恰当的参与形式，不能主要靠传统的座谈会形式，应建立制度化的、有实权的、稳定的组织形式，这种组织有明确的章程和议事范围②。

第二，切实落实教授治学的主体地位，以强化学术权力。教授作为大学的学术精英，其权力的基石是专业知识，而高校作为知识传播者和创造源，只有教授等学术人员真正知道该做什么该朝哪儿走，不像企业或政府那样从上而下进行行政安排，这就决定了大学学术权力的行使应该依赖于教授治学③。因此，大学教授应该成为学校决策的

---

① 眭依凡：《大学理念的哲学基础及大学理念的偏失》，《江苏高教》2002 年第 5 期。

② 张德祥：《高等学校的学术权力与行政权力》，南京师范大学出版社 2001 年版，第 183—184 页。

③ 席酉民、李怀祖、郭菊娥：《我国大学治理面临的问题及改善思路》，《西安交通大学学报》（社会科学版）2005 年第 1 期。

主体，享有参与学校学术决策和管理的权力。为强化学术管理，教授委员会的主任委员一般不宜兼任学校党政职务，教授委员会委员由民主酝酿产生。完善的教授委员会制度使以往由行政上的统一管理转变为本学科的专家学者管理，实现学科建设的学术化。

第三，在大学决策机构的重构中，要积极推进学术管理体制改革，建立校教授委员会和基层单位学术委员会。学术职能机构负责学术决策的论证咨询和学术工作的民主监督，行政职能部门负责学术决策的组织实施和学术工作的日常管理，学术职能机构和行政职能部门分工合作、互相监督，学术民主管理与学术行政管理有机结合、互为补充、相互促进。这种学术管理体制有利于强化学术职能机构在学术决策、评议审议、论证咨询和学术工作民主监督中的地位和作用，明晰学术职能机构和行政职能部门的职责和权力，理顺学术管理中的各种关系，确立教师在学术工作中的主体地位。

第四，建立健全非行政化的决策咨询机制。决策咨询机制是决策民主化、科学化的重要环节，应建立由专家学者和师生组成的决策咨询机制，充分发挥学术权力和群团组织的作用，强化其参谋咨询功能；制定有关决策咨询的规章制度，规范决策程序，明确规定凡学校重大决策和涉及师生、员工利益政策的制定和实施前必须进行专家的审议咨询，否则不得付诸实施。在最大限度发挥专家咨询论证委员会的作用时，还应努力形成开放型、多元化的决策咨询机制：一是考虑校内高教研究机构、政策研究机构的政策建议；二是聘请校内外知名专家、学者参与项目研究和课题的评审论证；三是切实发挥在高校中普遍存在的教职工代表大学大会的民主监督、审议咨询和信息反馈功能，而不是流于一年一度的会议形式；四是发挥董事会的咨询作用[①]，对大学的发展规划，大学与社会、企业的沟通提出咨询意见和建议。

第五，提防学术权力的行政化和腐败。学术权力应有限度，既

① 也有高校的董事会本身就是决策型的，因此不具有咨询功能。但从目前来看，公立高校中的董事会主要属于咨询型。

不可替代行政权力，也不能导致学术霸权。忽视这一点，也会像忽视学术权力一样，走向盲目和极端。“对行政权力的过分强调必然会影响从事学术活动者的积极性和创造性，而过分松散的学术权力则将有损于大学效率的提高和整体目标的实现。”① 在当前被声讨的“学术腐败”中，既有学者的学风问题，更有学术管理活动中的腐败问题。后者则是引起广泛关注的一种权力腐败现象，其滋生、蔓延使学者的相关个体权利甚至学术机构的集体权利正在受到严重侵害。因此，学术权力作为一种权力，在制度设计上与行政权力一样需要程序的约束和限制，不仅要使其保持在合理行使的限度内，而且要使它沿着规范性的轨道来运行，避免其在行使过程中的绝对性、无序性和随意性。

总之，以自治、法治和民主为基础的非行政主导的现代社会网络型治理机制，必须为大学多元利益相关方的价值诉求在大学权力结构体系中得到有效表达和实现提供制度性、程序性的框架，通过多元权利主体的参与和合作协商机制，以此抑制由于管理控制取向和科层制作用过度而造成的官僚控制倾向，尽力消除由此造成的委托代理问题。科学合理的大学治理机制，应根据利益相关者组织属性并区分战略利益相关者和一般利益相关者，将决策控制权按照现代大学的基本办学规律，合理地分布于不同的治理主体手里，并使不同主体之间产生权力依赖和制约关系。对于大学而言，应当审时度势，主动适应大学社会基础与利益结构的历史性变化，主动创新大学利益相关主体在决策领域的表达机制，延续大学的发展性与生命力；对于政府而言，应当高瞻远瞩、兴利除弊，从打造大学具备学术社团、执行教育公务、依法自主办学、完全权利能力、依法接受国家监督等公法设施特征的基点出发，为大学创新制度提供有力的法律保障、政策支持与监督机制，加快现代大学制度的建设步伐②。

---

① 薛天祥：《高校教育发展历程中的大学校长权力》，《高等教育研究》1996 年第 3 期。

② 龚怡祖：《大学治理结构：现代大学制度的基石》，《教育研究》2009 年第 6 期。

第二节　高校行政责任实现机制

高校行政是近几年研究的热点问题，但主要集中在高校行政体制、行政职能、行政权力、行政化及其影响和去行政化等方面。尽管对大学作为一个整体的责任研究有不少成果，对政府行政责任的研究亦不少，但直接对高校行政责任进行系统、深入的研究仍然留下了许多空白。因此，无论在理论上，还是实践上，高校行政责任及其实现机制研究意义重大。高校行政责任实现机制设计必须以行政责任的理论定位为基础，还必须从现实的问题诊断出发。

一、高校行政责任：理论定位

当前，对高校行政权力过大、行政权力泛化、行政干预学术的抱怨在高等教育界已比较普遍，但我们是根据什么如此说呢？“过大”、“泛化”、“干预”，显然是相对于其职能和责任而言，而且以高校的使命为价值坐标。那么，高校行政应该承担什么样的职责，如何实现以及这些职责完成得怎么样呢？

（一）高校行政权力

高校行政是高校内部管理机构和人员通过计划、组织、领导、控制等职能有效地实现高校使命、目标和职责的过程。高校也是一种社会组织，有其特定的组织目标和所承担的社会职能，就必然存在着行政事务方面的管理。高校虽然不是行政机构，但高校行政及其权力是其运行的基本保障。而且随着大学组织职能的多样化，以及与社会联系的多元化，大学组织变得日益复杂，决定了必须拥有有效的行政权力才能管理好大学。“学术自由”的大学人也必须受一定的制度规范、约束。但行政权力只是高校运行管理“双刃剑”的一面，另一面就是行政责任，两者是辩证统一的。行政责任是授予行政权力的前提，有权必有责；高校行政责任是以行政权力作为基本手段的，权力是履行责任的保障。高校行政权力具有如下四个基本特征：公共性，是由高校的产出及其性质决定；服务性，即服务于实现高校核心使命的行为及其主体，尤其是学术机构及人员；易扩张性，权力本身倾向于扩张以致无限延伸，因为作为人类的基本需求之一，很少有人能抵御对权力的诱惑；自利性，即行政人员对自身利益的追求。卢梭认为，在行政官员个人身上可以区分三种本质不同的意志：公意总是最弱的，团体意志占第二位，而倾向于个人特殊利益的个别意志则占第一位①。

（二）高校行政责任：定义与类型

无论是公共行政还是私人部门行政，“责任”一词最为重要。因为从根本上说，行政部门或机构只有真正履行其责任时才是合法的。在法律和大众背景下，责任由职责和义务来界定，为不同文化的人们界定了一套共同的价值标准。行政责任的核心是一个统一的义务观念，它由意识形态的和专业的规则构成；是行政官员自主做出牺牲个人偏好以贯彻法规政策的一种决断；是对人民及其根据利益的一种觉醒的遵从意识。行政责任发自一种忠诚的服务态度。对于这种态度的形塑，官员的伦理观念是十分重要的因素。”② 从中可以看出，行政责任是主观的也是客观的，其核心是义务，其价值是忠诚的服务，是职责和义务支撑着组织的存在和使命的实现。高校行政责任从高校的责任和使命演化而来，一般认为高校负有培养人才、科学研究、服务社会等责任。相应地，高校行政负有服务于高校进行人才培养、知识传承与创新、社会服务的活动及其行为主体的根本责任。只有牢牢把握高校行政的这个根本责任，高校行政才具有合法性，才不会偏离方向甚至越位。

库珀认为行政责任实际上是由客观责任和主观责任两方面构成。客观责任包括对某人或某集体负责，也包括对某任务、人员管理和实现某一目标负责，前者是职责，后者是义务。对某人负责的职责与对某事负责的义务，是客观行政责任的两个方面。他还认为，相比较而

---

① ［法］卢梭：《社会契约论》，何兆武译，商务印书馆 1997 年版，第 83 页。

② Marx. F. , *Public Management in the New Democracy*, New York: Harper & Brothers, 1940, p. 251.

言义务更重要，职责是确保义务在科层制中得以实现的手段。主观责任实际上就是行政人员的“伦理自主性”或称为“道德责任”，是对职责和义务的情感和信仰，是价值观、信念和态度的表现[①]。因此，高校行政责任的确立关键是要明确行政的义务和高校行政存在的价值。我们可以从利益相关者的视野论述大学维护和满足各种利益相关者利益的责任。据此，需要具体分析高校行政对于国家和社会、学生和校友、教职工及其他利益相关者的责任。此外，还可以从办学自主、法人治理、对应于学术权力、行政管理体制、权益保障等不同语境中的高校行政权力的划分，相应地赋予与划分高校行政的具体责任类型。

（三）高校行政责任：功能与价值

行政责任是行政伦理学的核心价值和终极追求。高校行政责任是实现高校使命、目标和职责的基本保障，论证了高校行政存在的必要性、合法性和价值所在。高校行政权力的公共性和服务性特征需要强调高校行政的公共精神和服务责任，高校行政权力的易扩张性与自利性要求构建权责一致的管理体制，从制度设计上将权力行使与其所应承担的责任结合起来。总之，高校行政责任是高校行政的意识形态与价值导向；高校行政责任越明确、价值向度越正确，相对而言，高校行政权力运行就越规范、其价值就越大。一般认为，行政就是政治的执行，因而执行效率在行政管理工作中十分重要。但未必是最主要的，正义、平等、诚实守信也是需要考虑的价值选择。著名行政学者斯塔林认为行政责任所涵盖的基本价值在于：回应、弹性、能力、正当程序、责任、诚实[②]。高校行政围绕着维护学术自治、保障学术自由、服务学术使命，也应注重对利益相关方的积极回应与柔性服务，关注效率、能力和结果，遵循制度程序，恪尽职守，发扬行政道德

① Terry L. Cooper, *The Responsible Administrator*: *An Approach to Ethics for the Administrative Role* (5th edition), New York: John Wiley & Sons, Inc, 2006, pp. 81 – 95.

② Grover Starling, *Managing the Public Sector*, Chicago: The Dorsey Press, 1986, pp. 115 – 125.

操守。

二、高校行政责任实现机制设计的基本思想

（一）主要依靠法治的核心思想

根据科斯定理，产权与其他制度共同界定了行为主体的行为规范、权力和收益分配；交易成本是达成契约和保证签约执行的费用，在交易成本为正的情况下，不同制度安排的资源配置效率是不同的。诺斯认为，制度在社会中具有更为基本性的作用，制度框架限定了组织的最大化机会，它们是决定长期经济绩效的根本因素；正式规则和非正式制度决定了我们的大部分行为，内置于制度框架中的各种激励在形塑有效的技能和知识方面，起着决定性的作用。我国高校不是缺少责任法制，但由于法制的不完备，且其执行、监督机制不完善，存在多种解释和漏洞，实施起来便容易演变为人治。而且，我国高校的责任制度受制于宏观的深层制度结构。因此，必须进行合理的制度安排与制度创新，有效地减少履行责任和责任监督的交易成本，是高校责任实现机制的关键。以健全的法制与责任体系、新型的大学治理与决策机制、民主制度为高校责任实现机制的制度前提，以信息机制、竞争与市场机制、权力制衡与权责对等机制、新型人力资源管理制度、责任伦理制度、财务与预算制度为保障机制，不仅注重制度的制约、监督和惩罚，也要注重制度的激励相容；不仅要做到有法可依，更要做到有法必依、执法必严、违法必究；不仅注重法制的静态存在，更加注重通过决策、组织、领导、人事、控制职能确保法治与管理的融合。通过法律法规、大学章程、治理结构、岗位职责合理划分高校内部党政之间、行政与学术之间、行政人员上下级之间的责任。责任的产权越清晰，履行责任的交易成本越低，责任实现后的净收益越大，则责任越能有效地完成。

（二）基于内外部控制相结合的思想

法制自身归根到底不能自动发生作用，必须依赖于人的活动，如解释法律制度、弥补法律漏洞，实施法律制度。为此必须对实施法制的行政官员进行监督和控制。责任的实现是基于内部控制还是外部控

制成为公共行政学百年争论的一个话题。由于内外部控制都有自己的利弊，两者并非完全对立，因此需要整合这两种途径作为实现行政责任的基本途径。行政责任有两种形式，即主观责任和客观责任。库珀认为，客观责任源自法律、组织结构、社会对行政人员的角色期待，而主观责任根植于我们自己对忠诚、良心、认同的信仰。履行行政管理角色过程中的主观责任是职业道德的反映，该职业道德是通过个人的经历而建立起来的。保持高度的主观责任感不仅有利于培养正直、自尊和认同感，也有利于客观责任的履行①。在高校这个知识工作者云集的组织中，通过行为主体的内部控制来履行责任有较强的可行性。因此，主观责任与客观责任互为前提、缺一不可；内部控制与外部控制相互依赖、相互促进。

（三）多元综合主义的责任实现机制

高校行政责任的广泛性、多元性、层次性等复杂性决定了其责任实现机制的综合多元性，因此必须整合多种渠道、多种方法和多个层面，从个体、部门、组织等多个层次入手，采用多元操作方法，包括政治、法律、经济、管理、伦理等多种方法、途径。在高校外部，行政责任实现机制以“外部控制”为基础，包括政治、法律、经济和社会机制，主要促进客观责任。在高校内部，也主要依靠内部法治与监督机制，决策参与、权力制衡、平等协商、信息公开透明、选举与民主评估在内的民主管理机制，市场机制与市场途径以及伦理机制。行政责任的外部实现机制构成了高校内部行政责任实现的组织机制的元制度前提和制度保障，行政责任实现的组织机制是对外部实现机制的衔接配套和具体细化，共同构成了从元制度—制度—机制—措施的责任制度链。其中，机制是连接制度层与实施层的纽带，因此机制设计实际包含着责任制度链的思想。但理论研究和实践经验表明，行政权力自上而下制约行政权力的责任制度已无法奏效，因此外部控制必须整合非行政主导的多元责任监督与问责制度，内部组织机制必须注

---

① Terry L. Cooper, *The Responsible Administrator: An Approach to Ethics for the Administrative Role* (5th edition), New York: John Wiley & Sons, Inc, 2006, pp. 93 – 99.

重以人为本的服务型行政文化建设，分别从文化的信念、精神、态度层次着手，通过大学精神与行政文化建设、保持伦理自主的教育与培训，以维护学术自治、保障学术自由、服务学术使命作为核心信念，重拾高校回应与柔性、廉洁高效的行政价值，关键是致力于培养高校公正公平、服务为本的行政精神。

三、高校行政责任的外部实现机制

（一）政治

政治和法律机制主要通过强制性制度变迁、以责任产权的形式重新分配责任，还可通过绩效拨款、绩效工资制及其他人事激励政策实现高校内部责任制度的诱致性变迁。首先，我国高校实行的是政府主管的基本制度，高校的财政拨款，书记与校长的选拔、任用、评估主要是政府主管部门说了算。尽管财政和人事控制有利于高校对政府主管部门负责，却不一定符合科学发展的规律和其他利益方的权益保障。因为，高校主要领导为了追求预算、权利和政治发展空间的最大化，按政府主管部门及其领导的意愿和偏好，而不是按国家和社会的期望、高校的使命行事。因此，高校领导选拔任用与评估的社会化、民主化客观上有利于其多元责任的履行。其次，我国高校实行的是党委领导下的校长负责制，难以分清哪些是书记的责任，哪些是校长的责任。因此合理、清晰地划分党政权力，有利于双方各司其职与权力制衡。校长受到党委及其纪委和政府主管部门的监督，党委及其书记谁来监督呢？纪委隶属于党委，下级无法监督上级；上级党委和政府部门面临监督几十所高校的任务，必然责任和精力分散，何况“天高皇帝远”与信息不对称。因此采取的措施可以包括：改变监督对象的不平衡，通过政治与行政的权力制衡实行平衡监督；提高高校纪委的地位，保持其相对独立性；明确划分党内的决策权、执行权和监督权，切实落实党内的民主监督，因为党内民主化的程度对国家政治生活民主化的程度具有直接决定性的影响，广大党员和党员干部在党内生活中培养起来的民主意识、作风与习惯会对高校民主行政、责任行政起到重大导向和示范作用。最后，基于监控与评估对良好治理的极大贡献和国际经验，建立国家对高校的监控与评估系统（涵盖就业与校友贡献、教学质量、科研水平、师资力量、专业建设、财务、国有资产、高校后勤等主要方面），以此实现基于证据的政策制定、基于证据的管理和问责，并可用于支持反腐败、民主参与、确定高校教育质量与社会服务标准、高校人事制度改革和利用绩效信息支持财政预算。

（二）法律

上述政治机制都需要以法律的形式确立下来。高校行政责任的外部法律机制还应明确高校社会问责的主体地位及其问责方式与渠道，包括：独立的学术评估中介机构；将社会舆论监督法制化，使人民群众和新闻媒体的批评、建议、检举、控告等权利具体化、制度化；完善高校的治理法规，合理划分高校党、政与董事会的权责与监督机制。此外，以法律形式健全高校学术组织结构，并明确其参与管理和相关决策的权力与职责体系；完善高校人事制度法规，保护、促进学术人员的流动，规范行政人员的招聘与选举、选拔与晋升、绩效管理与考评，规范学术与行政人员的交叉任职；健全高校的民主管理法律，规范相关利益方的利益诉求机制与渠道、决策参与形式与渠道，确定高校行政主管和学术负责人的投票选举、民主推荐、民主评议制度，对揭发、检举、投诉提供法律保护，都是校内权力制衡和民主问责的重要责任保障机制。最后，健全“大学人”监督和问责的具体途径和渠道。如听证检查与抗辩程序途径，指问责双方通过提出事实程序来证明问责结果的公正、合理，由独立公正的仲裁者对抗辩双方的陈述进行衡量或通过听证检查来主动厘清事实真相，最后做出公正的裁决，其目的是最大限度地保护个人的权利，防止高校行政权力对学术的干预或“非法”侵害；或者是替代性争议解决途径，其方法是不经上述烦琐的听证与抗辩，而由高校内部的权威或民主机构与当事人的协商来代替指挥、控制，基于谈判、协商、信任来进行调解、复议、仲裁，以回应相关利益方的权益。

（三）经济与社会机制

当前，政府主要根据高校的规模、等级而不是高校的绩效责任及其对国家和社会的贡献进行财政拨款，客观上不利于对高校责任履行的激励。高校作为官僚制组织，追求预算最大化往往成为最大的行为动机，高校单位制又成为高校员工谋求福利的制度驱动，而高校被内部行政控制，其他利益主体、监督问责主体容易被行政机构的利益俘获。为此，第一，通过国家的高校监控评估系统提供的关于高校在教育市场、人才市场和新老顾客中的统计数据，利用绩效信息支持财政预算。因为信息本身是一种经济机制，也是一种权力来源，有助于降低责任监督的交易成本，从而形成监督权力和履行责任的压力。第二，由国家审计部门或委托会计事务所对高校的国有资产、财政收支预算、重大经济活动的资金使用进行监查、审计，并追究相关经济责任人的责任，即通过经济问责提高高校行政机构的资源利用效益，治理经济腐败。第三，根据市场运作原理，建立健全政治市场机制，通过竞争上岗与淘汰、绩效或责任合同、权力制衡、政治民主与代表性、授权与参与来实现对行政权力的制约和监督。同样地，通过培育顾客组织和授权顾客团体也是控制官僚机构的重要举措，即把高校行政机构及其行政人员的顾客，包括教师、学生、基层行政人员等内部顾客和家长、校友、用人单位、捐赠者、公共舆论等外部顾客组织起来，授予该组织的合法监督地位并完善具体的监督、问责渠道与形式。

最后，需要认清高校行政化问责的种种弊端：强化了政府对高校的控制以及高校行政对学术的干预，进一步驱动着高校的行政化、官僚化；官僚政治操纵信息和问责，使监督流于形式或根本无法进行；无法权衡各利益相关方的权益。因此必须打破行政化的单一问责制，建立非行政主导的社会多元问责与民主监督机制。根据高校责任的多元实现途径及其责任的广泛性，高校问责途径也应相应地向多元化发展，如市场问责、民主问责、法律问责、社会问责等。多元利益相关者参与问责，使得问责结果更加公正、公平、客观，信度和效度大大提高，有助于推动高校的管理民主和科学、和谐发展。而且社会问责有利于保证纳税人、外部利益相关方权益和公共利益的实现，具有客观、公正、民主和监督的广泛性等特点，越来越受到民主社会的欢迎。

四、高校行政责任实现的组织机制

（一）高校内部的法制与纪律

高校内部的法纪是确保高校行政责任实现的重要组织机制，是行政责任外部实现机制的延伸和补充，也是其执行操作规范。内部法纪以大学章程、岗位职责、纪律制度等形式来健全完善高校的决策与参与、权责与监督等机制，信息披露，绩效评估与问责，人事选聘，奖励与晋升，行政服务与质量保障等诸多方面。在决策机制方面，需要综合权衡党政联席会议与董事会、校长与书记、校务委员会与学术委员会、学校与二级学院之间的权责和决策范围，既要强调权责一致、权力制衡，更要强调学术为本、学术自治的服务行政价值取向。在责任监督方面，不仅要加强监督力度，更关键的是要改变过去单向、不平衡的监督模式：监督下级的较多，监督上级的较少；监督领导干部的较少，监督工作人员的较多；监督执行的较多，监督行政决策的较少。高校信息公开的法律政策已较完善，但还需完善高校信息公开的执行规范，因为当前对谁信息公开、公开什么以及到什么程度主要受到高校官僚政治的影响。在绩效评估与问责方面，对外要完善社会问责的具体形式、渠道和便利措施；对内要落实民主问责的形式、渠道和便利措施，为相关利益方的权益诉求、合理建议提供便利机制。在人事决策方面，切实解决过去高校行政人员“只上不下、只进不出”的诸多弊端，还要走出“双肩挑”的困境。最后，还要制定高校行政服务准则和质量保障实施办法。综上所述，法纪制度完善将是一个漫长的渐进过程，因为它涉及服务为本、民主公正的行政文化建设与转型。

（二）民主与竞争机制

民主与竞争机制实际上运用政治和经济的市场竞争思想及其优点：责任与产权清晰、法制保障、平等自愿交易、谈判协商、结果导向、顾客服务至上，以形成履行责任的监督压力和多元利益诉求渠道，实现资源配置效率最优和人员福利的最大化。建立完善的政治市场，关键是实现权力制衡。权力垄断妨碍竞争、创新、高效、公正和责任的履行，要使公共权力为公共利益而行使，就需要以民主、法治和竞争的责任体制来为公共权力的治理施加限制，以防止公共权力越过边界。孟德斯鸠说过："有权力的人们使用权力一直到遇有界限的地方才休止。……要防止滥用权力，就必须以权力约束权力。"① 权力制衡机制包括：第一，高校行政与外部监督与问责主体的权力平衡，主要通过教育法律法规来保障；第二，高校内部行政机构之间、党政之间的权力制衡，通过民主投票、授权与决策参与、竞争上岗、自下而上的民主问责与评估、基于绩效结果的财务预算与人力资源管理决策来实现；第三，也是最关键的，是学术权力和行政权力的制衡，通过大学章程、组织结构、决策机制、问责与监督机制来保障。因此，要健全学术组织，明确其决策权力和决策机制，完善学术组织管理的范围、形式与渠道，健全学术人员对行政机构及其人员的评估与问责制度。学术权力和行政权力的制衡，提供了学术监督行政的"安全感"和公平性，有助于高校的核心主体——教师权益的保障和高校责任的履行，有助于提升高校的学术价值和学术系统的权益，减少行政权力对学术权力的干预，防止高校的进一步行政化的倾向。

（三）伦理机制

伦理机制是实现高校行政道德责任的根本保障，是大学官僚机构和行政人员内部形成的机制，被认为是最经济、最可靠、最持久的根本性控制形式。高校行政道德责任具有两方面的内涵：一是高校行政人员应具有道德责任意识及道德行为能力；二是高校行政体制和机制应具有符合道德及道德实现的保障机制。因此，需要把培养行政责任主体的责任道德意识与行政伦理制度建设结合起来，以坚持服务学术的根本价值取向。

1. 行政责任意识培养与思想道德教育

行政责任的实现首先依赖于主体自身的责任意识，这是高校行政

---

① ［法］孟德斯鸠：《论法的精神》（上册），张雁深译，商务印书馆 1997 年版，第 154 页。

责任实现的最根本动力。高校行政管理过程中，行政人员所承担的外在制度安排都要通过内化为道德责任意识，从而支配他们的行政行为，以有效地完成工作任务。行政责任的履行很大程度上取决于行政人员的态度、价值观和信仰，以及对责任制度的认同和接受程度。行政责任意识的存在，决定了行政人员履行责任的道德自觉性，从而使行政责任得以实现。实际上由于现有的制度法规仍存在有限性甚至是真空地带，因而仅仅依靠外在控制并不能保证行政人员对行政责任有正确的理解，更不能保证他以极大的热情和认真的态度最有效地完成。只有责任道德意识的介入，才能把外在的责任安排转化为主体的自觉选择①。行政责任意识主要来源于公务员个人所具备的良心、责任感和道德水平，必须借助于伦理道德教育和自主伦理培养的途径。一方面，根据行政道德的准则和要求，从正面教育行政责任主体，使之了解行政道德规范，树立行政道德理念，形成良好的行政道德操守和习惯，养成良好的行政责任道德意识；另一方面，通过转化教育，即对行政责任主体存在的某些不良思想和不道德行为，加以引导、疏通和批评，使之发生转化，以符合行政道德标准，从而逐渐培养出行政人员高尚的道德情操和健全的行政人格。

2. 行政伦理制度建设，实现个人伦理自主

制度的强制性是对行政职业道德的有力保障，一套完整的行政伦理制度、规范与行政伦理立法，是制约行政权力运行过程中的负效应和权力滥用的刚性约束，是实现行政责任的必要前提。伦理制度还具有价值导向作用，可以从道德认知上引导行政主体接受制度倡导的价值原则，从源头上约束行政官员的价值选择。实现个人伦理自主，可以从以下几个方面努力：有必要对工作组织进行界定并培养一种超越组织的身份认同，即限定自己对组织的忠诚，以系统的方式、更广泛的视角去考虑其他角色、其他义务、其他个人的自我实现需求及其他合法的权益；建立法律和法规机制以限制组织的

---

① 王美文：《公务员责任实现机制探析》，《湖北大学学报》（哲学社会科学版）2007年第6期。

权力和保护个人行使伦理自主性的权力，即对个人权利和个人意识提供法律和制度的保护；最后，如果想在具体情况下能够作为个体活动，就必须培养道德原则性思考能力和组织内外的自我意识，包括：价值观、权力、需求、职责和义务。在实践中，关键在于尽力消除大学官僚制对伦理自主产生的压力和威胁因素：官僚政治控制、团队合作的伦理困境、官僚制道德准则困境与代理转换困境，通过组织救济有助于克服这些威胁①。组织救济，如决策回避制、复议与申诉、检举投诉及其合法保护等制度和措施，是具有建设性的做法。此外，制裁手段只有落实到个人才能被有效地实施。最终以建立负责任的行政模式作为行政责任实现的综合解决方案，坚决同腐败、专制、自私作斗争。

（四）责任机制的整合路径——以高校公共行政精神为核心的服务型行政文化建设

精神文化是高校行政文化的核心层，是关于我们想要的某种最终的生存状态的信念，即关于高校行政存在的价值性思考，体现了大学的运营哲学、宗旨与目标。只有当一种价值观在现实中作为普遍力量与不负责任或失职乃至违法行为相抗衡时，高校行政机构及其人员的责任实现就具有了文化推动力。现代大学行政文化的核心理念是民主与法治，即通过民主法治型的行政文化来实现维护学术自治、保障学术自由、服务学术本位的核心使命。高校行政文化的价值核心在于其服务性，通过强化行政的服务意识和服务行为，重拾高校公正公平、回应与柔性、廉洁与高效和服务学术的行政价值，最终实现高校对国家、社会和其他利益相关方的责任和高校自身的义务。

综上所述，高校行政责任实现机制的转型实质是传统行政型的官本文化向高校自治与法治型、学术独立与自由型以及管理民主与柔性化的服务型文化转变。“当不愿意承担责任成为根深蒂固的组织文化

---

① Terry L. Cooper, *The Responsible Administrator: An Approach to Ethics for the Administrative Role* (5th edition), New York: John Wiley & Sons, Inc, 2006, pp. 228 – 239.

时，就没有什么决策理论或方法可以让组织免于不良决策甚至更加恶劣的后果。”[①] 因此必须要发动一场秉承大学理念、崇尚大学精神的精神革命以及相关的行政制度文化与物质文化变革，致力于以高校公共行政精神为核心的民主法治型与服务型的行政文化建设。

① ［美］戴维·H. 罗森布鲁姆、罗伯特·S. 克拉夫丘克：《公共行政学：管理、政治和法律的途径》，张成福等译，中国人民大学出版社 2002 年版，第 364 页。

参考文献

1. 吴松：《大学正义》，人民出版社 2006 年版。
2. 郑文：《大学组织结构——权力的视角》，《高教探索》2006 年第 3 期。
3. [美] 伯顿·R. 克拉克：《高等教育系统》，王承绪等译，杭州大学出版社 1994 年版。
4. 程勉中：《现代大学管理机制》，人民出版社 2006 年版。
5. 《邓小平文选》第 3 卷，人民出版社 1993 年版。
6. 王伟廉：《高校应确立"教学改革为本"的思想》，《高等教育研究》1994 年第 4 期。
7. 巫春华：《高等学校非行政化：国际经验与对策》，《高等教育研究》2005 年第 8 期。
8. 张家：《大学去行政化的困难何在》，《大学教育科学》2009 年第 2 期。
9. 帅相志：《市场经济与中国高等教育体制改革》，山东人民出版社 2005 年版。
10. 杨晓江：《国外高等教育评估中介机构发展轨迹试探》，《外国教育资料》2000 年第 4 期。
11. 李汉邦、张晓京：《国外高等教育评估的实践及启示》，《北京航空航天大学学报》2003 年第 3 期。
12. 彭说龙：《美国大学的行政管理》，《华南理工大学学报》（社会科学版）2007 年第 4 期。
13. 王华丰、杨光：《美国大学行政管理的科学化趋势及其启示》，《高等工程教育研究》2005 年第 5 期。
14. 黄小勇：《"行政"概念疏义》，《北京行政学院学报》2001 年第

5 期。

15. ［英］戴维·米勒：《布莱克维尔政治学百科全书》，邓正来等译，中国政法大学出版社 1992 年版。
16. 张楚廷：《学校管理心理学》，警官教育出版社 1998 年版。
17. 李海萍：《高校学术权力运行现状的实证研究》，《教育研究》2011 年第 10 期。
18. 寇东亮：《学术权力：中国语义、价值根据与实现路径》，《高等教育研究》2006 年第 12 期。
19. 张卫平：《论我国法院体制的非行政化》，《法商研究》2000 年第 3 期。
20. 王长乐：《我们应该怎么对待大学行政化》，《大学教育科学》2005 年第 6 期。
21. 赵峰：《论高校的政治权力与“去行政化”》，《西北师大学报》（社会科学版）2011 年第 2 期。
22. 俞可平：《中国治理变迁 30 年》，社会科学文献出版社 2008 年版。
23. 刘圣中：《政党整合下的官僚制行政——当代中国公共行政的组织行为分析》，《公共管理学报》2005 年第 2 期。
24. 李厚刚：《党政化而非行政化：我国高等教育体制症结的实质与核心》，《高等农业教育》2010 年第 2 期。
25. ［美］戈登·图洛克：《官僚体制的政治》，柏克、郑景胜译，商务印书馆 2010 年版。
26. 冉亚辉：《高校行政化与去行政化论析》，《现代大学教育》2010 年第 5 期。
27. 李江源、巫春华：《高等学校行政化略论》，《高教探索》2000 年第 1 期。
28. 杨颉：《关于高校去行政化问题的思考与对策》，《高等教育管理》2010 年第 6 期。
29. 石若坤：《论高校行政化对高校教师心理契约的破坏》，《广西社会科学》2011 年第 2 期。

30. ［美］费斯勒、凯特尔：《行政过程的政治——公共行政学新论》，陈振民等译，中国人民大学出版社2002年版。
31. 唐振平：《中国当代大学自治管理体制研究》，国防科技大学出版社2006年版。
32. 巫春华：《我国公立高等学校在行政化体制下的改革误区及其原因分析》，《高教探索》2006年第1期。
33. 陈列：《市场经济与高等教育》，人民教育出版社1996年版。
34. 赖德胜、武向荣：《论大学的核心竞争力》，《教育研究》2002年第7期。
35. 康宁：《高等教育资源配置：规律与变迁趋势》，《教育研究》2004年第2期。
36. 谢延龙：《大学理念与我国高等教育管理体制改革》，《江苏大学学报》2004年第4期。
37. ［美］克拉克·科尔：《大学的功用》，陈学飞等译，江西教育出版社1993年版。
38. 唐卫民：《试析大学自治与政府控制》，《沈阳师范学院学报》1999年第1期。
39. 侯立华：《关于学校人本管理的探讨》，《教育探索》2002年第8期。
40. 田建国：《和谐社会与和谐大学建设》，《山东经济战略研究》2005年第6期。
41. 侯俊生、汤荣光：《论高校管理创新》，《江苏高教》2001年第4期。
42. ［美］道格拉斯·C. 诺斯：《制度、制度变迁与经济绩效》，杭行译，上海三联书店1994年版。
43. 康宁：《高等教育资源配置中学术力量的回归》，《清华大学教育研究》2004年第1期。
44. 赵文华、龚放：《现代大学制度：问题与对策》，上海交通大学出版社2007年版。
45. 刘献君：《科学发展观与高等教育发展》，《高等教育研究》2004

年第 5 期。
46. 杜方波：《建立现代大学制度：大学改革的根本选择》，《国家教育行政学院学报》2007 年第 4 期。
47. 楼艳、顾建民：《香港科技大学崛起的成功之道》，《高等农业教育》2006 年第 11 期。
48. 马士斌：《“战国时代”高校核心竞争力的提升》，《学海》2000 年第 5 期。
49. 别敦荣、田恩舜：《论大学核心竞争力及其提升路径》，《复旦教育论坛》2004 年第 1 期。
50. 纪宝成：《对大学理念和大学精神的几点认识》，《中国高等教育》2004 年第 1 期。
51. 刘亚敏：《大学精神探论》，《未来与发展》2000 年第 12 期。
52. 杜作润、贾志兰：《21 世纪我国大学改革动力分析》，《复旦教育论坛》2003 年第 1 期。
53. 卢现祥：《新制度经济学》，武汉大学出版社 2004 年版。
54. ［美］丹 · S. 科恩：《领导变革实务》，山风译，商务印书馆 2008 年版。
55. ［美］詹姆斯 · 杜德斯达：《21 世纪的大学》，刘彤译，北京大学出版社 2005 年版。
56. 吴康宁：《中国教育改革为什么会这么难》，《华东师范大学学报》（教育科学版）2010 年第 4 期。
57. 王东：《高校去行政化为何这么难》，《探索与争鸣》2012 年第 12 期。
58. 田磊：《教育改革：能否超越医改》，《南风窗》2010 年第 7 期。
59. 王苏琪：《高校“去行政化”改革资源性障碍探析》，《黑龙江高教研究》2010 年第 9 期。
60. 王长乐：《大学“去行政化”是一项系统工程》，《学习月刊》2009 年第 11 期。
61. 杨德广：《关于高校“去行政化”的思考》，《教育发展研究》2010 年第 9 期。

62. 任剑涛：《中国政府体制改革的政治空间》，《江苏行政学院学报》2009年第2期。
63. 盛洪：《中国的过渡经济学》，格致出版社2009年版。
64. 盛洪：《现代制度经济学》（下卷），北京大学出版社2009年版。
65. 刘文革：《强制性制度变迁——“俄罗斯转轨之谜”的经济学解释》，黑龙江人民出版社2003年版。
66. 郅庭瑾：《教育管理制度伦理问题研究》，《华东师范大学学报》（教育科学版）2006年第12期。
67. 肖海涛：《大学的理想与文化素质教育》，《高等教育研究》1998年第5期。
68. ［美］乔治·弗雷德里克森：《公共行政的精神》，张成福等译，中国人民大学出版社2003年版。
69. 董建新：《解析行政伦理》，《暨南学报》2004年第3期。
70. 朱生营：《当前我国高校问责制的不足与改进》，《煤炭高等教育》2006年第6期。
71. 王淑娟：《中美大学问责异同分析》，《清华大学教育研究》2010年第5期。
72. 吴景松、程宜康：《我国高校问责制之现实困境及其治理路径》，《江苏高教》2007年第1期。
73. 郑晓齐：《我国研究型大学基层学术组织的逻辑基础》，《教育研究》2008年第3期。
74. ［美］安东尼·唐斯：《官僚制内幕》，郭小聪等译，中国人民大学出版社2006年版。
75. 张继明、王洪才：《问责制视角下的大学管理制度变革》，《国家教育行政学院学报》2008年第10期。
76. 袁祖望、蒋轶菁：《论高校领导干部问责的特殊性》，《复旦教育论坛》2010年第2期。
77. 李平：《教育问责视野下的信息不对称与高校信息披露研究》，《中国地质大学学报》（社会科学版）2009年第4期。
78. Daniel L. Stufflebiam 等：《评估模型》，苏锦丽等译，北京大学出

版社 2007 年版。
79. 周湘林：《从政府问责到社会问责：中国高校问责制的内涵、类型与变革》，《高等教育研究》2010 年第 1 期。
80. ［美］盖伊·彼得斯：《官僚政治》，聂露等译，中国人民大学出版社 2006 年版。
81. ［美］埃贡·G. 古贝、伊冯娜·S. 林肯：《第四代评估》，秦霖等译，中国人民大学出版社 2008 年版。
82. 世界银行专家组：《公共部门的社会问责：理念探讨及模式分析》，中国人民大学出版社 2007 年版。
83. ［美］威廉姆·耐特：《院校研究与质量保证——以美国高等教育为例》，刘智勇译，《高等教育研究》2008 年第 8 期。
84. 官有垣、陈锦棠、陆宛苹：《第三部门评估与责信》，北京大学出版社 2008 年版。
85. ［澳］凯思·麦基：《建设更好的政府：建立监控与评估系统》，丁煌译，中国人民大学出版社 2009 年版。
86. 熊文钊、郑毅：《高等教育去行政化的基本问题及其对策——以法律规制为核心对策的视角》，《北京行政学院学报》2011 年第 3 期。
87. 郑永年、黄彦杰：《中国社会改革的政治动力》，《吉林大学社会科学学报》2011 年第 1 期。
88. 吕元礼：《从革命到改革的政治文化转型与创新》，《中国党政干部论坛》1996 年第 5 期。
89. 盛斌：《中国经济改革的政治经济学分析》，《开发时代》2001 年第 12 期。
90. 王邦佐等：《中国政党制度的社会生态分析》，上海人民出版社 2000 年版。
91. 陈鹏、祁占勇：《教育法学的理论与实践》，中国社会科学出版社 2006 年版。
92. 陈鹏：《高校行政化的法理解读与法律重构》，《陕西师范大学学报》（哲学社会科学版）2010 年第 6 期。

93. ［美］詹姆斯·E. 安德森：《公共政策的制定》，谢明等译，中国人民大学出版社 2009 年版。
94. 杨东平：《治理教育行政化弊端的思考》，《教育发展研究》2010 年第 19 期。
95. 王宾齐：《中国大学组织结构非学术化的新制度主义分析》，《国家教育行政学院学报》2010 年第 11 期。
96. ［美］布鲁贝克：《高等教育哲学》，王承绪等译，浙江教育出版社 1987 年版。
97. 袁祖望、付佳：《从官僚制到官本位：大学组织异化剖析》，《现代大学教育》2010 年第 6 期。
98. 全力：《高校组织模式存在的问题及其重构》，《教育发展研究》2011 年第 3 期。
99. 陈磊：《高等学校学术权力的反思与建构》，《高等教育研究》2002 年第 4 期。
100. 郑毅等：《组织结构视角下的中国大学行政权力泛化》，《高等教育研究》2012 年第 6 期。
101. 冯向东：《大学学术权力的实践逻辑》，《高等教育研究》2010 年第 4 期。
102. 纪宝成、胡娟：《关于高等学校学术权力的几点思考》，《中国高教研究》2010 年第 1 期。
103. 陈邓海：《树立高校学术委员会权威：我国高校去行政化改革路径》，《中国劳动关系学院学报》2012 年第 4 期。
104. 郭咸纲：《西方管理思想史》，经济管理出版社 2004 年版。
105. 季诚钧：《国内外大学校长选拔制度的比较分析》，《华东师范大学学报》（教育科学版）2007 年第 6 期。
106. 陈金圣：《用人制度改革：高校“去行政化”的切入点》，《教育发展研究》2010 年第 11 期。
107. 周光礼：《论公立高校与教育职员的关系》，《高等教育研究》2005 年第 9 期。
108. 鲍传友、毛亚庆、赵德成：《高校行政管理干部绩效考核指标体系的构建》,《国家教育行政学院学报》2010 年第 6 期。

109. [美] 阿伦·威尔达夫斯基、布莱登·斯瓦德洛:《预算与治理》,苟燕楠译,上海财经大学出版社 2010 年版。

110. 刘志民:《教育经济学》,北京大学出版社 2007 年版。

111. 周雪光:《逆向软预算约束:一个政府行为的组织分析》,《中国社会科学》2005 年第 2 期。

112. 夏再兴、刘毅群、杨红霞:《地方高校行政化与软预算约束研究》,《教育与经济》2010 年第 2 期。

113. 龚怡祖:《大学治理结构:现代大学制度的基石》,《教育研究》2009 年第 6 期。

114. 龚怡祖:《大学治理结构:建立大学变化中的力量平衡》,《高等教育研究》2010 年第 12 期。

115. 张光慧:《高校去行政化问题研究》,《人民论坛》2010 年第 20 期。

116. 李东亚:《试论我国教育评估中介机构的构建》,《教育发展研究》2002 年第 11 期。

117. 眭依凡:《大学理念的哲学基础及大学理念的偏失》,《江苏高教》2002 年第 5 期。

118. 张德祥:《高等学校的学术权力与行政权力》,南京师范大学出版社 2001 年版。

119. 席酉民、李怀祖、郭菊娥:《我国大学治理面临的问题及改善思路》,《西安交通大学学报》(社会科学版)2005 年第 1 期。

120. 薛天祥:《高校教育发展历程中的大学校长权力》,《高等教育研究》1996 年第 3 期。

121. [法] 卢梭:《社会契约论》,何兆武译,商务印书馆 1997 年版。

122. [法] 孟德斯鸠:《论法的精神》(上册),张雁深译,商务印书馆 1997 年版。

123. 王美文:《公务员责任实现机制探析》,《湖北大学学报》(哲学社会科学版)2007 年第 6 期。

124. ［美］戴维·H. 罗森布鲁姆、罗伯特·S. 克拉夫丘克：《公共行政学：管理、政治和法律的途径》，张成福等译，中国人民大学出版社 2002 年版。

125. 刘家明：《我国高校管理体制改革：非行政化的方向》，《学术论坛》2009 年第 11 期。

126. 刘家明：《高校去行政化：预算改革的路径》，《江苏高教》2014 年第 3 期。

127. 刘家明：《谁来推动我国高校非行政化改革》，《广西大学学报》（哲学社会科学版）2010 年第 4 期。

128. 刘家明：《我国高校非行政化改革的实施构架》，《广州大学学报》2010 年第 1 期。

129. 刘家明：《高校去行政化的伦理途径》，《嘉应学院学报》2014 年第 4 期。

130. 刘家明：《我国高校非行政化改革：内容与特征》，《福建师范大学学报》（哲学社会科学版）2010 年第 4 期。

131. 刘家明：《高校去行政化改革的政治属性及推论》，《教育评论》2014 年第 6 期。

132. 刘家明：《组织文化视角下高校非行政化改革的实质》，《山西师大学报》（哲学社会科学版）2010 年第 4 期。

133. North, Douglass C. and Thomas, Robert Paul: "An Economic Theory of the Growth of the Western World", *Economic History Review*, No. 23, 1970.

134. Marx. F. : Public Management in the New Democracy , New York: Harper & Brothers, 1940.

135. Friedrich, C. J. : "Responsible Government Service Under the American Constitution" in Friedrich, C. J. and others (eds.), *Problems of the American Public Service*, New York: Mcgraw-Hill, 1935.

136. Finer, H. : "Better Government Personnel", *Politics Science Quarerly*, Vol. 51, No. 4, 1936.

137. Aaron Wildavsky: Budgeting, Boston: Little, Brown and Co. , 1975.

138. Niskanen: *Bureaucracy and Representative Government*, Chicago: Aldine, Atherton, 1971.

139. Terry L. Cooper: *The Responsible Administrator: An Approach to Ethics for the Administrative Role* (5th edition), New York: John Wiley & Sons, Inc, 2006.

140. Grover Starling: *Managing the Public Sector*, Chicago: The Dorsey Press, 1986.

致 谢

本研究从2008年暑假开始，主要在假期进行。起初认为一年内就可结束，更无出书打算，但暑寒交替，冬去春来，至今六年有余。多年来能够持续、深入地写作和思考，正是得益于有关部门和个人的奖励、资助和信任，遂以“致谢”落幕。

本书由“嘉应大学政史系89级校友科研基金”资助出版，首先特别感谢嘉应学院政法学院校友的大力资助！

感谢广东省哲学社会科学“十二五”规划后期资助项目（GD13HGL01）的资助！

本研究前期受广东省教育科学“十一五”规划重点项目《我国高等学校非行政化改革研究》（06TJZ007）的资助，感谢该项目负责人、嘉应学院副校长巫春华教授的信任和支持！同时也感谢李春泰教授的推荐及对我的学术指导和鼓励！

感谢教育部社会科学司举办《专家建议》征集活动和有关评审专家！笔者撰写的《高校问责制去行政化研究报告》获评为教育部2011年度高校哲学社会科学研究优秀咨询报告，这是对年轻人莫大的鼓励！

感谢《新华文摘》、《福建师范大学学报》（哲学社会科学版）等杂志的相关编辑和评审专家对本研究前期成果的评审、编辑所付出的辛勤劳动！专家的认可是我深入研究的很大动力！

感谢嘉应学院政法学院刘向明院长、林伟京书记、黄忠芳副院长、蔡国芹副院长等领导和郭柏春教授、林振武教授、魏明枢教授、徐春根教授、张福如副教授、陶叡副教授、侯聪玲副教授、温惠文主任等同事给予本人在事业上的支持和生活中的关心！

感谢我的硕士生导师、中山大学管理学院韦沛文教授的多年关心和鼓励！先生虽退休多年，仍不忘对弟子的教诲和关心。

感谢我的博士生导师、中南财经政法大学公共管理学院赵丽江教授！本书最后的编辑和定稿在读博期间完成，感谢导师给了我宽松的学习环境、无私的帮助和不倦的教诲！

感谢中国社会科学出版社相关工作人员的大力支持！尤其是感谢宫京蕾编审高效负责的工作和李晓丽编辑认真细致的审读校对。

感谢家人的精神支持及对我事业的默默付出！因写作而减少了许多陪伴女儿的时间，心中不免多了些愧疚，女儿童真的乐趣却增添了我写作的不少灵感与动力。

最后，再次感谢所有在事业上支持我、在生活上关心我的老师、同事、同学、学生、亲人和朋友！

刘家明

2014. 9. 8